T0198554

Sammlung Metzler
Band 349

Gisela Klann-Delius

Sprache und Geschlecht

Eine Einführung

Verlag J.B. Metzler Stuttgart · Weimar

Die Autorin

Gisela Klann-Delius, Professorin am Institut für Deutsche und Niederländische Philologie der Freien Universität Berlin; Forschungsschwerpunkte: Erstspracherwerb, Sprache und Emotion, Sprache und Geschlecht. Zuvor tätig am MPI für Psycholinguistik Nijmegen und an der Universität Bielefeld.

Bibliografische Information Der Deutschen Bibliothek
Die Deutsche Bibliothek verzeichnet diese Publikation in der Deutschen Nationalbibliografie; detaillierte bibliografische Daten sind im Internet über <http://dnb.ddb.de> abrufbar.

ISBN 978-3-476-10349-9
ISBN 978-3-476-05072-4 (eBook)
DOI 10.1007/978-3-476-05072-4

© 2005 Springer-Verlag GmbH Deutschland
Ursprünglich erschienen bei J. B. Metzlersche Verlagsbuchhandlung
und Carl Ernst Poeschel Verlag GmbH in Stuttgart 2005
www.metzlerverlag.de
info@metzlerverlag.de

Vorwort

Viele der heutigen jungen Frauen meinen, dass sie anders als ihre Mütter in der in Schule, Universität, Ausbildung und im öffentlichen Leben gleich behandelt werden, sie fühlen sich als weibliche Wesen nicht minder bewertet, sie erwarten gleiche Chancen im Berufsleben. Daher finden sie ein ausgesprochen feministisches Engagement häufig übertrieben und unzeitgemäß. In der Tat hat sich an der Situation der jungen Frauen einiges geändert verglichen mit den Zeiten, als z.B. Studentinnen noch unter der Bezeichnung ›Student‹ immatrikuliert wurden. Der heutigen jungen Generation ist eine geschlechtergerechtere Sprache selbstverständlicher geworden. Zugleich hat das Thema »Sprache und Geschlecht« kaum an Attraktivität auch für die jetzige Generation eingebüßt.

Mit dem vorliegenden Buch soll dieses Interesse aufgenommen werden, indem Studierenden der Stand der aktuellen Forschung, prominente Ansätze der Erklärung und Bewertung von Geschlechterdifferenzen, aber auch die Geschichte der Entwicklung des Forschungsbereichs so dargeboten werden, dass sie aufgrund dieser Informationen sich ein eigenes Bild machen und ggf. an einzelnen Stellen tiefer einsteigen können. Das Buch ist so angelegt, dass anhand der detaillierten Inhaltsgliederung die jeweiligen Aspekte des Themas bezogen auf deren Systematik eigenständig verfolgt werden können; daher wurde auf ein Sachregister verzichtet. In der Bibliographie sind die zentralen Titel zum Thema eigens hervorgehoben, um auch so das vertiefende Selbststudium zu erleichtern.

Allen, die mich auf dem langen Weg der Beschäftigung mit diesem Thema hilfreich begleiteten sei an dieser Stelle ausdrücklich gedankt.

Gewidmet ist dieses Buch meinen beiden Töchtern.

Berlin, im Dezember 2004

Inhalt

1. Zur Entwicklungsgeschichte und Aktualität
   des Forschungsbereichs Sprache und Geschlecht . . . 1
   1.1   Einige Fakten. 1
   1.2   Die Ungleichheit der Geschlechter und die Sprache:
         Traditionen 3
   1.3   Neue Perspektiven 6
   1.4   Die Entwicklung der feministischen Sprach-
         und Sprachgebrauchsanalyse 9
         1.4.1   Die Defizitkonzeption 10
         1.4.2   Die Differenzkonzeption 13
         1.4.3   Konstruktivistische Konzepte 14
   1.5   Perspektiven im 21. Jahrhundert 16

2. Analysen und empirische Befunde 19
   2.1   Das Sprachsystem 19
         2.1.1   Das Genussystem. 20
         2.1.2   Personenbezeichnungen 24
                 2.1.2.1   Anredeformen 25
                 2.1.2.2   Das generische Maskulinum 26
                 2.1.2.3   Movierung 31
         2.1.3   Das Lexikon. 34
   2.2   Sprachgebrauch 37
         2.2.1   Phonologie. 39
                 2.2.1.1   Geschlechterdifferenzen auf der supra-
                           segmentalen Ebene 39
                 2.2.1.2   Geschlechterdifferenzen auf der
                           segmentalen Ebene 41
         2.2.2   Syntax 42
                 2.2.2.1   Präferenz für syntaktische Formen 43
                 2.2.2.2   Syntaktische Hyperkorrektheit 46
                 2.2.2.3   Verbale Flüssigkeit 47
         2.2.3   Semantik 48
                 2.2.3.1   Wortschatz 48
                 2.2.3.2   Personenbezeichnungen 49
         2.2.4   Pragmatik. 56
                 2.2.4.1   Sprechakttypen 56
                 2.2.4.2   Interpersonelle Kommunikation 57

2.2.4.2.1 Redemenge 57
2.2.4.2.2 Unterbrechungen 61
2.2.4.2.3 Gesprächsarbeit 68
2.2.4.2.4 Kommunikative Orientierungen 73
2.2.4.3　Diskurs 79
2.2.4.3.1 Erzählungen 80
2.2.4.3.2 Witzerzählungen 82
2.2.4.3.3 Argumentation und Diskussion . 84
2.2.5　Sprache in Institutionen und Medien. 86
2.3　Nonverbale Kommunikation 93
2.3.1　Dekodierungs- und Enkodierungsleistungen
nonverbalen Verhaltens 95
2.3.2　Mimik 98
2.3.3　Gestik 103
2.3.4　Körperhaltung und Proxemik. 104
2.4　Spracherwerb 107
2.4.1　Der Erwerb des Sprachsystems 107
2.4.2　Geschlechterdifferenzen im Sprachgebrauch
und Gesprächsverhalten von Kindern 109
2.4.2.1　Sprechakttypen 110
2.4.2.2　Interpersonelle Kommunikation 111
2.4.2.2.1 Redemenge 111
2.4.2.2.2 Unterbrechungen 112
2.4.2.2.3 Gesprächsarbeit 112
2.4.2.2.4 Kommunikative Orientierungen 113
2.4.2.2.5 Die Kommunikation
von Gefühlen 117
2.4.2.2.6 Geschlechterdifferenzen
in Erzählungen von Kindern . . 119
2.4.3　Geschlechterdifferenzen im Kommunikationsverhalten der Eltern 121
2.4.3.1　Die Quantität der elterlichen Kommunikation 122
2.4.3.2　Die Qualität des elterlichen Kommunikationsverhaltens 123
2.4.3.2.1 Sprachanpassung bei Müttern
und Vätern 123
2.4.3.2.2 Der Kommunikationsstil
von Müttern und Vätern 124
2.4.3.2.3 Das Reden der Eltern
über Gefühle. 128
2.4.3.2.4 Das Erzählverhalten
von Müttern und Vätern 129

2.5   Evaluation der Methoden und theoretischen
       Annahmen zu Sprache und Geschlecht 130
       2.5.1 Methodische Probleme. 131
       2.5.2 Latente theoretische Annahmen
              zu Geschlecht, Sprache und Kommunikation 136
       2.5.3 Die Einschätzung und Bewertung
              von Geschlechterdifferenzen. 137

3. Erklärungsansätze 140
   3.1. Sozialisations- und lerntheoretische Konzepte 140
         3.1.1 Sozialisation durch Eltern, Schule
                und Medien 140
         3.1.2 Sozialisation durch Gleichaltrige 143
   3.2   Kognitionspsychologische Konzepte 145
         3.2.1 Das kognitionspsychologische Konzept
                von Kohlberg 146
         3.2.2 Gender-Schema Theorien 148
   3.3   Psychoanalytische Konzepte. 151
   3.4   Sozialpsychologische Erklärungskonzepte 154
         3.4.1 Die Theorie der soziale Rollen 154
         3.4.2 Die Statuserwartungstheorie. 158
   3.5   Interaktive Modelle 161
         3.5.1 Das interaktive Modell von Kay Deaux
                und Brenda Major 161
         3.5.2 Das *doing gender*-Modell 164
         3.5.3 Das Modell der vielfältigen sozialen Praktiken 166
   3.6   Biologische Erklärungsansätze 167
         3.6.1 Evolutionsbiologische Erklärungsansätze 167
         3.6.2 Genetisch regulierte, hormonell bedingte
                Verhaltensunterschiede der Geschlechter 171
         3.6.3 Geschlechterdifferenzen in der Anatomie,
                der Entwicklung und in den neurokognitiven
                Verarbeitungsmechanismen des Gehirns. 174
   3.7   Evaluation der Erklärungsansätze. 179

4. Wirkungen: Sprachpolitik und Sprachwandel . . . 182
   4.1   Empfehlungen zur Vermeidung sexistischen
         Sprachgebrauchs 184
   4.2   Auswirkungen in der Legislative, in der Administra-
         tion, in den Medien, Bildungsinstitutionen
         und in der Politik 187
   4.3   Empfehlungen zur Veränderung des Kommunika-
         tionsstils 191

5. Literaturverzeichnis 194
   5.1   Einführende Literatur 194
   5.2   Zitierte Literatur 196

1. Zur Entwicklungsgeschichte und Aktualität des Forschungsbereichs Sprache und Geschlecht

Die Welt zu kategorisieren ist eine den Menschen auszeichnende Neigung. Die Kategorisierung von Menschen nach ihrem Geschlecht scheint eine universell verbreitete und einem starken Bedürfnis entsprechende Tendenz zu sein.

»Welchem Geschlecht jemand angehört, ist neben dem Alter das wichtigste zur allgemeinen Charakterisierung eines Menschen herangezogene Merkmal. Die Geschlechtszugehörigkeit wird im Paß festgehalten, sie geht in die soziale Anrede ein und bestimmt das menschliche Zusammenleben in vielerlei Hinsicht. Sie ist nicht nur für das Sexualverhalten im engeren Sinne und das Verhältnis der Geschlechter zueinander von Bedeutung. Schon vor der Geburt eines Kindes beschäftigt die werdenden Eltern besonders die Frage, ob *es* ein Junge oder Mädchen wird« (Trautner 1997, S. 323).

Während es kaum anrüchig ist, dass Menschen ihre Umwelt als belebt oder unbelebt, fest oder fluide, rot oder grün, angenehm oder unangenehm kategorisieren und Taxonomien und Wissenschaftssysteme entwickelt haben, ist die Kategorie ›Geschlecht‹ und die Kategorisierung von Menschen als ›weiblich‹ oder ›männlich‹ spätestens mit der sog. neuen Frauenbewegung problematisch geworden. Dies hat zahlreiche Gründe. Ein wesentlicher Grund war und ist der, dass mit dem Geschlecht einer Person eine unterschiedliche Bewertung verbunden war und ist. Dies widerspricht dem **Gleichheitsgrundsatz**, wie er in demokratischen Gesellschaften in den Grundgesetzen festgeschrieben ist. Die prinzipielle Gleichheit von Menschen ungeachtet ihres Geschlechts, ihrer ethnischen Zugehörigkeit oder Religion vor dem Gesetz und die damit verbundene Gleichheit der Chancen entspricht jedoch nicht den realen Gegebenheiten, wie die folgenden Fakten zeigen.

1.1 Einige Fakten

In hoch industrialisierten Staaten wie den USA besteht ein Lohngefälle zwischen Männern und Frauen für gleiche Arbeit bei gleicher Ausbildung, gleichem Alter und vergleichbarer Dauer der Berufstätigkeit: »For example, the median weekly wage for full-time workers in the United States in 1996 was $557 for men and $418 for women [...] (Halpern 2000, S. 5). In der Bundesrepublik lag 1997 »[...] das Jahresbruttoeinkommen einer abhängig vollzeitbeschäftigten Frau [...] durchschnittlich bei knapp 44.900 DM, dasjenige eines Mannes bei 59.000 DM« (Bericht der Bundesregierung 2002, S. 3). Hier führt auch »[...] ein höherer Bildungsabschluss bei Frauen nicht zu einem gleich hohen Einkommen wie bei Männern. Im Westen erreichen Frauen (Vollzeit) mit Universitätsabschluss 72% (Ost: 89%) des Einkommens von Männern mit vergleichbarem Bildungsniveau [...]« (ebd., S. 4). Deutlich mehr Frauen als Männer leben unterhalb der Armutsgrenze. Die Kinderbetreuung ist weiterhin überwiegend Aufgabe der Frauen, die dies in Deutschland zudem meist nicht mit einer vollen Erwerbstätigkeit vereinbaren können (vgl. Statistisches Bundesamt 2003). 85% der Alleinerziehenden in Deutschland sind Frauen, von denen ein hoher Anteil auf Sozialhilfe angewiesen ist (vgl. Statistisches Bundesamt 2003). Frauen sind weder in höheren Leitungspositionen in der Wirtschaft noch in der Politik nennenswert vertreten (Halpern ebd.; Bericht der Bundesregierung 2002, S. 3; Bund-Länder-Kommission 2003). Weltweit sind der Infantizid und die Abtreibung von Mädchen weit häufiger als von Jungen.

»The selective abortion of female fetuses and infanticide of female infants have resulted in 100 males for every 92 females in India and 100 males for every 28 females in rural China, with disparate sex ratios favoring males in many other countries in the world [...]« (Halpern 2000, S. 6).

Weit weniger Mädchen als Jungen lernen lesen und schreiben und gehen zur Schule. Noch in den 1960er Jahren mussten Frauen in der damaligen BRD, die einem Beruf nachgehen wollten, ihren Ehemann um Erlaubnis ersuchen (Limbach 1990). In dem *Who is Who* in America (von 1988), in dem die bedeutendsten Persönlichkeiten in Politik, Wirtschaft, den Künsten und der Wissenschaft aufgeführt sind, beziehen sich 93% der Einträge auf Männer. Dem entspricht, dass berühmte Männer kognitiv deutlich eher verfügbar sind als berühmte Frauen, wie eine Befragung von Yale-Studierenden ergab, in der 84% der Befragten einen Mann auf die Frage, eine berühmte Person zu nennen, angaben und nur 16% einen weiblichen Namen anführten (Banaji/Greenwald 1995, S. 182).

Diese Fakten zeigen: »Being female or male is a central fact in all of our lives« (Halpern 2000, S. 7). Diese Fakten zeigen auch, dass Frauen und Mädchen sich in einer schlechteren sozialen Position befinden. Dies galt lange Zeit als naturgegeben.

1.2   Die Ungleichheit der Geschlechter und die Sprache: Traditionen

Die Traditionen der Betrachtung der Menschen und ihres Geschlechts sind seit der Aufklärung bis weit in das 20. Jahrhundert durch ein Spannungsverhältnis gekennzeichnet:

»Natürliche Gleichheit aller Menschen und natürliche Ungleichheit zwischen den Geschlechtern sind der paradoxe Kanon des 19. Jahrhunderts, der bis weit in die Mitte des 20. Jahrhunderts noch selbstverständlich bleibt« (Pasero 1994, S. 275).

Diese »natürliche Ungleichheit zwischen den Geschlechtern« wurde begründet im unterschiedlichen Wesen der Geschlechter. Joseph Görres (1776-1848) stellte etwa fest:

»Leidend ist seinem Wesen nach das Weib [...] was ihr von außen her geboten wird, das nur empfängt es hingegeben [...]; nur wenn sie ihre Persönlichkeit ganz an den Mann verliert, dann liebt sie voll und gültig« (Görres zit. nach Hof 1995, S. 5).

Für Jean Jacques Rousseau (1712-1778) ist die Würde der Frau, »[...] nicht gekannt zu sein; ihre Ehre ist die Achtung ihres Mannes; ihre Freuden liegen im Glück ihrer Familie [...]« (Rousseau zit. nach Hof 1995, S. 5).

Dieser noch weit in das 20. Jahrhundert hinein geltenden **Wesens- und Aufgabenbestimmung für das weibliche Geschlecht** entsprach, welche Fähigkeiten und Neigungen Frauen und Mädchen zugeschrieben wurden. Intellektuelle Betätigungen von Frauen galten als widernatürlich und nur in Ausnahmefällen, wenn überhaupt, zulässig. Dies wurde z.B. in der Debatte um die Zulassung von Frauen zu einem Universitätsstudium deutlich und mit unterschiedlicher Schärfe artikuliert. Max Planck, der eine gemäßigte Position vertrat, konzedierte zwar Frauen, wenn sie, was nach Planck selten vorkommt, eine Begabung für theoretische Physik haben, den »probeweisen und stets widerruflichen Zutritt« zu seinen Vorlesungen und Übungen; er war aber im Grundsatz der Auffassung: »Amazonen sind auch auf geistigem Gebiete naturwidrig« und man könne

»[...] nicht stark genug betonen, daß die Natur selbst der Frau ihren Beruf als Mutter und als Hausfrau vorgeschrieben hat und daß Naturgesetze unter keinen Umständen ohne schwere Schädigungen, welche sich im vorliegenden Falle besonders an dem nachwachsenden Geschlecht zeigen würden, ignoriert werden können« (Planck, zit. nach Kirchhoff 1897, S. 257f.).

Der Psychiater Erb befürchtete »[...] die hereditäre Übertragung von der unter den studierenden Mädchen ohne Zweifel erheblich zunehmenden Kurzsichtigkeit und der nervösen Dispositionen« (Erb, zit. nach Kirchhoff 1897, S. 128). Und für Rudolf von Virchow war »[...] alles, was wir an dem wahren Weibe Weibliches bewundern und verehren [...] nur eine Dependenz der Eierstöcke« (v. Virchow, zit. nach von Braun 1997).

Nicht weniger geringschätzig und vorurteilsvoll fiel die Bewertung der Sprachfähigkeiten von Frauen und Mädchen aus. Diese wurden z.b. von Jespersen um die Wende zum 20. Jahrhundert rundheraus der Mittelmäßigkeit geziehen.

»Die frauen bewegen sich vorzugsweise auf dem mittelfeld der sprache, wobei sie alles abseits des weges liegende oder seltsame vermeiden, die männer dagegen prägen oft entweder neue wörter oder nehmen altmodische wieder auf, wenn es ihnen dadurch ermöglicht wird oder sie es sich wenigstens einbilden, einen angemesseneren oder genaueren ausdruck für ihre gedanken zu finden. Die frauen folgen regelmäßig der landstraße der sprache, die männer aber geben häufig der neigung nach, einen schmalen seitenpfad einzuschlagen oder sogar sich einen neuen weg erst zu bahnen« (Jespersen 1925, S. 231f.).

Außerdem sei die **Syntax der Frauensprache** primitiver als die der Männersprache, denn die syntaktischen Muster, die Frauen gebrauchen, seien überwiegend parataktisch (Jespersen 1925, S. 236). Die Sprache der Frauen sei darüber hinaus inhaltsarm, die Gedankenführung sei unvollständig (ebd., S. 235); dafür seien aber ihre Äußerungen schneller und wortreicher. Dies erklärt sich für Jespersen aus der Tatsache, dass der Wortschatz der Frauen eben kleiner und damit handlicher ist. Für Jespersen ist es eine Tatsache, »[...] dass nämlich die frauen nicht dieselben äußersten punkte erreichen wie die männer, sondern in den meisten beziehungen näher dem durchschnitt bleiben« (ebd., S. 237). Immerhin bleibt Frauen ein Trost, denn: »Das größte sprachliche genie und der tiefste grad sprachlichen schwachsinns sind selten unter frauen zu finden« (Jespersen 1925, S. 238).

In ganz ähnlicher Weise äußerten sich die Begründer der modernen Kindersprachforschung, Clara und William Stern in ihrem Buch *Die Kindersprache* (1928/1965). Sie stellten eine schnellere Sprachentwicklung bei Mädchen fest und erklärten diese mit der größeren sprachlichen Rezeptivität von Mädchen. Mädchen sind stärker von ihrer Umwelt abhängig, sie sind anschmiegsamer als Jungen: »Sie geben sich mehr den Eindrücken hin, sind imitativ stärker veranlagt als die Knaben, sprechen daher auch früher korrekter und konventioneller als die gleichaltrigen Knaben« (Stern/Stern 1928/1965, S. 287). Jungen dagegen

»[...] handhaben zuweilen ihr relativ karges Sprachgut mit großer Selbständigkeit und einer gewissen [...] Gleichgültigkeit gegen die Beschaffenheit ihrer sprachlichen Erzeugnisse. Dies kann bald den Eindruck einer mehr oder minder starken Unbeholfenheit, bald den einer besonderen Originalität machen« (Stern/Stern 1928/1965, S. 287).

Aber nicht nur bezüglich der Art, in der die Geschlechter Sprache gebrauchen, wurden wertende Unterscheidungen getroffen; derartige Unterscheidungen wurden auch dem sprachlichen System selbst angesonnen. Für Jacob Grimm (1785-1863) entstanden die Genera durch

»[...] eine in der phantasie der menschlichen sprache entsprungene ausdehnung des natürlichen auf alle und jede gegenstände. Durch diese wunderbare operation haben eine menge von ausdrücken, die sonst todte und abgezogene begriffe enthalten, gleichsam leben und empfindung empfangen, und indem sie von dem wahren geschlecht formen, bildungen, flexionen empfangen, wird über sie ein die ganze sprache durchziehender reiz von bewegung und zugleich bindender verknüpfung der redeglieder unvermerkt ausgegossen« (Grimm 1831, S. 346).

Die drei Genera haben nach Grimm die folgenden Eigenschaften:

»Das masculinum scheint das frühere, größere, festere, sprödere, raschere, das thätige, bewegliche, zeugende; das femininum das spätere, kleinere, weichere, stillere, das leidende, empfangende; das neutrum das erzeugte, gewirkte, stoffartige, generelle, unentwickelte, collective, das stumpfere, leblose« (Grimm 1831, S. 357).

Dieser semantisierend-analogisierende Zugang zur Bestimmung des grammatischen Geschlechts durch Grimm fand schon bei seinem Zeitgenossen Karl Brugmann erheblichen Widerspruch:

»Brugmann hatte gegen Grimms Metaphorisierungstheorie eingewandt, daß die Poetisierung der Welt mittels Sexualisierung gerade in den Sprachen sogenannter primitiver Völker nicht angetroffen wird, da es dort häufig keine Genussysteme gebe. Ein Übermaß an Phantasie und poetischen Metaphern würde also vielmehr bei Grimm als bei ›unseren Vorfahren‹ zu vermuten sein« (Leiss 1994, S. 291).

Die Thesen von Jacob Grimm entsprachen dem Zeitgeist des 18. und 19. Jahrhunderts. Trotz der mit de Saussure beginnenden neuen, strukturalistischen Sicht auf Sprache und der korrespondierenden Annahme einer weitgehenden Arbitrarität grammatischer Kategorien bezüglich natürlichen Tatsachen, erhielt die Ansicht Grimms (die auch auf dem Hintergrund der Humboldtschen Theorie zu sehen ist) jedoch eine gewisse, erneute Aktualität insofern, als Sprache als ein Ausdruckssystem einer jeweiligen historischen Epoche und Kultur gesehen wurde und somit Sprache der Frage zugänglich blieb, ob in ihrer Struktur historische Traditionen und Gegebenheiten der Geschlechterbewertung eingeschrieben sind, eine Sicht auf Sprache, die nicht nur in der feministischen Linguistik, sondern in der neueren Linguistik insgesamt u.a. auch mit ihrer Neubewertung der Sapir-Whorf-Hypothese verfolgt wird (Gumperz/Levinson 1996).

1.3   Neue Perspektiven

Als die Gleichheitschancen der Geschlechter ab den 1970er Jahren nachhaltig eingefordert wurden, wurden auch die mit den Geschlechtern assoziierten **intellektuellen und sprachlichen Unterschiede** und deren Niederschlag in Elementen des sprachlichen Systems thematisch. Dabei ergaben sich die folgenden Fragen:

– Sind die Unterschiede nur im Stereotyp vorhanden, oder sind sie real?
– Wie sind die Unterschiede zu erklären, wie sind sie zu bewerten?
– Welche geschlechtsbezogenen Asymmetrien sind im Sprachsystem eingeschrieben, welche psychologischen Wirkungen haben sie?
– Wie ist der Zusammenhang von sozialer Position der Geschlechter in der Gesellschaft und Sprache zu sehen?

Diese Fragen wurden in der **geschlechterbezogenen Sprachforschung**, die sich auch auf Arbeiten der Soziolinguistik und Anthropologie bezog, mit unterschiedlichen Annahmen und Zielsetzungen verfolgt. Hierbei kristallisierten sich sehr verschiedene Sichtweisen auf den Begriff ›Geschlecht‹ und seinen Bezug zu Sprache und Sprachgebrauch heraus. Damit verbunden war auch eine veränderte Sichtweise auf Wissenschaft. Im Zuge der sog. Neuen Frauenbewegung etablierte sich die **Frauenforschung**, die sich von der langen Tradition des Forschens über Frauen darin unterschied, dass »[...] die weibliche Lebenserfahrung sozialer und kultureller Realität als Grundlagen wissenschaftlichen Arbeitens« (Hof 1995, S. 6) reklamiert und ein anderes Erkenntnisinteresse artikuliert wurde:

»Die ›Theorien‹, die Frauen etwa eine besondere Irrationalität, Sanftmut und Häuslichkeit zuschrieben, galten nunmehr als männliche Legitimationsstrategien, die weniger eine Deutung als eine Rechtfertigung des jeweiligen *status quo* zum Ziel hatten. [...] In Frage gestellt wurde das ›neutrale‹, ›ungeschlechtliche‹ Forscher-Individuum der theoretischen und kritischen Arbeit, das zwar lange Zeit darauf bedacht war, die universellen menschlichen Werte

der Aufklärung hervorzuheben, jedoch die geschlechtsspezifischen Machtverhältnisse innerhalb unserer Kultur nahezu vollständig vergessen hatte«
(Hof 1995, S. 7).

Die Grundannahme des **feministischen Wissenschaftsverständnisses**
formuliert Marlis Hellinger wie folgt:

»Die Produktion, Präsentation und Weitergabe wissenschaftlicher Erkennt-
nisse wird [...] wesentlich von Prinzipien des Patriarchats geleitet, weibliche Perspektiven bleiben weitgehend unberücksichtigt. Dabei ergibt sich die
Dominanz männlicher Interpretation von Wirklichkeit keineswegs unmittelbar aus der Qualität der entwickelten Theorien, nicht zuletzt hängt es von
den bestehenden Herrschaftsverhältnissen ab, ob sich eine bestimmte Theorie durchsetzt oder nicht« (Hellinger 1990, S. 47).

Was dieses neue Wissenschaftsverständnis auszeichnete, ist »[...] das
wissenschaftspolitische Interesse an der Verfasstheit von Geschlechter-
verhältnissen und die Kritik an allen Formen von Macht und Herrschaft, die Frauen diskriminieren und deklassieren« (Becker-Schmidt/
Knapp 2001, S. 7). Die feministische Theorie wird bestimmt als eine
»Form kritischer Theorie«, für die der »[...] Zusammenhang zwischen wissenschaftlichem Erkenntnisinteresse und politischer Praxis
[...]« konstitutiv ist (ebd., S. 7); dagegen ist die Bezeichnung ›**Frauen-
und Geschlechterforschung**‹ nur eine Benennung des Gegenstands-
bereichs der Analysen.
     Diese enge Bindung wissenschaftlichen Erkenntnisinteresses an
politische Praxis und die Grundannahme, dass Wissenschaft durch
und durch männlich geprägt ist, impliziert auch ein Infragestellen
der universellen Vernunftideale der Aufklärung und führte u.a. zu
einer Unterscheidung von »guten« und »gerechten« Theorien wie bei
McCormack (1981). Eine gute Theorie ist für McCormack (1981, S.
5, zit. nach Hellinger 1990, S. 47) »[...] a logically related set of principles which generate a series of hypotheses about human behaviour
that are in principle testable«; eine gerechte Theorie dagegen »[...]
excludes any principle of explanation which accounts for the biological or social necessity of social inequality« (ebd.).
     Die **feministische Wissenschaftskritik und Wissenschaftsauffas-
sung** hat nicht unerhebliche Widerstände provoziert. Während nicht
bestritten wurde, dass Wissenschaft grundsätzlich auch gegenüber den
praktischen Konsequenzen ihrer Forschungsergebnisse Verantwortung zu tragen und Methoden sowie Fragestellungen aus der Wissenschaft auszuschließen sind, die unethisch sind, ist es als empfindliche
Einschränkung der Wissenschafts- und Gedankenfreiheit zu sehen,
wenn – wie bei McCormack – auf Erklärungsprinzipien z.B. biologi-

scher Art verzichtet werden soll, sofern sie soziale Ungleichheit legitimieren helfen. Dass Wissenschaft immer wieder zur Absicherung bestimmter Ideologien herangezogen wurde (oder manche Wissenschaftler sich hierzu anboten), kann nicht rechtfertigen, Fakten und rational begründete Erklärungen zu übergehen; vielmehr sind diese einem argumentativ begründenden Diskurs zu unterziehen.

Dass wissenschaftliche Theorien sich nicht alleine wegen ihrer Qualität, sondern z.T. auch ihrer Passfähigkeit zu aktuellen gesellschaftlichen Problemlagen durchsetzen, diskreditiert nicht schon per se die Theorie. Nicht zuletzt impliziert ja die gesellschaftskritische Zielrichtung der feministischen Wissenschaft als Kritik an patriarchalischen Entwürfen, dass sie diesen »[...] nachweist, daß sie auf nicht haltbaren Annahmen über Rahmenbedingungen, Voraussetzungen und Geltungsbereich beruhen« (Hellinger 1990, S. 48). Der Nachweis muss sich der Mittel wissenschaftlicher Recherche und der Regeln der Logik bedienen.

Wenngleich ein Teil der Kritik an zugespitzten feministischen Wissenschaftsauffassungen durchaus berechtigt ist, ist nicht zu übersehen, dass der Widerstand sich auch gegen eine **Kritik am sog. Patriarchat** richtete und sich in äußerst polemischen Gegenäußerungen ausdrückte (z.B. Roger Scruton, zit. in Graddol/Swann 1989, S. 95).

Die enge Bindung wissenschaftlichen Erkenntnisinteresses an politische Praxis hat auch zu sehr unterschiedlichen Sichtweisen auf die Beziehung zwischen Sprache und Geschlecht geführt. Aber so unterschiedlich, wie die Sichtweisen sich auch entwickelten, eine grundlegende Gemeinsamkeit blieb, nämlich die Annahme, dass das Arrangement der Geschlechter keine Naturtatsache, sondern Ergebnis sozialer, historisch gewordener Verhältnisse ist. Dies fand seinen Ausdruck darin, dass nicht mehr nur von »sex« oder »Geschlecht« sondern von *sex* und *gender* gesprochen wurde. Die Unterscheidung zwischen *sex* und *gender* geht auf den Psychoanalytiker Robert Stoller zurück, der bei seinen Untersuchungen der Geschlechtsidentität von Menschen mit fehlenden oder inkongruenten sexuellen Merkmalen Ende der 1960er Jahre feststellte, dass die körperlichen Merkmale nicht mit den psychischen übereinstimmten, man also ein biologisches und ein soziales/sozialisiertes Geschlecht unterscheiden müsse. Ann Oakley brachte diese Unterscheidung in die feministische Debatte ein und stellte fest:

»Sex ist ein Wort, das sich auf die biologischen Unterschiede zwischen männlich und weiblich bezieht [...], dagegen ist Gender eine Sache der Kultur: es bezieht sich auf die soziale Klassifizierung in »maskulin« und »feminin« (Oakley 1972, zit. nach Frey/Dingler 2001, S. 9).

Die hier sprachlich und begrifflich vorgenommene Aufspaltung der Menschen in biologische und soziale Wesen ist problematisch, denn sie

»[...] assumes a great deal more knowledge than actually exists regarding the sources of male-female differences; also, it falsely dichotomizes potential influences, ignoring the possibility that behavior is shaped by a complex interplay between social and biological factors [...]« (Collaer/Hines 1995, S. 61).

Außerdem scheint die Unterscheidung in *sex* und *gender* nicht den gewünschten Effekt zu haben, denn die Bedeutung von *gender* hat sich der des zuvor gebräuchlichen *sex* angenähert (vgl. Przygoda/ Chrisler 2000); so wird selbst das Geschlecht von Ratten in einschlägigen Publikationen als *gender* bezeichnet (vgl. ebd. S. 554). Bergvall (1999, S. 276) stellt fest: »[...] the resolution of the sex/gender debate comes down to simple substitution of ›gender‹ for ›sex‹ as a more polite term, probably to avoid the taboo implications of sexuality«. Es scheint demnach schwer möglich zu sein, die biologische und die soziale Dimension sprachlich klar zu trennen (vgl. Fausto-Sterling 1992). Der Sprachgebrauch reflektiert, was die Debatten um Erbe und Umwelt gezeigt haben: »The interface between experience and biology is seamless« (Halpern/Ikier 2002, S. 16).

> Die neue Perspektive der geschlechtsbezogenen Sprachforschung bestand in der These, dass Geschlecht in Sprache und Sprachgebrauch Reflex patriarchaler Machtverhältnisse und dieses in Forschung und Theoriebildung aufzuklären ist.

1.4 Die Entwicklung der feministischen Sprach- und Sprachgebrauchsanalyse

Die Positionen, die seit den 1970er Jahren zum Verhältnis von Sprache und Geschlecht auf dem Hintergrund des Verständnisses von ›Geschlecht‹ als sozialer Kategorie erarbeitet wurden, unterschieden sich darin, wie sie die Wirkungen des Sozialen auf Geschlecht und Sprache bestimmten. Die wissenschaftsgeschichtlich erste Konzeption war die

– *Defizitkonzeption*; sie unterstellte Frauen einen grundsätzlichen Mangel an Einfluss und Kompetenzen. Diese Konzeption wurde abgelöst von der
– *Differenzkonzeption*; hier wurden die Unterschiede als gleichwertige Differenzen betont. Dieser Konzeption folgten
– *Konzeptionen der radikalen Dekonstruktion* des Geschlechtskonzeptes; in ihnen wurde die Kategorie ›Geschlecht‹ in eine historische, soziale und situativ variable Kategorisierung aufgelöst.

Diese Veränderungen in den Konzeptionen sollen im Folgenden kurz nachgezeichnet werden, da in ihnen äußere Zugzwänge, innere Aporien, aber auch Entwicklungsperspektiven des Themenfeldes und seiner wissenschaftlichen Bearbeitung sichtbar werden, die den Hintergrund dieses Buches bilden.

1.4.1 Die Defizitkonzeption

Die erste Phase der feministischen Sprach- und Sprachgebrauchsanalyse begann 1970 in den USA (mit dem vermutlich ersten Seminar zum Thema von Mary Ritchie Key an der Universität von Kalifornien in Irvine) und setzte ab 1978 in Europa ein (1978 mit dem 8. Weltkongress für Soziologie in Uppsala, 1979 mit dem internationalen Symposion »Sprache und Geschlecht« an der Universität Osnabrück; vgl. Hellinger 1990, S. 9). Diese erste Phase ist bis ca. 1980 anzusetzen. Hier folgten die Forscherinnen im Wesentlichen den Auffassungen von Jespersen, unterlegten ihnen aber eine andere Wertung, nämlich die, dass die Formen des weiblichen Sprachgebrauchs **Ausdruck der Machtlosigkeit** von Frauen in der Gesellschaft sind. Zuerst wurde diese Konzeption geschlechtsbezogener Sprache von Robin Lakoff (1975) und Mary Ritchie Key (1975) artikuliert. Lakoff stellte in ihrem einflussreichen Buch *Language and women's place* die folgenden **Merkmale einer »Frauensprache«** zusammen, durch die Frauen den ihnen zugewiesenen inferioren Status in der Gesellschaft signalisieren:

- Frauen besitzen einen großen, auf ihre typischen Interessen und kommunikativen Absichten bezogenen Wortschatz; sie benutzen insbesondere differenzierte Adjektive wie z.B. *mauve, ecru, beige* und sie gebrauchen *empty adjectives* wie *divine, charming, cute.*
- Frauen verwenden Frageintonation oder sog. *tag-questions*, um Feststellungen oder Aussagen abzuschwächen wie in *it's so hot, isn't it?*
- Frauen gebrauchen häufiger *hedges* wie *well, y'know, kinda, sorta* oder Ausdrücke wie *I guess, I think* oder *I wonder* als Einleitung von Aussagen und Fragen.
- Frauen verwenden häufig den *intensifier so*, um den Ausdruck starker Gefühle oder starker Behauptungen abzuschwächen; so sagen sie nicht *I like him very much* sondern *I like him so much.*
- Frauen haben eine hyperkorrekte Grammatik.
- Frauen gebrauchen häufiger *superpolite forms.*
- Frauen erzählen keine Witze.
- Frauen sprechen in *italics*, d.h. mit besonderer Betonung und Hervorhebung; dabei gebrauchen sie häufiger Gesten. Sie tun dies, weil ihre Rede sonst nicht beantwortet würde (vgl. Lakoff 1975, S. 53-57).

Lakoff stützte sich nicht auf systematische empirische Untersuchungen, sie bezeichnet manche ihrer Thesen selbst als spekulativ (Lakoff 1975, S. 57). Eine systematische Überprüfung ihrer Thesen und kursorischen Beobachtungen wurde im Anschluss an ihr Buch unternommen. In diesen Studien wurden **einzelne Sprachmerkmale**, *isolated items*, so z.b. die *tag questions*, abschwächende Partikel, oder höfliche vs. direkte Ausdrucksweisen und ähnliches auf ihre unterschiedliche quantitative Verteilung in der Rede von Männern und Frauen untersucht. Die Ergebnisse der Studien des *isolated items approach* zeigten, »[...] that very few expected sex differences have been firmly substantiated by empirical studies of isolated variables« (Thorne et al. 1983, S. 13).

Wenn mit diesem *approach* nicht gezeigt werden konnte, dass die Sprechweise der Frauen sich von der der Männer unterscheidet, konnte die Annahme nicht als bestätigt gelten, dass Frauen ebenso wie in der Gesellschaft im Mikrokosmos des kommunikativen Miteinander im Gespräch in unterlegener Position sind. Da diese Annahme weiterhin für höchst plausibel gehalten wurde, glaubte man, mit einer veränderten Forschungsstrategie zu überzeugenderen Ergebnissen zu kommen. Diese gründete sich nach Thorne et al. (1983, S. 14) auf die folgende **Kritik an der bisherigen Forschung**: Die linguistischen Einheiten wie z.b. Phoneme, Wörter, Tonhöhenverläufe sind häufig zu kleine Einheiten und die quantitativen Methoden der Auswertung zu weit vom Kontext entfernt, als dass man hätte zu bedeutungsvollen Ergebnissen kommen können bezüglich der Beziehung zwischen Geschlecht und Sprache. Außerdem war man nach Thorne zu sehr darauf aus, ein Gesamtbild der Geschlechterdifferenzen im Sprachgebrauch zu zeichnen und einen *genderlect* zu identifizieren. Das Bild des *genderlect* scheint zu abstrakt und zu überzeichnet, da es impliziert, es gebe Unterschiede in den Grundstrukturen der Codes von Frauen und Männern, nicht aber davon ausgeht, dass es sich um variable Differenzen und Ähnlichkeiten in der Verwendungshäufigkeit spezifischer Sprachmuster in einem gemeinsam geteilten Code handelt. *Genderlect* impliziert mehr Homogenität unter den Frauen und Männern und mehr Differenzen zwischen den Geschlechtern als tatsächlich der Fall ist. Die Autorinnen kommen daher zu folgendem Schluss: »The most fruitful research on gender and speech has conceptualized language not in terms of isolated variables, nor as an abstracted code, but within contexts of actual use« (ebd.). Ähnlich kritisch stellte Haas fest:

»Sex is not the only variable to influence a speech style. There is a complex interaction of personal characteristics such as sex, age, education, occupation, geographical region, ethnic background, and socioeconomical status, and contextual factors such as communication situation, environment, and participants« (Haas 1979, S. 624).

Sehr deutlich warnt Becker-Schmidt vor der Homogenisierung realer Differenzen bei Gebrauch der Kategorie ›Geschlecht‹ als isolierter Variable:

»So universell die Ungleichbehandlung von Frauen auch sein mag – ihre Analyse bedarf, bei aller Betonung des Gemeinsamen, doch auch der Beachtung von Differenzen. Eine feministische Sichtweise, die sich nur auf die Frauen als Gleiche einlassen will, macht den Begriff ›weiblich‹ wieder zu einer Subsumptionskategorie, wie er es schon immer war« (Becker-Schmidt 1985, zit. nach Frank 1992, S. 9).

Verbunden mit diesen theoretischen und methodischen Umorientierungen war auch eine Problematisierung der Annahme weiblicher Inferiorität, eines Defizits in ihrer Sprachgebrauchsweise. Der Gedanke kam auf, dass die These eines sprachlichen Defizits oder gar einer Sprachlosigkeit von Frauen die nur anklagend gewendete, aber letztlich nicht hinterfragte Perpetuierung der Position war, der zufolge Frauen eben nichts Eigenes, keine eigene Perspektive haben können. Unter diesem Blickwinkel war nur Sprachverweigerung, nicht aber das Finden einer eigenen Sprache und das Durchsetzen einer eigenen, weiblichen Sprechweise denkbar.

Ein Defizit wurde auch in den **Analysen des Sprachsystems** ausgemacht; es wurde darin gesehen, dass Frauen in der Sprache nicht gleich berechtigt repräsentiert sind. So wurden lexikalische Lücken, lexikalische Asymmetrien, auf das männliche als Archilexem bezogene Ableitungsmuster sowie vor allem im Bereich der Personenbezeichnungen und der personalen Referenz ein Überwiegen des Männlichen diagnostiziert und dieses als Reflex männlicher Herrschaft im Sprachsystem gewertet. Das Überwiegen des Männlichen hatte bereits Karl Kraus 1912 (vgl. Grabrucker 1993, S. 11) konstatiert und dieser Kritik entsprechend wurden hartnäckig und wirkungsvoll vielfältige sprachreformerische Vorschläge gemacht, die zu einem Sprachwandel sowohl im lexikalischen wie syntaktischen Bereich führten (Pusch 1985; Hellinger 2000).

Während in der **Sprachgebrauch**sanalyse das Defizit der Frauen deren Gebrauch von Sprache angelastet wurde, betrachteten die **Sprachsystem**analytikerinnen die Sprache selbst als Behinderung und Einschränkung von Frauen und forderten deren Veränderung. Dies hat, wie immer, wenn etablierte Sprachstrukturen verändert werden sollen, erhebliche Kontroversen ausgelöst. Deren Schärfe und Polemik erscheinen aus heutiger Sicht nicht mehr ganz verständlich (Hellinger 2000), richtete sich doch die Kritik nicht auf das Sprachsystem als ganzes, sondern nur auf einen Teil, vornehmlich das System der Personenbezeichnungen; außerdem ist Sprachkritik, die bekanntlich auf eine lange Tradition zurückblickt (vgl. Schiewe 1998), nicht per se ein anstößiges Unternehmen.

Während die These der Nicht-Sichtbarkeit von Frauen in der Sprache bis in heutige Zeit durch zahlreiche empirische, auch sprachvergleichende Studien insbesondere bezüglich der psychologischen Realität der Nicht-Sichtbarkeit weiterverfolgt und ausdifferenziert, in ihrem Kern aber nicht wesentlich verändert wurde, wurde die theoretische und methodische Ausrichtung der Sprachgebrauchsanalyse an einer Defizitkonzeption zu Gunsten der Differenzkonzeption aufgegeben.

1.4.2 Die Differenzkonzeption

Ein Schlüsselbegriff der Neuorientierung, die die Defizitkonzeption ablöste, war der der **weiblichen Identität**; er wurde von Prokop wie folgt erläutert:

»Im weiblichen Lebenszusammenhang entwickeln sich Formen der Subjektivität, die Elemente bedürfnisbezogenen Handelns enthalten. Diese rudimentären Formen verfangen sich in der Unterentwicklung der aufs Private abgedrängten weiblichen Produktion [...] Die Verhaltensweisen und Vorstellungen der Frauen sind stets ein ambivalent bleibender Kompromiß, eine Reaktion auf den im weiblichen Lebenszusammenhang vorhandenen objektiven Widerspruch« (Prokop 1976, S. 81).

Entscheidend war die Annahme, dass zwar die Identität und das Kommunizieren von Frauen weiterhin als von männlicher Herrschaft dominiert gesehen wurde, zugleich aber hervorgehoben wurde, dass Frauen nicht nur unterdrückte, sprachlose Opfer, sondern auch auf der Suche nach dem Eigenen, auch der eigenen Sprechweise sind. Eine weitere Zuspitzung der Ablösung von dem Modell des Defizits und der allseitigen Unterdrückung und Sprachlosigkeit lag in der Annahme, dass Frauen keine inferiore Sprechweise, sondern einfach **eine andere Sprechweise** haben. Diese Sichtweise wurde vor allem durch die publikumswirksamen Arbeiten von Deborah Tannen und Senta Trömel-Plötz bekannt.
  Wenngleich sich die Differenzkonzeption und die Defizitkonzeption in der Bewertung von Geschlechterdifferenzen im Sprachgebrauch unterscheiden, teilen sie doch wesentliche Gemeinsamkeiten. ›Geschlecht‹ wird in beiden Konzeptionen als eine das Sprachverhalten wesentlich bestimmende Größe betrachtet. ›Geschlecht‹ wird als

eine Kategorie gefasst, die den Individuen in ihrer Sozialisation als historisch-gesellschaftlich ausgeprägte Selbst- und Fremdkategorisierung zugeschrieben wird. ›Geschlecht‹ ist so eine dem konkreten Verhalten vorausgesetzte Größe: Als Geschlechtsrollenerwartung spannt sie den normativen Rahmen für sozial angemessenes Verhalten auf, als Geschlechtsidentität bildet sie die intrapsychische Repräsentanz körperbezogener, sozialer Erfahrungen. Diese Auffassung führte nun in die Schwierigkeit, wie denn ›Geschlecht‹ sich zu anderen, das kommunikative Verhalten mitbestimmenden Faktoren wie Alter, kultureller, sozioökonomischer Hintergrund, Situation etc. in ein theoretisch plausibles Verhältnis setzen lässt. Das Problem besteht nach West/Fenstermaker (1995) u.a. darin, dass unklar ist, ob die Faktoren ›Geschlecht‹, ›Schicht‹, ›Rasse‹ etc. additiv oder multiplikativ aufeinander zu beziehen sind oder ob sie einander nur in bestimmten Punkten überlagernde Wirkgrößen darstellen.

Problematisch erschien die Differenzkonzeption, weil sie in ihrer essentialistischen Sicht auf Weiblichkeit/Männlichkeit die aus sozial-historischen Gründen konstituierte, binäre Ordnung der Zweigeschlechtlichkeit als konstruierte und somit auch auf Veränderung bzw. Aufhebung ausgerichtete Kategorisierung nicht erkannte. Damit werden in ihr alte Zuschreibungsmuster tradiert (Pasero 1994, S. 271f.; Cameron 1993, S. 21).

1.4.3 Konstruktivistische Konzepte

Ein Lösungsvorschlag für die Probleme der Differenzkonzeption bestand darin, die Annahme von *gender* als einer dem konkreten Verhalten vorausgesetzten Größe zu verabschieden und *gender* systematisch als **soziale Konstruktion** zu erfassen. Diese neue Perspektive ist mit dem Schlagwort des ***doing gender*** (vgl. West/Zimmerman 1987) verbunden; sie ist eine Anwendung der Analyseperspektive der ethnomethodologischen Konversationsanalyse auf die Geschlechterthematik. Die Konversationsanalyse interessiert sich primär dafür, interaktive und kommunikative Prozesse in ihrer Regelhaftigkeit zu beschreiben. Die Grundannahme dabei ist, dass die Formen des interaktiv-kommunikativen Austausches im Prozess des Austausches selbst erzeugt werden, dass sie sich nicht einer Realisierung vorausgesetzter Interaktions- und Kommunikationsstrukturen verdanken (Bergmann 1981).

Ein **geschlechtstypisches Gesprächsverhalten** ist in dieser Perspektive das Ergebnis des konkreten Kooperierens oder Nicht-Kooperierens in Gesprächen. ›Geschlecht‹ ist keine der Interaktion vorausgesetzte Größe, sondern wird im sprachlichen Austausch in der Interaktion produziert. In dieser Perspektive wird den konkreten Interaktionspartnern, also einer bestimmten Frau und einem bestimmten Mann im Zusammenwirken ihrer organisatorischen und thematischen Gesprächsführung die Verantwortung für das Gesprächsprodukt gegeben. Penelope Eckert und Sally McConnell-Ginet (1992) betonen in ihrem Konzept von Sprache und Geschlecht als »**community-based practice**« gegen das essentialistisch Verständnis von ›Geschlecht‹ in der Defizit- und Differenzhypothese die Diversität (Bing/Bergvall 1996; Bergvall 1999). Auch in diesem Konzept wird Geschlecht als soziale Kategorie konstruiert. D.h.:

»Rather than conceiving of gender as an individual characteristic, we conceive of it as an emergent property of social situations: both an outcome of and rationale for various social arrangements and means of justifying one of the most fundamental divisions of society« (West/Fenstermaker 1995, S. 9).

Diese Version wurde durch die **Theorie von Judith Butler** weiter radikalisiert. Nach Butler sind soziale Identitäten wie z.B. ›Geschlecht‹, aber auch unstrittig material-biologische Gegebenheiten wie der Körper, keine essentiellen und fixierten Größen, sondern sie werden fortwährend in der Performanz bestimmter Handlungen konstituiert. Für Butler (1990, S. 33) ist *gender* »[...] the repeated stylization of the body, a set of repeated acts within a highly rigid regulatory frame that congeal over time to produce appearance of substance, of a »natural« kind of being« (Butler 1990, S. 33). In diesem Konzept gibt es keine psycho-sozial erworbenen und nach dem Erwerbsprozess relativ feststehenden Geschlechtsidentitäten, Geschlechtsidentitäten »[...] lösen sich [...] nun auf in einen permanenten Prozeß der interaktiven Hervorbringung sexuierter Individuen« (Bohle 1997, S. 6). Das biologische Geschlecht wird in dieser theoretischen Perspektive verstanden als«[...] ein Prozess, bei dem regulierende Normen das »biologische Geschlecht« materialisieren und diese Materialisierung durch eine erzwungene ständige Wiederholung jener Normen erzielen« (Butler 1997, S. 21).

In ihrer Theorieentwicklung ist die Geschlechterforschung in einen Zustand geraten, in dem sich das Thema ›Geschlecht‹ in allen seinen Bezügen, auch in denen zu Sprache, in voraussetzungslos gedachte interpretatorische Akte Einzelner aufgelöst zu haben und somit einer wissenschaftlichen Analyse nicht mehr zugänglich zu sein scheint. In der Kritik am Dekonstruktivismus und der Ethnomethodologie wurden jedoch Perspektiven zur Neuformulierung von Geschlechtertheorien entwickelt, die die Aporien, in die die Geschlechterthorien geraten sind, auflösen helfen könnten.

Die Kritik am radikalen Dekonstruktivismus hat deutlich gemacht, dass die Transformation des Subjektes zum »Bauchredner [...], zum Sprachrohr von Diskursen, die aus ihm sprechen [...]« (Benhabib 1995, S. 239) eine kohärente Theoriebildung unmöglich macht, dass die Prozessualisierung der Kategorie *gender, class, race* wie bei West/ Fenstermaker (1995) eine Verharmlosung sozialer Disparitäten ist und die Dekonstruktion des Körpers menschliche Grunddispositionen wie Natalität und Mortalität verleugnet (Landweer 1994), ja dass der radikale Dekonstruktivismus

»[...] gemäß seiner eigenen Aufbaulogik zur Selbstzerstörung [tendiert]. Da er weder einen physischen (»dies ist mein Körper«) noch einen metaphysischen (»dies setze ich voraus«) Referenzpunkt anerkennen darf, kann er nur triviale oder Pseudoschlüsse produzieren« (Reiche 1997, S. 948).

Diese Kritik am fundamentalen Konstruktivismus und seiner Dekonstruktion von ›Geschlecht‹ ist für die Geschlechtertheorie und die Erforschung des Themenfeldes Sprache und Geschlecht folgenreich. Sie zeigte, dass der postmoderne Dekonstruktivismus ›Geschlecht‹ als relevante soziale Kategorie theoretisch nicht hat beseitigen können. Des Weiteren hatte sie die Wirkung, dass sich neuere Geschlechtertheorien der Frage der Limitierung sozialer Kategorisierungen aufgrund anthropologischer Gegebenheiten annehmen. Die Kritik hat zudem verdeutlicht, dass Geschlechtertheorien mikro- und makrosoziologische Dimensionen ebenso stärker aufeinander werden beziehen müssen wie Geschlechtertheorien die Bedingungen der Möglichkeit von autonomer Subjekthaftigkeit weiter ausdifferenzieren müssen. Hierbei wird die Exklusivsetzung von ›Geschlecht‹ einem vernetzteren Verständnis sozialer Kategorisierungen weichen.

1.5 Perspektiven im 21. Jahrhundert

Im Ergebnis führte die Entwicklung der feministischen Forschung zu einer Ausdifferenzierung und Öffnung gegenüber anderen Disziplinen und neuen Fragestellungen. Man kann dies als einen Prozess der **Verwissenschaftlichung des Forschungsthemas** begreifen. Die Geschlechterforschung und die Erforschung von Sprache und Geschlecht stehen somit vor neuen Aufgaben. Eine Aufgabe ist, sich der Ergebnisse (und Irrtümer) der bisherigen Forschung kritisch gewahr zu bleiben. Dies ist auch eine Zielsetzung dieses Buches. Eine weitere Aufgabe ist es, den Standort des Forschungsfeldes im Kontext zukünftiger Modernisierungs- und Globalisierungsprozesse auszumachen. Eine wichtige Entwicklungstendenz vor allem in den sog. industrialisierten, westlichen Staaten ist die erheblich veränderte demographische Entwicklung: Immer weniger Babys werden geboren, immer mehr Menschen erreichen ein sehr hohes Alter. Zugleich haben sich im Zuge der Globalisierung die Anforderungen des Arbeitsmarktes weiter deutlich verändert. Benötigte Qualifikationen sind Flexibilität, Problemlösekompetenz, Fremdsprachen- und interkulturelle Kompetenz sowie Kooperations- und Kommunikationsfähigkeit in variablen Kontexten. Sowohl die demografische Entwicklung wie die veränderten Qualifikationsanforderungen verlangen, dass deutlich mehr junge Menschen eine hohe, möglichst eine wissenschaftliche Qualifikation erwerben, dass sie bereit und in der Lage sind, sich diesen neuen Anforderungen durch Weiterbildung immer wieder neu anzupassen und dass der Anteil von Frauen an der diese Qualifikation erwerbenden jungen Menschen deutlich gesteigert werden muss. Es besteht demnach ein ökonomischer Zwang zur Realisierung der Bildungschancengleichheit der Geschlechter und zur wissenschaftlichen Analyse der noch bestehenden Barrieren.

Dies ist auch der Grund, warum sich das sog. *gender-mainstreaming* als politische Strategie herausgebildet hat. Hier wird von der Annahme ausgegangen, dass *gender* in jedem gesellschaftlichen Bereich auf seine Relevanz hin überprüft und möglichen einschränkende Wirkungen durch Gegenmaßnahmen begegnet werden soll. So wird in den Mitteilung der Kommission der Europäischen Gemeinschaften festgestellt:

»Die Unterschiede zwischen den Lebensverhältnissen, den Situationen und Bedürfnissen von Frauen und Männern systematisch auf allen Politik- und Aktionsfeldern der Gemeinschaft zu berücksichtigen, das ist die Ausrichtung des »Mainstreaming«-Grundsatzes. Es geht dabei [...] darum, [...] auf allen Gebieten dem Bedürfnis nach Entwicklung ausgewogener Beziehungen zwischen Frauen und Männern Eingang zu verschaffen« (Kommission der Europäischen Gemeinschaften 1996, S. 6).

Das *gender-mainstreaming* ist ein Konzept, »[...] das von der Anerkennung der männlichen und der weiblichen Identität [...] ausgehen muß« (ebd., S. 5).

In allgemein gesellschaftlichen und politischen Kontext ist es dringend erforderlich, Möglichkeiten, aber auch Behinderungen der **Ausschöpfung des weiblichen Begabungspotentials** und der Umsetzung von Bildungschancengleichheit auszuloten. Somit stellt sich die Frage, wie »[...] auf allen Gebieten dem Bedürfnis nach Entwicklung

ausgewogener Beziehungen zwischen Frauen und Männern Eingang«
(ebd.) verschafft werden kann, was eine klare Diagnose voraussetzt,
ob und auf welchen Gebieten heute die Unausgewogenheit zwischen
den Geschlechtern besteht und was die möglichen Entstehungsursa-
chen sind. Aufgabe der zukünftigen Forschung ist, diese Diagnose zu
erstellen. Dabei wird sie auch die Frage zu beantworten haben, ob und
inwiefern die Kommunikationsverhältnisse zwischen den Geschlechtern noch immer unausgewogen sind und der Reflex von ›Geschlecht‹
in der Sprache auf fundamentale Asymmetrien verweist.

Da die Annahme eines unausgewogenen Verhältnisses zwischen
den Geschlechtern eine Bewertung beinhaltet, stellt sich die Frage, was
die Bewertungskriterien sind. Hier ist der Diskurs aufzunehmen, der
das Emanzipationsideal der neuen Frauenbewegung gegen die Positionen der Postmoderne ins Feld führt, indem gefragt wird: »Haben wir
ein besseres Projekt der Ethik als Richtschnur für die Zukunft zu bieten als die Synthese aus autonomieorientiertem Gerechtigkeitsdenken
und empathischer Anteilnahme für die Belange anderer? [...] Haben
wir ein besseres Modell für das Selbstverständnis anzubieten als das
Modell einer autonomen Individualität mit fließenden Ich-Grenzen
und ohne Angst vor dem Anderen?« (Benhabib 1995, S. 257).

Aufgabe der zukünftigen Forschung ist es zu bestimmen, wie
die Befunde zum Geschlechterverhältnis in Sprache und Kommunikation auf Bildungschancengleichheit und das Projekt
einer Diskursethik zu beziehen sind.

2. Analysen und empirische Befunde

2.1 Das Sprachsystem

So tief sitzend und weit verbreitet wie die Neigung ist, Menschen nach ihrem Geschlecht zu klassifizieren, verwundert es kaum, dass diese Kategorisierung ihren Niederschlag auch in Sprache fand. Bislang wurde von noch keiner Sprache berichtet, die völlig neutral ist bezüglich des Reflex' biologischer und sozial interpretierter Geschlechtsunterschiede in ihrem System. Die Art und das Ausmaß des **Reflex' von Geschlecht in der Sprache** variiert von Sprache zu Sprache erheblich (vgl. Hellinger 1985; Hellinger/Bußmann 2001):

- In manchen Sprachen gibt es beispielsweise spezifische morphologische Formen und syntaktische Muster zur Konstruktion geschlechtsangemessener Anredeformen (z.B. die *honorifics* des Japanischen; vgl. Ide 1980; Waldron/Di Mare 1998; Nakamura 2001; Shibamoto Smith 2001) oder bestimmte, dem einen oder anderen Geschlecht zugewiesene Wörter oder Wortformen.
- In der nordamerikanischen Indianersprache Koasati besteht Formverschiedenheit von Verben je nachdem, ob sie von Männern oder Frauen gebraucht werden (Haas 1944).
- In der nordamerikanischen Indianersprache Yana unterscheiden sich nicht nur Verben sondern auch Nomina entsprechend ihrem Gebrauch durch Männer oder Frauen (vgl. Sapir 1968).
- Präferenzen für bestimmte Ausdrucksformen wurden für grammatische Formen (Standard- vs. Nonstandard-Formen), für Aussprachevarianten und für Elemente des Lexikons in verschiedenen Sprachen belegt (vgl. Graddol/Swann 1989).

Nie aber sind die sprachlichen Differenzen so tief greifend, dass man sagen kann, dass Männer oder Frauen eine völlig andere Sprache entwickelt und gebraucht hätten. Wenn von einer **Männer- oder Frauensprache** die Rede ist, so ist zum einen von unterschiedlichen Gebrauchsweisen des Sprachsystems bzw. von Sprachregistern die Rede, zum anderen davon, dass Sprachen in einigen Aspekten ihrer Struktur geschlechtsspezifische Asymmetrien aufweisen.

Insbesondere das Genussystem, die Personen- und Berufsbezeichnungen und Formen der pronominalen Referenz sowie die Struktur des Lexikons und Verfahren der Wortbildung im Deutschen wurden seit den 1970er Jahren daraufhin untersucht, ob und wie sich

in ihnen ein Einfluss des Geschlechts und der damit verbundenen
sozialen Position geltend macht. Leitschnur dieser Untersuchungen
war die These:

»Die systemischen Möglichkeiten der Personenreferenz im Deutschen zeigen
eine fundamentale Asymmetrie und führen deshalb zu einer Ungleichbehandlung im Deutschen, somit ist die deutsche Sprache in ihrer Struktur und ihrem
Lexikon sexistisch und androzentrisch« (Schoenthal 1989, S. 301).

Bei diesen Untersuchungen des Sprachsystems wurde einem Verständnis von Sprache gefolgt, das einen engen Zusammenhang von Sprache und Denken unterstellt:

»Sprache einerseits als Spiegel, als Ausdruck historisch gewachsenen Denkens,
Sprache andererseits als Hindernis, eine sich wandelnde oder schon gewan-
delte Wirklichkeit wahrzunehmen, Sprache aber auch als Hilfsmittel, an dieser Wandlung mitzuwirken« (ebd., S. 300).

2.1.1 Das Genussystem

Das Genus ist eine **formalgrammatische Kategorie.**

»Das Genus oder grammatische Geschlecht ist die durchgängigste und ein-
heitlichste Kategorisierung der deutschen Substantivparadigmen. Sieht man
ab von den Pluralia tantum [...], dann gehört jedes Substantiv genau einer
der Kategorien des Genus an, ist also MASK, FEM oder NEUT. Es gibt nur
wenige Ausnahmen zu dieser Regel« (Eisenberg 2004, Bd. 2., S. 150).

Das Genus dient »[...] der formalen Kennzeichnung der Nominalsyn-
tax« (Stickel 1988, S. 337) und erfüllt wichtige Funktionen:

»Artikel und adjektivisches Attribut kongruieren hinsichtlich Kasus und Numerus mit dem substantivischen Kern eines Nominals und werden hinsichtlich
des Genus vom Substantiv regiert [...] So trägt das Genus neben Kasus und
Numerus zur formalen Redundanz und damit zur Stabilität von Nominalen
bei« (Eisenberg 2004, Bd. 2, S. 157).

Außerdem trägt das Genus zur Identifizierung der Nominalklammer
bei. Bei den Pronomina leistet das Genus den textverweisenden Bezug
auf das korrekte Bezugsnominal (vgl. ebd., S. 157f.)
   Während das Deutsche **drei Genera** kennt, haben Sprachen wie
zum Beispiel das Türkische oder das Ungarische kein Genus, andere
Sprachen wie das Französische oder Dänische nur zwei Genera.
»Es gibt auch Sprachen mit vier Klassen (z.B. das Dyirbal [...]) und
solche mit weit über zehn Klassen (die afrikanischen Bantusprachen)«
(Leiss 1994, S. 290; vgl. Hellinger/Bußmann 2001). Für das Deutsche
stellt Eisenberg fest: »Obwohl das grammatische Geschlecht von Sub-

stantiven meist unter dem Blickwinkel des Verhältnisses zum natürlichen Geschlecht diskutiert wird, ist es in den allermeisten Fällen rein
strukturell bedingt« (Eisenberg 2004, Bd. 2, S. 151).

In vielen anderen Sprachen bildet das Genus, das zu Deutsch
bedeutet »die Art«, »die Sorte«, ein dem Deutschen ähnliches Katego-
riensystem, »[...] das die Substantive in disjunkte Klassen aufteilt und
eine Formabstimmung innerhalb der Nominale bewirkt, aber semantisch, wenn überhaupt, ganz anders motiviert ist« (Eisenberg 1986,
S. 163). So zeigte Greenberg (1978), dass in einigen Sprachen Aus-
traliens Substantive in vier Klassen aufgeteilt und mit entsprechenden Genusmarkierungen versehen werden, wobei aber der Sexus keine
Rolle spielt; vielmehr werden die Substantive danach unterschieden,
ob sie essbares Fleisch bzw. Tiere bezeichnen, ob sie sich auf Waffen,
Werkzeuge und hölzernes Gerät oder ob sie sich auf Gemüse beziehen; alle anderen Substantive werden in einer vierten Klasse zusam-
mengefasst (vgl. Eisenberg 1986, S. 164).

Auch **Pronominalsysteme**, mit dem die kommunikativen Rollen
von Personen in der sprachlichen Interaktion, gekennzeichnet werden (1. Person: Sprecher/in, 2. Person Adressat/in, 3. Person: Person, über die gesprochen wird) unterscheidet sich in den verschiedenen Sprachen darin, ob

»[...] sie außer der kommunikativen Rolle auch das Geschlecht der betreffenden Person/en differenzieren: in den finno-ugrischen Sprachen gibt es überhaupt keine pronominale Geschlechterdifferenzierung, im Deutschen und
Englischen nur in der 3. Person Singular, im Arabischen und Hebräischen
ist auch die 2. Person (Singular und Plural) geschlechtsdifferenziert« (Hellinger 1990, S. 19).

Laut Duden-Grammatik gibt es im Deutschen »Grundsätzlich gesehen [...] kein System von Regeln, nach dem man das Genus der
Substantive in jedem einzelnen Fall mit voller Sicherheit bestimmen
kann. Nur bei Substantiven bestimmter Sachgruppen [...] sowie bei
Substantiven mit bestimmten Endungen [...] kann man allgemeinere
Aussagen zum Genus machen« (Duden 1995, S. 195). Die Sachgruppen, die eine Entsprechung von Genus und Sexus aufweisen, sind die
»Substantive, mit denen Personen benannt werden« darunter insbesondere die »Verwandtschaftsbezeichnungen«; hier stimmt das Genus
»im allgemeinen mit dem natürlichen Geschlecht (dem Sexus) der
Person überein« (ebd., S. 196).

Diese Feststellung des Duden ist zu differenzieren: Es gibt zwar
kein System von Regeln für die **Bestimmung des Genus der Substantive** im Deutschen, es besteht jedoch eine Reihe von Regelmäßigkei-
ten, auf Grund derer das Genus in den meisten Fällen vorausgesagt

werden kann. Für deutsche Wörter, die durch Ableitung aus anderen
Wörtern mittels Ableitungsaffixen gewonnen wurden, gilt:

– Maskulina sind abgeleitete Wörter mit den Affixen *-el (Mantel), -er (Staub-
  sauger), -ich (Rettich), -ig (König), -ling (Schwächling)*;
– Feminina sind abgeleitete Wörter mit den *Affixen -ei (Bäckerei), -in (Ärz-
  tin), -heit (Schönheit), -keit (Neuigkeit), -schaft (Eigenschaft)*;
– Neutra sind Wörter mit den Affixen *-chen (Jungchen), Ge- (Gebrause), -lein
  (Männlein), -nis (Ereignis), -tum (Beamtentum)*.

Außerdem hat der nominalisierte Infinitiv das Genus Neutrum; nominalisierte Adjektive können, wie Adjektive generell, die drei Genera
aufweisen (*der Alte, die Alte, das Alte*). Substantivkomposita (*Schwei-
nebauch*) erhalten das Geschlecht, das ihr Bestimmungswort (*Bauch*)
hat. Auch von den Flexionstypen lässt sich auf das Genus schließen, so sind z.B. die schwach deklinierten Substantive (*Bote*) maskulin, Substantive der gemischten Deklination sind nicht feminin. Für
morphologisch einfache Wörter lässt sich das Genus nach phoneti-
schen und phonologischen Kriterien bestimmen (vgl. Köpcke 1982,
S. 81ff.; Eisenberg 2004, Bd. 2, S. 151ff.).

Die Beziehung zwischen **Genus und Bedeutung** wurde mit Blick auf
das Verhältnis von Genus und Sexus untersucht. Dabei wurde gefragt,
ob es in der Entwicklung des Deutschen Stufen gegeben hat, auf denen
die Zuordnung von Sexus und Genus systematisch war. »Humboldt
und Grimm haben als Vertreter eines Sprachbegriffs, der die sprachliche
Form in direkte Beziehung zur Bedeutung bringt, eine genetische Einheit von Genus und Sexus unterstellt und sogar postuliert« (Eisenberg
2004, Bd. 2, S. 153f.). So wurden immer wieder und auch in der feministischen Diskussion Spekulationen vorgetragen, dass sich bei anderen Wörtern als bei Personenbezeichnungen, z.B. bei Bezeichnungen
für Himmelskörper, mythologische Vorstellungen einer Entsprechung
von Genus und Sexus zur Geltung bringe (vgl. Bußmann 1995; Hel-
linger/Bußmann 2001). Schon Jespersen (1924/1963, S. 228) erwähnt
die These von Handel Jakób, »[...] that words meaning ›earth‹ [...] are
made f., because the earth is thought of as a mother producing plants,
etc.; similarly names of trees, because these bring forth fruits [...].«
Gegen diese These lässt sich ins Feld führen, dass bei Allegorisierun-
gen oder bei Götternamen sich der Sexus am grammatischen Genus
orientiert:

»So wird im Französischen der Hunger in allegorischen Darstellungen als Frau
abgebildet, im Deutschen als Mann, in jeweiliger Übereinstimmung mit dem
grammatischen Genus, das selbst jedoch keine Information« über Sexus vermittelt« (Leiss 1994, S. 291).

Jespersen stellt als Hauptproblem der These von der metaphorisie-
renden Übertragung des Sexus auf Genus fest, warum diese Klassifikation auf alle Wörter übertragen sein sollte,

»[...] even where it is not possible to see any connexion with natural sex? Why,
to take only one instance, is the common Aryan word for ›foot‹ (pous, pes,
fot, etc.) m., while the various unconnected words for ›hand‹ are f. (kheir,
manus, handus, ruka)? Words for ›table, thought, fruit, thunder‹, etc. are in
one language m., in another f. It is certainly impossible to find any single
governing principle in this chaos« (Jespersen 1924/1963, S. 228).

Für Jakob Grimm war jedoch klar, dass die Hand deshalb feminines
Genus hat, weil sie kleiner und inaktiver als der Fuß ist (vgl. Leiss
1994, S. 288).
    Die von Jespersen als »chaotisch« beschriebene Situation der Bezie-
hungen zwischen Genus und Sexus reflektiert nach Auffassung der
strukturalistischen Linguistik die **Arbiträrität der Genuszuweisung**.

»[...] the gender categories of most Indo-European languages [...] do not agree
with anything in the practical world [...] There seems to be no practical cri-
terion by which the gender of a noun in German, French or Latin could be
determined« (Bloomfield 1933, S. 271, S. 280).

Köpcke/Zubin (1984; 1996) haben jedoch zusätzlich zu den im Duden
(1995), bei Stickel (1988), Eisenberg (2004, Bd. 2) und Köpcke/
Zubin (1983) aufgeführten formalen phonologischen und morpho-
logischen Regularitäten weitere, und zwar **semantische Regularitäten der Genuszuweisung** im Deutschen ermittelt (vgl. Schwichten-
berg/Schiller 2004). Köpcke/Zubin (1984) haben sechs Prinzipien
der Genuszuweisung im Deutschen identifiziert. Unter diesen sechs
Prinzipien werden auch **Prinzipien der kognitiv-semantisch begründeten Genusklassifikation** vorgestellt, nämlich:

– das *Prinzip der Ego- und Kulturbezogenheit* (z.B. Klassifikationsdifferen-
   ziertheit von Tieren je nach Nähe zum Menschen und der Bedeutsam-
   keit für ihn),
– das *Prinzip der Gestalt* (Klassifikation lang gestreckter Gegenstände als
   maskulin, Klassifikation flacher und/oder dünner Gegenstände als feminin) und
– das *Prinzip der Introversion/Extroversion* im Feld der Affektbegriffe (maskulin klassifizierte Komposita drücken eher Extraversion, feminin klassifizierte Komposita drücken eher Introversion aus).

Köpcke/Zubin heben zugleich hervor, dass sich vielfach die formalen und die semantisch-kognitiven Prinzipien überlagern (Köp-
cke/Zubin 1984, S. 47). Von einer durchweg semantisch begründeten Genuszuweisung kann nach Köpcke/Zubin somit ebenso wenig

gesprochen werden wie von einer in jedem Falle rein formalen, vielmehr sind Grade der Motiviertheit zu konstatieren (Köpcke/Zubin
1996; vgl. Bär 2004).

Auch Leiss betont in Anknüpfung an Karl Brugmann Genus als
Unterscheidungskategorie, die ursprünglich bedeutete »Art« oder
»Gattung« und mit ›Geschlecht‹ im Sinne von ›Sexus‹ nichts zu tun
hatte (Leiss 1994, S. 289). »Mit dem Terminus Genus des Substantivs assoziierte man ursprünglich ebenso wenig Sexusdifferenzierun-
gen wie mit dem Terminus Genus des Verbs (genus verbi), der die
Verbdiathesen Aktiv, Passiv und Medium beinhaltet« (Leiss 1994, S.
290). Leiss stellt fest:

»Die Kategorie Genus hatte nach Brugmann spezifische grammatische Funktionen, die in keinerlei Verbindung zu Sexus standen. Erst sekundär wurden
nach Brugmanns Auffassung spezifische Genusendungen in Einzelfällen als
Feminina im Sinne von Sexus umgedeutet und anschließend übergenerali-
siert. Die Entstehung, die Brugmann annimmt, ist somit: erst Genus, dann
Sexus« (ebd., S. 289).

Erst nach der Etablierung des Genussystems nach Kriterien der Belebtheit und Abstraktheit »[...] überlagert ein jüngeres, durch das natürliche Geschlecht bestimmter Designata motiviertes, Genussystem ein
älteres Genussystem, in dem das natürliche Geschlecht als Unterschei-
dungsmerkmal unberücksichtigt bleibt« (Fritz 1998, S. 255).

Dementsprechend »[...] wird heute meist die Auffassung vertreten, daß die
Grundklassifikation bei der Entstehung des Genus die nach Belebtheit ist.
In unseren Genuskategorien ausgedrückt führt dies zur Unterscheidung von
Maskulinum und Neutrum. Ein drittes Genus, also das Femininum, etabliert
sich dann unterhalb dieser Grundklassifikation zur Bezeichnung von Kollek-
tiva und Abstrakta [...]« (Eisenberg 2004, Bd. 2, S. 154).

Die enge Bindung zwischen Sexus und Genus, die in der feministischen Linguistik gesehen wird, kann mit Leiss als eine Fort-
führung der mit Grimm einsetzenden, das 18. und 19. Jahrhundert kennzeichnenden Geschlechteranthropologie angesehen
werden, die in ihren Sexuierungstendenzen »die Frau« als das
gefährlich andere typisierten.

2.1.2 Personenbezeichnungen

Bei den Personenbezeichnungen im Deutschen lassen sich lexeminhärent maskuline und feminine Formen (*Bruder, Schwester*) von Genus-
und Sexus-kongruenten Formen (*die Angestellte, der Angestellte*) und

generisch maskulinen Formen (*der Angestellte, der Student*), die auf beide Geschlechter referieren können bzw. geschlechtsabstrahierend sind, unterscheiden. Genus- und Sexus-kongruente Formen sowie generisch maskuline Formen unterscheiden auch die Pronomina und sind bei Berufsbezeichnungen anzutreffen. Sexusspezifisch sind die Anredeformen.

Die kritische Analyse, die die feministische Linguistik all diesen Formen angedeihen ließ, führte zu der Diagnose, dass die Personenbezeichnungen im Deutschen durch eine fundamentale Asymmetrie gekennzeichnet sind. Sie reflektiert das Vorherrschen des Männlichen in der Gesellschaft:

»Die systemischen Möglichkeiten der Personenreferenz im Deutschen zeigen eine fundamentale Asymmetrie und führen deshalb zu einer Ungleichbehandlung im Deutschen, somit ist die deutsche Sprache in ihrer Struktur und ihrem Lexikon sexistisch und androzentrisch« (Schoenthal 1989, S. 301).

Demgegenüber unterscheidet Eisenberg Gruppen von Personenbezeichnungen, die hinsichtlich des natürlichen Geschlechts symmetrisch aufgebaut sind, von solchen, bei denen dies nicht der Fall ist. Die Reihe Frau-Mann-Mensch ist ein Beispiel für eine symmetrische Bezeichnungsweise, denn hier

»[...] haben wir einen geschlechtneutralen Ausdruck neben zwei geschlechtsspezifischen. Dass **Mensch** ein Maskulinum ist, muss die Symmetrie nicht stören. **Mensch** ist, zumindest synchron und im Gegensatz zum englischen **man**, mit **Mann** ebenso wenig identisch wie mit **Frau**« (Eisenberg 2004, Bd. 2, S. 155).

Als asymmetrisch bewertet Eisenberg die substantivierten Adjektive und Partizipien, durch Movierung entstandene Formen (vgl. Kap. 2.1.2.3) und die Verwendung von maskulinem Stamm trotz vorhandener movierter Form bei einer Reihe von Wortbildungsregeln.

2.1.2.1 Anredeformen

Die **Asymmetrie** zeigt sich in den **Formen der (höflichen) Anrede** im Deutschen darin, dass es keine Entsprechung zur Anredeform »Fräulein« gibt und die Anredeform »Herr« sowohl in der kollektiven Anrede »Meine Damen und Herren« wie in der individuellen Anrede »Herr Meier« gebräuchlich, die individuelle Anrede mit »Dame Meier« jedoch unmöglich, nur die Anredeform »Frau Meier« zulässig ist. Dass nur für Männer, nicht aber für Frauen die höfliche Anredeform angemessen ist, zeigt nach Auffassung der feministischen Linguistik insofern eine Asymmetrie, als Höflichkeit und somit Respekt nur Männern entgegengebracht werde.

Außerdem wurde der Anredeform »Fräulein« (ähnlich der Form »Miss« im Englischen; vgl. Pauwels 2001; Romaine 2001) kritisch entgegengebracht, dass sie insofern diskriminierend sei, als diese Anrede nur unverheirateten Frauen zusteht und hier sprachlich die Statusbindung der Frau an den Mann symbolisch transportiert wird. Schwierig an der Kritik dieser Anredeform ist, dass dem sprachlichen System in diesem Bereich einerseits Asymmetrie zu Ungunsten der Frauen vorgehalten wird (*Herr Meier*), andererseits aber, wenn formal eine Asymmetrie zu Gunsten der Frauen festzustellen ist (*Fräulein*), diese mit semantischen Interpretationen als für Frauen nachteilig behauptet wird. Dass das »Fräulein« eine symbolische Bindung an den Mann impliziert, ist nicht die einzig mögliche Deutung, es kann durchaus als Ausdruck von besonderem Respekt und Anerkennung betrachtet werden. Aber dies betrifft Aspekte des Verständnisses sprachlicher Formen, somit Aspekte des Sprachgebrauchs und nicht die Formen selbst.

> Die Asymmetrie in den Formen der Anrede betreffen ein kleines Segment von Sprache; sie kann nicht durchweg als Ausdruck der symbolischen Vorherrschaft des Männlichen gedeutet werden.

2.1.2.2 Das generische Maskulinum

Unter generischem Maskulinum werden Formen maskuliner Nomina und Pronomina verstanden, die sich auf Personen mit unbekanntem Geschlecht beziehen, bei denen das Geschlecht der Personen nicht relevant ist, mit denen männliche wie weibliche Personen gemeint sind oder mit denen eine verallgemeinernde Aussage gemacht werden soll (vgl. Duden 1995, S. 196). Beispiele sind:

– *Diese Sendung wird dem Zuschauer gefallen.*
– *Der Japaner ernährt sich meist gesund. Fast jeder konsumiert häufig Fisch und Gemüse.*
– *Man sollte wirklich nicht mehr rauchen.*
– *Jeder, der raucht, kann einen frühen Tod erleiden.*

Da bei Personenbezeichnungen das natürliche und das grammatische Geschlecht meist übereinstimmen, eine enge assoziative Verbindung zwischen grammatischem und natürlichem Geschlecht besteht, werden, so die feministische Sprachkritik, generische Formen (Pronomina und substantivierte Adjektive sowie Partizipien) gerade nicht neutral, sondern als maskuline Formen, die auf ein männliches Geschlecht der bezeichneten Person oder Gruppe verweisen, verstanden. »Im generischen Maskulinum bleiben Frauen sprachlich unsichtbar, so

daß bei der Rezeption und auch bei der Produktion solcher Äußerungen weniger an Frauen als an Männer gedacht wird« (Braun et
al. 1998, S. 266).

Diese **sprachliche Unsichtbarkeit von Frauen** behindert ihre
Identifikationsmöglichkeiten und schränkt ihre Identität ein, denn
das auch sprachliche »Identifiziertwerden ist [...] die Voraussetzung
zur Gewinnung einer Identität, die wiederum die Voraussetzung für
psychisches, soziales, wenn nicht sogar biologisches Überleben ist
[...]« (Pusch 1984, S. 24; vgl. Hellinger/Bußmann 2001). Außerdem
habe die sprachliche Unsichtbarkeit von Frauen auch für deren konkrete Benachteiligung gesorgt. »In der Schweiz z.B. wurde Frauen das
Wahlrecht u.a. mit dem Hinweis vorenthalten, daß im Gesetz von
Schweizern und nicht von Schweizerinnen die Rede war« (Braun et
al. 1998, S. 266).

Das generische Maskulinum im Englischen wurde bereits 1978
von Wendy Martyna einer entsprechenden kritischen Analyse unterzogen; ihr folgten sehr viele weitere Studien. Das zentrale Argument,
das gegen das generische Maskulinum genannt wird, ist, dass die
Rezipienten diese Form nicht generisch, sondern konkret verstehen.
Sprachsystematisch gesehen wird festgestellt »Maskulines Genus hat
im Deutschen [...] bei Personenbezeichnungen geschlechtsspezifizie-
rende Funktion, sei diese nun redundant (*der Mann*) oder nicht (*der
Angestellte*)« (Pusch 1982, S. 54). Die generischen Formen wie *der
Student* enthalten für Pusch nur eine Pseudo-Geschlechtsneutralisa-
tion, da die Form mit Geschlechtsspezifikation asymmetrisch ist, d.h.
der Student wieder, nun in Opposition zu *die Studentin* erscheint (vgl.
Pusch 1982, S. 49). Dieses System, das Pusch für absurd und unöko-
nomisch hält, habe sich nur deshalb durchgesetzt, weil »[...] die männliche Hälfte der Menschheit als Norm gilt und im Zentrum des Inte-
resses steht und die weibliche Hälfte von der männlichen abhängig ist
und auch so wahrgenommen wird« (Pusch 1982, S. 50).

Stickel (1988, S. 336) hält dies für eine vereinfachende Sicht. Es sei
unzutreffend, »[...] die formalen Eigenschaften feminin und maskulin als durchgängige Ausdrucksmerkmale für die semantischen Eigenschaften ›weiblich‹ und ›männlich‹ zu deuten [...]«. Mit Ausnahme
des Wortfeldes der Familie, »[...] das zur Geschlechtsunterscheidung
gut ausgebaut ist [...]«, gehe es bei anderen lexikalischen Feldern wie
den Berufs- und Personengruppenbezeichnungen (z.B. *Lehrer, Bürger*) »[...] oft um die Wahrnehmung oder Kennzeichnung des jeweils
Gemeinten nicht nach ihrem Geschlecht, sondern primär nach den
bezeichneten Fähigkeiten und Eigenschaften« (Stickel 1988, S. 340).
Die morphologisch unmarkierten, meist einfachen oder einfacheren
Ausdrücke dienten entweder zur Bezeichnung von Männern,

»[...] die die betreffenden Berufe und Funktionen haben oder sie werden
geschlechtsneutral verwendet, d.h. zur umfassenden Bezeichnung männlicher
und weiblicher Eigenschaftsträger oder von Menschen, deren Geschlecht nicht
bekannt ist oder unspezifiziert bleiben soll [...]« (Stickel 1988, S. 340).

Stickel stellt fest:

»Die morphologische Asymmetrie der meisten Personenbezeichnungen im
Hinblick auf die beiden Geschlechter hängt damit zusammen, dass die Dicho-
tomie ›männlich‹ : ›weiblich‹, lexikalisiert in Wortpaaren wie Mann und Frau,
nur eine der kommunikativ und lebenspraktisch wichtigen Unterscheidungen ist« (ebd., S. 340).

Auch die häufig vorkommenden **maskulinen Indefinitpronomina**
jemand, niemand, wer sind nach Stickel geschlechtsneutral; nach Stickel hat das pronominale *man* kein Genus und auch die Pronomi-
nalformen *keiner* und *jeder* werden in personenbezogenen Kontexten »[...] häufig geschlechtsneutral verwendet, obwohl sich zu ihnen
feminine Entsprechungen bilden lassen« (ebd., S. 338).

Nach Lieb und Richter (1990) sind Personenbezeichnungen (und
Bezeichnungen von Lebewesen) im Deutschen dann selbst sexusneu-
tral, wenn sich aus ihnen durch Formänderung eine sexusspezifische
Form bilden lässt; diese Formen, auch Epicoena genannt, führte bereits
Brugmann gegen eine Gleichsetzung von Genus und Sexus an.

»*Studentin* kann nur deshalb ›weibliche Person, die studiert‹ bedeuten, weil
das zugrunde liegende Wort Student ›Person, die studiert‹ bedeutet und nicht
etwa ›männliche Person, die studiert‹« (Lieb/Richter 1990, S. 150).

Grundlage dieser Analyse ist die Annahme, dass jede Personenbezeichnung ein Wort ist, ein Wort stets aus einer Formkomponente und
einer Bedeutung besteht, und dass zwei Wörter mit gleicher Formkomponente und verschiedener Bedeutung verschieden sind (vgl.
ebd., S. 149). Hieraus folgt:

»Zu jeder sexusneutralen Bezeichnung von Lebewesen [...] gibt es ein gleichlau-
tendes Wort (also mit derselben Formkomponente, aber einer anderen Bedeutung), das eine sexusspezifische Bezeichnung von Lebewesen ist: Zu Taube
in der Bedeutung ›Tier der Art Taube‹ gibt es auch Taube in der Bedeutung
›weibliches Tier der Art Taube‹; zu Student in der Bedeutung ›Person, die studiert‹ gibt es Student in der Bedeutung ›männliche Person, die studiert‹. Es
handelt sich jeweils um zwei gleichlautende, aber verschiedene Wörter; die
Bedeutung des sexusneutralen lässt sich keineswegs als bloße ›Gebrauchsweise‹
des sexusspezifischen auffassen [...]: Studentin ist von einem eigenen Wort
abgeleitet und nicht etwa von einer ›Gebrauchsweise‹ eines Wortes« (ebd., S.
150; vgl. Kalverkämper 1979).

Welche Bedeutung der beiden gleich lautenden Wörter vorliegt, wird, wie stets bei lexikalischer Mehrdeutigkeit, im Einzelfall durch den Kontext entschieden. Grundsätzlich gilt nach Lieb/Richter die folgende Regel:

»Sofern aus dem Kontext nichts anderes hervorgeht, ist von zwei gleichlautenden Bezeichnungen für Lebewesen, von denen eine sexusneutral und die andere sexusspezifisch ist, die sexusneutrale und nicht die sexusspezifische gebraucht« (Lieb/Richter 1990, S. 151).

Nach der Analyse von Lieb/Richter ist also nicht die Sprache an sich in ihrem System der Personenbezeichnungen »sexistisch«. Auch Pusch erkennt an, dass die Form *der Student* zwei Bedeutungen hat. Für sie ist die Tatsache, dass die Form *der Student* in der Bedeutung, »männliche Person, die studiert«, dieselbe Form aufweist wie *der Student* in der Bedeutung »Person, die studiert«, nur eine Pseudogeschlechtsneutralisierung, weil derartige Formen häufiger mit maskulinem Genus verbunden sind, die Sprecher des Deutschen dies im Sinne des männlichen Geschlechts verstehen, der konkrete Kontext häufig erst sehr spät eine Disambiguierung erlaubt und es

»[...] oft so [ist], dass der Kontext, ähnlich wie der Kontext der Zehn Gebote, den Frauen klare Informationen liefert, dass sie keineswegs gemeint sind, also eine Niete in der Lotterie gezogen haben, eine Verletzung ihrer Identität hinnehmen müssen« (Pusch 1984, S. 27f.).

Nach Eisenberg liegt bei den substantivierten Adjektiven und Partizipien, die Personen bezeichnen, keineswegs auf der formalen Ebene eine Nachordnungsbeziehung vor. Es könne keine Rede davon sein, »[...] dass die feminine Form von der maskulinen abgeleitet oder ihr sonst irgendwie nachgeordnet sei« (Eisenberg 2004, Bd. 2, S. 155). Anders als Lieb und Richter sieht Eisenberg eine Asymmetrie auf der Bedeutungsseite, denn

»[...] **der Angestellte** bezeichnet sowohl den männlichen Angestellten als auch die Spezies der Angestellten. Das Maskulinum als unmarkierter Fall gibt die Bezeichnung für den übergeordneten, an sich geschlechtsneutralen Begriff ab« (ebd., S. 155).

Lieb/Richter weisen zum einen dem Kontext die entscheidende Funktion bei der Auflösung des mehrdeutigen Lexems *der Student* zu und gehen zum anderen von der Grundsatzregel aus, dass zwei gleich lautende Formen dann sexusneutral verstanden werden, wenn der Kontext nichts anderes nahe legt. Wann allerdings ein Kontext konkret eine sexusspezifische und wann er eine sexusneutrale Deutung nahe legt, ist nicht gänzlich unabhängig von der Interpretation des Kontextes. Hier ist nicht auszuschließen, dass lebenspraktische Erfahrun-

gen mit der Bewertung von Geschlecht einfließen und die sprachsystematisch sexusneutrale Form doch als die mit männlichem Sexus
assoziierte Form verstanden wird.

Aus feministischer Sicht reflektiert auch das System der Pronomina
im Deutschen die grundsätzliche Asymmetrie der Repräsentation des
Weiblichen und des Männlichen. Dies wird an dem Personalprono-
men der 3. Person Singular, den Kongruenzregeln für Indefinitpronomina (*jeder, jede, keiner, keine, man*) und für Interrogativpronomina
(*wer*) im Deutschen festgemacht. Personalpronomina der 1. und 2.
Person haben eine primär deiktische Funktion,

»[...] sie verweisen auf Personen, die in einer verbalen Interaktion spezifische, situationsgebundene Rollen (sprechende/angesprochene Person/en)
übernehmen. Eine zusätzliche Charakterisierung dieser Personen durch eine
Geschlechtsspezifizierung erscheint unter kommunikativen Gesichtspunkten
redundant« (Hellinger 1990, S. 63).

Allerdings werden derartige Spezifizierungen in anderen Sprachen
wie im Hebräischen und Arabischen durchaus vorgenommen. Pronomina der 3. Person haben eine primär anaphorische Funktion.
»Sie verweisen auf eine vorangehende Nominalphrase (das Antezе-
dens), mit der sie morphologisch bzgl. Genus, Numerus und Kasus
kongruieren« (ebd.).

Die Kritik richtet sich darauf, dass z.B. aufgrund der Kongruenzregel im Deutschen Sätze wie *Wer hat seinen Lippenstift im Bad vergessen* und nicht *Wer hat ihren Lippenstift im Bad vergessen* zu bilden
sind. Die Kritik beinhaltet, dass generisch maskuline Pronomina in
bestimmten sprachlichen Kontexten nicht korrekt referieren *Die Mens-
truation ist bei jedem ein bisschen anders* (Pusch 1984, S. 149) und
die Vielzahl der sexusneutralen, aber im Genus maskulinen Form im
Deutschen eine entsprechende Vielzahl maskuliner Pronomina mit
anaphorischer Funktion nach sich zieht (*Der Student von heute ist ziel-
strebig. Selten überschreitet er die Regelstudienzeit*). Hierdurch würden
Frauen unsichtbar gemacht.

Diese Kritik ist nur dann überzeugend, wenn man der Analyse
folgt, dass es sich bei Formen wie »der Student« um eine Pseudoge-
schlechtsabstraktion handelt und jede Form grammatisch maskuliner Pronomina als auf Männer referierend verstanden wird, was aber
die Grundannahme der feministischen Kritik ist, die hier wieder auf
der Ebene des Sprachgebrauchs und nicht auf der Ebene des Sprachsystems argumentiert.

Feministische wie darauf kritisch bezogene Analysen kommen,
– wenngleich auf anderen Analysewegen – zu einem ähnlichen

> Ergebnis: Es ist nicht die Sprache per se, sondern deren Wahr-
> nehmung durch die Sprachbenutzer und der Sprachgebrauch, die
> den Eindruck des Sexismus bzw. des Vorherrschens des Männ-
> lichen bei den Personenbezeichnungen entstehen lassen.

2.1.2.3 Movierung

Nach Fleischer/Barz werden unter den Begriff der Movierung **Ablei-
tungsprozesse** des folgenden Typs gefasst:

1.1) Bildung der weiblichen Entsprechung zu einem Substantiv männlichen
Geschlechts (*Arzt – Ärztin*);
1.2) Bildung eines als ›weiblich‹ (Sexus) markierten Substantivs zu einem
sexusneutralen Substantiv mit maskulinem oder femininem Genus (*der Storch
– die Störchin, die Giraffe – die Giraffin*);
1.3) Bildung eines als ›männlich‹ (Sexus) markierten Substantivs zu einem als
›weiblich‹ (Sexus) markierten Substantiv (*die Hexe – der Hexerich, Hexer*);
1.4) Bildung eines als männlich (Sexus) markierten Substantivs zu einem
sexusneutralen Substantiv mit femininem Genus (*die Ente – der Enterich*)
(Fleischer/Barz 1992, S. 182).

Die Movierung unterliegt strukturellen Beschränkungen: »Mit explizit heimischen Derivaten wird *–in* nicht kombiniert, ausgenommen
–er, wo es ganz geläufig ist (*Raucher-in*) [...]« (Fleischer/Barz 1992,
S. 183). Sie unterliegt zudem semantischen Beschränkungen: Ist die
Opposition männlich-weiblich lexeminhärent (*Hengst – Stute*), fehlen movierte Formen. Bei Tiernamen fehlen movierte Formen dann,
»[...] wenn die entsprechenden Tierbezeichnungen für den Menschen irrelevant sind wie Wanze (*Wanzin), Specht u.a.« (ebd., S.
183). Bei Berufsbezeichnungen liegt zum einen nicht immer ein
maskulines Pendant zur Form auf *-in* vor, »[...] weil die betreffenden Berufe die Domäne von Frauen sind: *Kindergärtnerin, Hortne-
rin, Kosmetikerin, Stenotypistin*« (ebd., S. 183). Zum anderen können
nicht movierte Berufsbezeichnungen dann verwendet werden, wenn
der Allgemeinbegriff im Vordergrund steht und vom Geschlecht abs-
trahiert wird (vgl. Stickel 1988). Die Opposition männlich-weiblich
kann bei Berufsbezeichnungen nicht nur durch *-in*, sondern auch
durch *-mann* vs. *-frau* (*Kaufmann, Kauffrau*) oder *-dame* (*Bardame*),
-mädchen (*Stubenmädchen*),*-schwester* (*Krankenschwester*) ausgedrückt
werden.

Insbesondere der Movierungstyp »Bildung der weiblichen Entsprechung zu einem Substantiv männlichen Geschlechts (*Arzt – Ärztin*)« wurde in der feministischen Sprachwissenschaft kritisiert, da in
ihm die weibliche Form aus der männlich gedachten abgeleitet werde.

Nach Auffassung von Doleschal (1992, S. 168) sind bei der Movierung »[...] die Ableitungsbasen semantisch geschlechtsspezifisch [...]«.
Demgegenüber stellt Stickel fest:

»Die unmarkierten Maskulina eignen sich deshalb auch als geschlechtsun-
spezifische Teile von Komposita und Ableitungen wie in lehrerhaft, ärztlich,
Assistentenstelle, Bürgertum, Arbeiterklasse. Mit Sicherheit keine geschlechtsspezifische Bedeutung haben sie als Basiswörter movierter Feminina wie Leh-
rer-in: denn die Bedeutung von Lehrerin ist ja nicht etwa: ›weiblicher Mann,
der lehrt‹« (Stickel 1988, S. 340f.).

Doleschal begründet ihre These der semantischen Geschlechtsspezifität der Ableitungsbasen damit, dass maskuline Personenbezeichnungen im Deutschen in bestimmten Diskurskontexten eindeutig
männlich interpretiert werden. In dem Satz *Der Minister hat angeru-
fen* steht die Nominalphrase *der Minister* in definiter Form; Referenten von definiten, unmarkierten (maskulinen) Nominalphrasen von
Personenbezeichnungen werden, so Doleschal (1992, S. 62) »[...] alle
als ›männliche‹ Personen identifiziert«. Daraus folgert Doleschal »[...]
daß die geschlechtsspezifische Lesart einer movierbaren Personenbezeichnung die Basis für den Wortbildungstyp Movierung darstellt
[...]« (Doleschal 1992, S. 24). Außerdem spreche für eine semantische Geschlechtsspezifität der Ableitungsbasen die »weitgehende Entsprechung von Genus und Sexus«, zudem habe die hohe Produktivität
der Femininmovierung im Deutschen die »[...] Bedeutung maskuliner
Basen gestärkt« (ebd). Nicht zuletzt spreche dafür, »[...] daß maskuline
Personenbezeichnungen für Männer geschaffen wurden [...]« (ebd.).
Diese Argumentation ist wenig überzeugend, denn sie ist z.T. zirku-
lär, so in dem Argument, dass die Femininmovierung die Bedeutung
maskuliner Basen gestärkt hat; außerdem belegt die Stärkung maskuliner Basen nicht, dass sie in ihrer geschlechtsspezifischen Bedeutung Basis für die Femininableitungen sind. Dass als Ableitungsbasis
nicht die gleich lautenden, aber geschlechtsneutralen Formen (Person, die ein Ministeramt ausübt – analog zu Lieb/Richter und Stickel) fungieren, versucht Doleschal mit dem Konzept der Markiertheit umfassend zu begründen.

Markiertheitstheorien beruhen auf der Annahme des asymmetrischen Charakters sprachlicher Opposition, die sich in den voneinander unabhängigen, meist aber miteinander korrelierenden Parametern
der Häufigkeit, der strukturellen Komplexität und der paradigmati-
schen Elaboriertheit ausdrücken. »Unmarkiert ist der häufigere und/
oder einfachere und/oder elaboriertere Term, markiert der distributi-
onell beschränkte und/oder strukturell komplexere und/oder paradig-
matisch weniger elaborierte« (Doleschal 1992, S. 42). Diese Eigen-

schaften sprachlicher Oppositionen seien nicht auf Sprache beschränkt, sondern »[...] scheinen für die menschliche Wahrnehmung und Strukturierung der Welt allgemein zu gelten [...] (ebd., S. 43).

Anknüpfend an die Markiertheitstheorie von Mayerthaler unterscheidet Doleschal zwischen morphologischer Markiertheit und semantischer Markiertheit und geht von der Annahme aus, dass die semantische Markiertheit aufgrund der Eigenschaften des prototypischen Sprechers festgelegt wird; außerdem nimmt sie an, dass die morphologische Markiertheit sich aus der semantischen Markiertheit sowie der »Art der Symbolisierung einer Kategorie« (ebd., S. 45) ableitet. Wenig überraschend bestimmt Doleschal den prototypischen Sprecher als männlich (ebd., S. 46). Daher ist die semantische Markiertheitsrelation für Personenbezeichnung unmarkiert bei männlichen, dagegen markiert bei weiblichen Personenbezeichnungen. Eine Neutralisierung der Opposition männlich-weiblich und damit eine Nullbedeutung für den markierten Term ergibt sich nach Doleschal deshalb, »[...] weil der prototypische Sprecher die Bezeichnungen, die er sich selbst und seinen Eigenschaften zuschreibt, auf die Bereiche ausdehnt, wo eine Unterscheidung zwischen ihm bzw. seinen Eigenschaften und jenen der anderen nicht notwendig [...] erscheint« (ebd., S. 48).

Die Markiertheitstheorie in ihrer Anwendung auf Personenbezeichnungen trifft in ihren Voraussagen nur auf die männlichen Formen und die movierten weiblichen Entsprechungen zu. In den Bereichen, in denen Frauen die prototpyischen Sprecher sind, finden sich keine von der Markiertheitstheorie her erwartbaren Formen: auch hier erscheinen movierte Formen (*Kindergärtnerin*) und die männlichen Formen werden meist durch andere Lexeme (*Krankenpfleger*) gewonnen. Damit ist eine Voraussage der Marktiertheitstheorie nicht bestätigt.

Aber davon abgesehen überzeugt auch diese Deutung nicht wirklich, weil sie mit viel theoretischem Aufwand das nachweisen möchte, was sie letztlich voraussetzt, dass nämlich die Ableitungsbasis der movierten Formen semantisch geschlechtsspezifisch ist und sie deshalb das Merkmal männlich trägt, weil der prototypische Sprecher eben als männlicher Sprecher vorgestellt wird. Dies muss aber nicht in allen Kulturen der Fall sein. So gibt es Sprachen wie Kala Lagaw Ya, in denen das Femininum der *default*-Fall bei Nomina ist (Corbett/Fraser 2000, S. 74). Die Argumentation Doleschals ist zudem insofern problematisch, weil in ihr die sprachsystematische mit der auf den Sprachgebrauch bezogenen Sichtweise vermischt wird. Aus feministischer Sicht wird kritisiert, »[...] dass mit der Einführung des prototypischen männlichen Sprechers ein patriarchalisches Konzept in die linguistische Theoriebildung eingeht [...]« (Hellinger 1990, S. 97).

Sprachsystematisch gesehen gibt es keinen zwingenden Grund,
Personenbezeichnungen im Deutschen als grundsätzlich asymmetrisch und als Reflex des Männlichen als herrschender Norm
zu deuten. Eine ganz andere Frage ist, wie die Sprachbenutzer dieses System deuten (vgl. Abschn. 2.2.3.2). Eine weitere
Frage ist, ob die Strategie der sprachlichen Gleichberechtigung
mittels Geschlechtsspezifikation angemessen ist (vgl. Kap. 4).

2.1.3 Das Lexikon

Der Wortschatz einer Sprache umfasst die Wörter, die in dieser Sprachgemeinschaft gebildet wurden, um kognitive Konzepte des Selbst,
des Anderen und der Welt erfassen, ordnen und mitteilen zu können. Die Bedeutung eines Wortes ergibt sich zum einen durch seinen konzeptuellen Bezug auf die Welt, zum anderen durch die Stellung, die ein Wort im lexikalischen System hat. Je nachdem, welche
Konzepte sich in der jeweiligen Sprach- und Kulturgemeinschaft als
nötig herausstellten, bestehen Unterschiede zwischen den natürlichen
Sprachen in der Differenzierung der Kodierung von konzeptuellen
Bereichen und damit in der internen Organisation des Lexikons. So
reicht es manchen Sprachen aus, das Farbenspektrum mit nur wenigen Wörtern zu kodieren, andere haben ein differenziertes Farblexi-
kon entwickelt. Tierbezeichnungen etwa im Deutschen sind dann differenziert, wenn es sich um dem Menschen nahe stehende Tiere und
undifferenziert, wenn es sich um für den Menschen nicht unmittelbar nützliche Tiere handelt.

Ausgehend von der These, dass in patriarchalischen Gesellschaften
das Männliche eine höhere Wertigkeit besitzt, untersuchte die feministische Linguistik den Wortschatz daraufhin, ob sich in ihm die schon
für die Grammatik postulierte fundamentale Asymmetrie nachweisen
lässt. Im Ergebnis dieser Analyse wurden lexikalische Lücken festgestellt, so z.B. dass es zwar *Base* und *Vetter* gibt, aber für den Ausdruck
Namensvetter ein weibliches Analogon fehlt (Pusch 1984, S. 151f.).
Außerdem fehlen nach der Analyse von Trömel-Plötz (1984, S. 44)
Komplemente zu »General, Kapitän [...], Dienstherr, Bauherr [...]
etc. Dagegen fehlen männliche Formen nur zu den Berufen Amme,
Hebamme, Bardame, Marktfrau und Putzfrau [...]«.

Des Weiteren wurde festgestellt, dass bei Berufsbezeichnungen
in Form von Komposita die prestigeträchtigeren Berufe in der Regel
häufiger auf -*mann* gebildet werden (*Amtmann, Datenfachmann*),
die mit -*frau* gebildeten Berufsbezeichnungen beziehen sich dagegen

fast ausschließlich auf Berufe mit geringerem sozialen Prestige (*Garderobenfrau, Putzfrau*) (Peckhaus 1986). Außerdem wurde (für das Englische) gezeigt, »[...] daß zwar für Frauen weniger Begriffe existieren, die Anzahl jener mit negativer Konnotation jedoch bei weitem die männlichen übertrifft« (Postl 1991, S. 98). Ähnlich stellt Trömel-Plötz fest:

»Nomen und Verben, die Frauen, Eigenschaften und Aktivitäten von Frauen denotieren haben häufig negative Konnotationen und Assoziationen; die männlichen Entsprechungen, falls sie nicht gänzlich fehlen, sind positiv bewertet: alte Jungfer – Junggeselle, Altjungfernstand – Junggesellenstand, Altweibergeschwätz (dagegen: Altmeister, altväterlicher Mann), Animiermädchen, Freudenmädchen, leichtes Mädchen [...] Frauen klatschen, ratschen, keifen, meckern, gackern, kichern, wimmern, flennen etc. Männer tun das alles anders« (Trömel-Plötz 1984 S. 44).

Stanley (1977) stellte für das nordamerikanische Englisch 220 Wörter für sexuell promiske Frauen, aber nur 20 für sexuell promiske Männer fest. Zudem gibt es im Bereich der Schimpfwörter solche, die sich ausschließlich auf Frauen beziehen wie *Nervensäge, Giftnudel* etc. Graddol/Swann (1989) führen zudem an, dass die konnotative Seite von parallel und nicht asymmetrisch konstruierten Wörtern wie Mutter-Vater durchaus unterschiedlich sein kann. So sei die Bedeutung von »mother« zu bestimmen als »[...] a female who engenders and/or rears a child, where ›engender‹ is the less significant function and ›rear‹ the more significant«, die Bedeutung von »father« dagegen sei »[...]a male who engenders and/or rears a child, where ›rear‹ is the less significant function and ›engender‹ the more significant« (Graddol/Swann 1989, S. 112).

Ursprünglich symmetrisch konstruierte Formen wie *master* und *mistress* haben im Verlauf der sprachgeschichtlichen Entwicklung einen Bedeutungswandel erfahren, der nach Muriel Schulz die generelle Tendenz einer »semantic derogation« (Schulz, zit. in Graddol/Swann 1989, S. 113f.) aufweise. Schulz stellt fest, »[...] that throughout history, words referring to women have systematically acquired negative (and often sexual) connotations« (Schulz, zit. in Graddol/Swann 1989, S. 114; vgl. Bußmann 1995). Die semantische Abwertung ist jedoch nicht nur bei Wörtern für Frauen zu beobachten, »[...] but occurs also in words for other groups with relatively little social power« (Graddol/Swann 1989, S. 114).

Die Evidenzen, die im Bereich des Wortschatzes für eine der männlichen Dominanz geschuldete Asymmetrie angeführt werden, sind nicht immer überzeugend; dass es zu *Amme* kein männliches Pendant gibt, liegt wohl in der Natur der Sache; im Bereich der Schimpfwörter gibt es durchaus auch solche, die sich nur auf Männer beziehen; es ist unwahrscheinlich, dass deren Zahl bedeutend kleiner ist als die für Frauen. Zum Altweibergeschwätz dürfte wohl das Altmännergehabe ein gleichwertiges Korrelat sein und von Junggesellen und alten Jungfern ist wohl heutzutage nur noch selten die Rede, da sich der Single durchgesetzt zu haben scheint und das Fräulein, was auch ein Korrelat zum Junggesellen ist, verschwunden ist. Es dürfte auch nicht schwer fallen, zum Keifen und Wimmern der Frauen entsprechende Verben, die überwiegend auf Männer angewendet werden, zu finden. Allerdings ist die sprachhistorische Tendenz der »semantic derogation« nicht von der Hand zu weisen, ob sie allerdings noch immer Bestand hat, ist die Frage.

Was die Analyse von **Asymmetrien im Wortschatz** anlangt, lässt sich konstatieren, dass die bisherigen entsprechenden Analysen nicht systematisch sind. So schätzen sie den Anteil der möglicherweise asymmetrischen im Verhältnis zu symmetrischen Bezeichnungen an dem Gesamtwortschatz nicht ein. Zudem ist bislang nicht geklärt, ob es überhaupt eine wesentliche Eigenschaft des Wortschatzes ist, Symmetrien abzubilden.

Abgesehen davon scheint es keine Untersuchungen und Ergebnisse zur Frage zu geben, ob der Wortschatz nach unterschiedlichen lexikalischen Prinzipien geschlechtsbezogen gegliedert ist. Man könnte z.B. fragen, ob die in Wörtern kodierten Realitätsbereiche, die eher in die traditionell männliche Domäne fallen, stärker differenziert und anders gegliedert sind als solche, die in die traditionell weibliche Domäne fallen. Wäre es tatsächlich so, dass die Sprache patriarchalisch strukturiert ist, wäre zu erwarten, dass die »männlichen Bereiche« sprachlich stärker differenziert sind als die »weiblichen«. Dieser Test auf die These der patriarchalischen Verfasstheit von Sprache wurde meines Wissens bislang nicht gemacht. Vielleicht aus der weisen Voraussicht, dass Frauen wie Männer ihre typischen Realitätsbereiche, wenn es die denn gibt, gleichermaßen strukturieren, weil sie ja darüber kommunizieren müssen.

Was die Annahme einer geschlechtsbezogenen weitgehenden Asymmetrie des Wortschatzes anlangt, ist anzumerken: Träfe diese Annahme zu, wären deutlich zahlreichere und stärkere geschlechtsbezogene Unterschiede im Lexikon zu erwarten als bislang berichtet wurde, da ja Wörter die Funktion haben, Konzepte des Selbst, des Anderen und der Welt zu gliedern und mitteilbar zu machen und der Wortschatz einer Sprache auch die Geschichte der Konzeptualisierungen reflektiert.

Da weniger geschlechtsbezogene Asymmetrien im Wortschatz festgestellt wurden, als bei Gültigkeit der patriarchalen Strukturiertheit von Sprache erwartbar ist, ist daraus zu schließen, dass die kognitiven Konzepte, die in Wörtern reflektiert werden, und die lexikalischen Strukturen keine gravierenden Geschlechtsunterschiede aufweisen. Dem entspricht, dass Geschlechterdifferenzen in der Kognition sich nur für einige wenige Bereiche und mit nicht sehr großen Effektstärken zeigen ließen (vgl. Halpern 2000; Kimura 2000).

2.2 Sprachgebrauch

Sprachsystem und Sprachgebrauch werden in der Linguistik üblicherweise unterschieden. Unter dem Begriff ›Sprachsystem‹ werden die in einer natürlichen Sprache geltenden phonologischen, morphosyntaktischen und semantischen Strukturen gefasst. Sie betreffen die Ebene der *langue*, die nach Saussure ein **abstraktes Objekt** ist: »Die Sprache ist nicht eine Funktion der sprechenden Person [...]« (de Saussure 1967, S. 16). Die *langue* ist zugleich das Band, das die Sprecher einer Sprache verbindet: »Sie ist der soziale Teil der menschlichen Rede und ist unabhängig vom Einzelnen, welcher für sich allein sie weder schaffen noch umgestalten kann [...]« (ebd., S. 17). Saussure fasst Sprache als »Norm aller anderen Äußerungen der menschlichen Rede« auf, sie ist

»[...] ein Schatz, den die Praxis des Sprechens in den Personen, die der gleichen Sprachgemeinschaft angehören, niedergelegt hat, ein grammatisches System, das virtuell in jedem Gehirn existiert, oder vielmehr in den Gehirnen einer Gesamtheit von Individuen; denn die Sprache ist in keinem derselben vollständig, vollkommen existiert sie nur in der Masse« (ebd., S. 16).

Die **konkreten Äußerungen von Individuen** einer Sprachgemeinschaft sind nach de Saussure einer anderen Ebene, der Ebene der *parole* zugehörig. Auch Chomsky unterscheidet zwei Ebenen. Dabei versteht er unter ›Sprache‹ die Kompetenz, das sprachliche Wissen eines idealisierten Sprecher-Hörers, davon unterscheidet er die Performanz, die aktuelle Rede.

Die Unterscheidung zwischen Sprache und Gebrauch, den konkrete Sprecher/Hörer von dem Sprachsystem machen, ist umstritten. Für Hermann Paul z.B. waren das wahre Objekt der Sprachwissenschaft »[...] sämtliche Äußerungen der Sprechtätigkeit an sämtlichen Individuen in ihrer Wechselwirkung aufeinander« (Paul 1920/1966, S. 119), die den Sprachusus konstituieren. Im Rahmen der Performativitätsdiskussion wurde in jüngster Zeit u.a. von Sibylle Krämer die These vertreten, dass es keine Sprache hinter dem Sprechen gebe. »Sprache existiert nicht als Form, sondern nur in Form von Praktiken des Sprachgebrauchs« (Krämer 2001, S. 270).

Diese unterschiedlichen Versionen der Fassung von Sprache und Sprachgebrauch zeigen, dass die »[...] boundary between system and use is extremely fuzzy« (Graddol/Swann 1989, S. 131). Die Unschärfe liegt darin begründet, dass der Sprachgebrauch, wie Sprachwandelprozesse zeigen, das Sprachsystem beeinflusst, wie umgekehrt der Sprachgebrauch sich innerhalb der Strukturen des Systems zu bewegen hat, wenn sprachliche Kommunikation möglich sein soll. Die Möglichkeit einer wechselseitigen Einflussnahme aber bedeutet, dass trotz unscharfer Grenzen die Ebenen Sprache und Sprachgebrauch zu unterscheiden sind.

In der feministischen Linguistik wird diese Unterscheidung nicht getroffen. Sprache wird hier grundsätzlich als Reflex gesellschaftlicher Verhältnisse und somit ihrer Gebrauchsbedingungen betrachtet; auch die innersystemischen, strukturellen Dimensionen von Sprache werden auf diesem Hintergrund analysiert:

»By and large men have controlled the norms of use; and this control, in turn, has shaped the language system available for use by both sexes [...] men have largely determined what is labeled, have defined the ordering and classifying system, and have in most instances created the words which are catalogued in our dictionaries and which are the medium of everyday speech« (Kramarae 1980, S. 58).

Diese Auffassung ist insofern problematisch, als sie schon unterstellt, was eigentlich erst zu zeigen wäre, dass nämlich Sprachen und ihre Strukturen ebenso wie der Sprachgebrauch von patriarchalischen Machtverhältnissen determiniert sind. Sie steht zudem auch in einem deutlichen Missverhältnis zu dem erklärten Ziel der Sprachveränderung, denn wenn Gebrauch und Sprache ungeschieden betrachtet werden, die Sprache patriarchalisch durchsetzt ist, kann im Gebrauch auch keine Veränderung erzeugt werden. Auch daher erscheint es zwingend, Sprachsystem und Sprachgebrauch zu unterscheiden, wie immer Sprache selbst theoretisch bestimmt wird.

Geschlechterdifferenzen im Sprachgebrauch wurden untersucht auf der Ebene der Phonologie (2.2.1), auf der Ebene der Syntax (2.2.2), auf der Ebene der Semantik (2.2.3) und auf der Ebene der Pragmatik (2.2.4)

2.2.1 Phonologie

Geschlechterunterschiede auf der phonologischen Ebene des Sprachgebrauchs wurden vielfach dokumentiert. Sie scheinen »[...] the best
documented of all the linguistic differences between the sexes« (Thorne/
Henley 1975, S. 17) zu sein. Geschlechterdifferenzen betreffen die
suprasegmentale (2.2.1.1) und die segmentale Ebene der Phonologie
(2.2.1.2). Untersuchungen, die die suprasegmentale Ebene betreffen,
beziehen sich auf Geschlechterdifferenzen in der Tonhöhe bzw. Stimme
und auf Geschlechterdifferenzen in Intonationsmustern.

2.2.1.1 Geschlechterdifferenzen auf der suprasegmentalen
Ebene

Die Stimme scheint ein verlässlicher Indikator für die Geschlechtszugehörigkeit zu sein (Knapp/Hall 1992, S. 339ff.). »Most people can
easily tell whether a voice belongs to a man or woman« (Graddol/
Swann 1989, S. 13). Dies trifft auch auf Kinder ab einem Alter von
ca. 5 Jahren zu (Fichtelius et al. 1980)
    In der Regel ist die weibliche Stimme höher als die eines Man-
nes. Dies hat z.T. einfache physiologische Ursachen. Die Stimme entsteht zum einen durch Schwingungen der Stimmbänder aufgrund
des durch sie hindurchgeleiteten Luftstromes (*fundamental frequency*,
gemessen in Hertz), zum anderen durch die Resonanz der Schwingungen (die Formanten) im Mund und Nasenraum. Die Höhe oder
Tiefe des Sprechtons ist abhängig von der Länge und der Dicke der
Stimmbänder sowie der Größe des Resonanzraumes. Da beide bei
Männern in der Regel länger, dicker und größer sind, entsteht der
Eindruck der tieferen Stimme:

»A tall, well-built man will tend to have a long vocal tract and large focal
folds. His voice quality will reflect the length of his vocal tract by having
correspondingly low ranges of formant freqencies, and his voice dynamic
features will indicate the dimensions and mass of his vocal folds by a correspondingly low frequency« (Laver/Trudgill 1979, S.7f. zit. nach Graddol/
Swann 1989, S. 16).

Die durchschnittliche Stimmhöhe bei Männern (gemessen in der
durchschnittlichen Anzahl von Schwingungen der Stimmbänder pro
Sekunde) beträgt nach einer Untersuchung von Graddol bei Männern 90-140 Hertz, bei Frauen 170-240 Hertz (vgl. Graddol/Swann
1989, S. 20). Betrachtet man den Tonhöhenumfang, so rangiert dieser bei Männern zwischen 75 und 240 Hertz, bei Frauen zwischen
110 und 350 Hertz, d.h. es gibt einen deutlichen Überlappungsbe-

reich. Die physiologischen Möglichkeiten der Stimmgebung erlauben eine Angleichung; das wird auch durch die Fähigkeit von Männern, mit Kleinkindern in deutlich erhöhter Stimmlage zu sprechen, belegt. Tatsächlich wird die physiologische Varianz der Stimmgebung auch genutzt; es konnte in entsprechenden empirischen Studien gezeigt werden, dass die Stimmhöhe von sozialen und kulturellen Faktoren mitbeeinflusst wird (Ohara 1999).

Hollien und seine Mitarbeiter (Hollien/Shipp 1972; Hollien/Jackson 1973; Majewski et al. 1972) beobachteten, dass die **Stimmhöhenunterschiede** zwischen Männern und Frauen in Europa weniger deutlich sind als in Amerika. Studien von Lieberman (1967), Mattingly (1966), Sachs et al. (1973) haben gezeigt, dass die Stimmhöhe auch von gelerntem Verhalten bestimmt wird. So schöpfen Frauen ihre physiologischen Möglichkeiten nicht aus, sondern beschränken ihre Möglichkeiten auf eine hohe Stimme, die in westlichen Kulturen längere Zeit als Indiz für Weiblichkeit galt. Allerdings ist die Stimmhöhe auch von den Intonationsmustern der jeweiligen Sprache abhängig. Zusammenfassend stellen Graddol/Swann fest:

»Average pitch of voice seems to be partly a function of vocal anatomy, partly of environmental factors such as excessive smoking or drinking, partly a reflection of the intonation patterns of the speaker's language or dialect, and partly a result of social adaptation« (Graddol/Swann 1989, S. 26).

Die Sprachwahrnehmung wird nach Befunden von Elizabeth Strand (1999) von Geschlechterstereotypen mitbestimmt. Nach experimentellen Studien von Ohala wird eine tiefere Stimme als vertrauenswürdiger und dominanter, eine hohe Stimme als weniger kompetent und generell weniger potent eingeschätzt (Graddol/Swann 1989, S. 32). Dies scheint nicht für alle Kulturen zu gelten (Waldron/Di Mare 1998, S. 185).

Bezüglich der **Intonation** zeigten empirische Studien für das Englische und das Niederländische, dass Männer eine eher monotone Intonation aufweisen, während die von Frauen sich durch Dynamik und Tonhöhenveränderungen auszeichnet (Bennet/Weinberg 1979; McConnell-Ginet 1983; Biemans 1999), die auch als emotional expressiver wahrgenommen wird (McConnell-Ginet 1983). Außerdem wurde berichtet, dass Frauen eine besondere Präferenz für zögernde und Frageintonation zeigen, was als Indikator der besonderen weiblichen Höflichkeit und Submissivität gewertet wurde (Brend 1975; Lakoff 1975); diese anekdotischen Berichte sind jedoch empirisch nicht überprüft, sie beziehen sich nur auf einen bestimmten Kulturkreis und ihre Bewertung ist zweifelhaft (McConnell-Ginet 1975; 1983).

Die empirische Überprüfung der Hypothese einer **weiblichen Präferenz für Frageintonation**, die Edelsky (1979) unternahm, konnte die Hypothese nicht bestätigen. Nach Hellinger haben neuere Untersuchungen auch verschiedener Textsorten gezeigt, dass »[...] Frauen die Frageintonation mehr als Männer [verwenden], Jugendliche mehr als Erwachsene und Angehörige der Arbeiterschicht mehr als solche der Mittelschicht« (Hellinger 1990, S. 33). Die Tatsache, dass Frageintonation eher von statusniedrigen Sprechern präferiert wird, ist kein eindeutiger Hinweis, dass dieses Intonationsmuster Machtlosigkeit signalisiert und insofern auch mit ›Geschlecht‹ verbunden ist. Außerdem signalisiert die Frageintonation

»[...] nicht nur ein unsicheres und defensives Verhalten, sie kann auch eine gesprächsstrategische Funktion haben. Die sprechende Person kann mit diesem Mittel die Aufmerksamkeit ihres Gegenübers einfordern, sie kann sich vergewissern, daß das Gesagte ›angekommen‹ ist oder sie kann auf diese Weise das bevorstehende Ende ihres Redebeitrags anzeigen« (Hellinger 1990, S. 33).

Insgesamt kann festgestellt werden, dass die biologisch begründeten Geschlechterdifferenzen der Stimme von kulturellen Normen überformt werden. Die Intonation ist nicht allein vom Geschlecht sondern einer Vielzahl anderer Faktoren mitbestimmt.

2.2.1.2 Geschlechterdifferenzen auf der segmentalen Ebene

Auf der segmentalen Ebene wurden Geschlechterdifferenzen vor allem bezüglich der **Aussprachegenauigkeit** bzw. des Verwendens bestimmter Aussprachevarianten festgestellt. Bezüglich der größeren Aussprachegenauigkeit von Frauen wurde ermittelt, dass Frauen Konsonantencluster wie /sks/ oder /sts/ (Shuy 1969) oder das postvokalische *r* (Levine/Crockett 1966) häufiger gebrauchten. Bezüglich der Aussprachevarianten zeigte sich, dass Frauen korrekte Formen wie *-ing* anstatt von *-in* häufiger verwendeten (Labov 1972; Fasold 1968; Trudgill 1974; Labov 2001, S. 266ff.). Die Präferenz für die korrekteren Formen wird den Untersuchungen von Labov (1966; 1972) zufolge vor allem in formellen Kontexten sichtbar. Diese Studien zeigten allerdings auch, dass phonetische Variation nicht allein vom Geschlecht sondern auch von sozialen, regionalen und situationalen Parametern abhängig ist.

Labovs neuere Untersuchungen zur Verwendung von »stigmatized variables« zeigt, [...] that women use a lower level of stigmatized variables than men«, wobei jedoch eine »[...] complex interaction between style, gender, and social class« (Labov 2001, S. 264) besteht. Generell stellt Labov ein »gender paradox« (ebd., S. 292) im Sinne einer sowohl stärkeren Orientierung an Standardformen wie der **Übernahme neuer Formen** bei Frauen fest: »Women conform more closely than men to sociolinguistic norms that are overtly prescribed, but conform less than men when they are not« (ebd., S. 293). Frauen sind nach Labov die »[...] principal innovators in the process of change« (ebd. S. 294).

Insgesamt sind die Interpretationen der **weiblichen Korrektheit** auf der phonologischen Ebene wenig eindeutig: Ob die weibliche Korrektheit als eine generelle Präferenz von Frauen für prestigeträchtigere Aussprachevarianten betrachtet werden kann (wobei die Entsprechung von Korrektheit mit Prestige im Evaluationstest von Elyan et al. 1978 gezeigt werden konnte) oder ob sie ein Ausdruck davon ist, dass Frauen durch Verwendung prestigeträchtiger Sprechweisen ihre fehlende soziale Macht kompensieren (wie Trudgill 1975 annimmt) oder ob diese Formen deshalb prestigehaltiger und deshalb von Frauen präferiert werden, weil sie stereotyp mit Männlichkeit assoziiert werden (wie Giles/Marsh 1978 empirisch gezeigt haben), ist abhängig davon, welche Theorie über Geschlecht, Kultur und Gesellschaft vorausgesetzt wird: »Skilled use of language may be a basis for power, merely a sign of power, or proof of powerlessness« (Borker 1980, S. 40; vgl. Eckert/McConnell-Ginet 1999).

> Die Befunde zeigen, dass Frauen nicht immer eine größere Aussprachegenauigkeit aufweisen und dass ihr unterschiedliche Motive zugeschrieben werden.

2.2.2 Syntax

Unterschiede im Gebrauch syntaktischer Formen wurden vergleichsweise selten untersucht. Die zumeist älteren Studien beziehen sich zum einen vor allem auf spezifische syntaktische Formen wie *tag-questions*, *hedges*, *expletives* und *intensifiers* (2.2.2.1) zum anderen auf syntaktische Hyperkorrektheit (2.2.2.2) und auf die verbale Flüssigkeit und Verbosität (2.2.2.3).

2.2.2.1 Präferenz für syntaktische Formen

Robin Lakoff (1975) hat anhand eigener, unsystematischer Beobachtungen die These aufgestellt, dass Frauen häufiger *tag-questions* (*she's coming this weekend, isn't she*), *hedges* (*perhaps, I think, you
know*), *expletives* (d.h. Typen bestimmter unpersönlicher Konstruktionen, bei denen das Subjektpronomen semantisch leer und referenz-
los ist wie in *es schneit, es gibt*) und *intensifiers* (*so*) benutzen. Dies ist
nach Lakoff Ausdruck der generell größeren **Höflichkeit und Unsicherheit** von Frauen.

Weder die These einer unterschiedlichen Präferenz für diese syntaktischen Formen noch deren Interpretation wurde durch nach-
folgende empirische Studien bestätigt. Die zahlreichen Studien zu
Geschlechterdifferenzen im **Gebrauch von *tag questions*** kommen
zu widersprüchlichen Ergebnissen: Einige finden, dass Frauen mehr
tag questions gebrauchen als Männer, andere berichten, dass Männer
mehr *tag questions* verwenden, andere kommen zu dem Ergebnis,
dass Geschlechterdifferenzen bei der Verwendung von *tag questions*
von deren jeweiliger Funktion und der Gesprächssituation abhängig
sind. So zeigten empirische Studien zum Gebrauch von *tag questions*
in einer gemischtgeschlechtlichen, akademischen Diskurssituation
(Dubois/Crouch 1975; Lapadat/Seesahai 1978), dass diese durchaus
von Männern häufiger als von Frauen gebraucht werden können. In
einer ganz anderen Situation, nämlich in einem Interview sehr betag-
ter Frauen und Männern zu ihrem Leben, das eine weibliche Inter-
viewerin führte, gebrauchten Männern ganz wenige, Frauen dagegen sehr viele *tag questions* (Hartmann 1976). Freed und Greenwood
(1996) stellten keine Geschlechterdifferenzen bei Gesprächen unter
Freunden bzw. Freundinnen fest.

Außerdem zeigten weitere Studien, die die unterschiedlichen Funktionen von *tag questions* berücksichtigten, dass Frauen und Männer
tags unterschiedlicher Funktion präferieren. Janet Holmes z.B. unterschied **drei Arten von *tag questions***, nämlich:

– *tag-questions* mit einem *modal meaning*; diese Form drückt Unsicherheit
  aus oder verlangt Rückversicherung, Bestätigung oder Übereinstimmung
  (»She's coming around noon ist't she?«, Holmes 1984, S. 153),
– *tag questions* mit der affektiven Bedeutung der Solidarität. Die *tag-questions* dieses Typs haben die Funktion Solidarität auszudrücken, den Beitrag des Partners zur Konversation zu erleichtern oder ihn zur Beteiligung
  aufzufordern (»Still working hard at your office are you?«, ebd.) und
– *tag questions* mit der affektiven Bedeutung der Höflichkeit. Diese *tag
  questions* drücken Höflichkeit aus oder schwächen einen direktiven oder
  negativ getönten Sprechakt ab (»You'd better not do that again had you?«,
  ebd.).

Bei der Auswertung einer Vielzahl von Diskursen zwischen Freunden, in der Schule, im Radio und Fernsehen (43.000 Wörter) stellt Holmes (für eine erstaunlich geringe Gesamtzahl von 90 *tag questions*) fest, dass Männer und Frauen sich kaum in der Menge der gebrauchten *tag questions* unterschieden; bezüglich der Verwendungshäufigkeit der drei funktional unterschiedlichen Klassen ergaben sich aber Differenzen. Frauen verwendeten *tag questions* mit einer affektiven Bedeutung (Solidarität und Höflichkeit) häufiger als Männer; Männer dagegen gebrauchten *tag questions* mit modaler Bedeutung häufiger als Frauen. D.h.:

»[...] women used *tag-questions* to maintain and facilitate conversation, men to express uncertainty. Holmes's data contradict Lakoff's claim that *tag-questions* are used to express uncertainty. Only a third of the *tag-questions* used by women served this function« (Aries 1996, S. 110).

Für die *tag questions* mit modaler Bedeutung zeigte Mondorf (2004), dass keine Geschlechterunterschiede bestanden, wenn diese »agreement seeking or challenging tags« (Mondorf 2004, S. 74) waren; *tags* dagegen, die »tentativeness, i.e. the need for verification, as well as politeness« (ebd.) ausdrückten, wurden von Frauen präferiert.

Auch Jennifer Coates (1988) zeigte, allerdings bezogen auf Gespräche in einer Frauengruppe, dass *tag questions* häufig in der Funktion der **Unterstützung des Fortgangs der Konversation** verwendet wurden. Zu einem ähnlichen Ergebnis kamen auch Cameron et al. (1988), die auch fanden, dass *tag questions* mit der Funktion der Unterstützung der Konversation unabhängig vom Geschlecht von den in einer asymmetrischen Gesprächskonstellation mächtigeren Gesprächspartnern häufiger genutzt werden.

Demnach signalisiert die Verwendung von *tag questions* nicht immer Unsicherheit, denn *tag questions* haben mehrere Funktionen. Sie werden häufiger gebraucht als Ausdruck von Solidarität und um die Konversation zu unterstützen; weniger häufig werden sie als Ausdruck von Unsicherheit verwendet. Geschlechterdifferenzen in der Häufigkeit von *tag questions* hängen ab vom Inhalt der Konversation, der Rolle bzw. dem Status der Gesprächspartner und vom situativen Kontext (vgl. Aries 1996, S. 112f.; Mondorf 2004).

Was den **Gebrauch von *intensifiers*** angeht, die nach Lakoff dem **Ausdruck von Gefühlen** dienen sollen, haben einige empirische Studien zu verschiedenen Konversationstypen (Lapadat/Seesahai 1978; Mulac et al. 1988) trotz unterschiedlicher Operationalisierungen bislang weitgehend übereinstimmend feststellen können, dass Frauen mehr *intensifier* verwenden als Männer. Carli (1990) zeigte in ihrer Untersuchung, dass *intensifier* von Frauen häufiger in Gesprächen mit Männern als mit Frauen gebraucht werden. Ähnlich wie die *tag questions* können *intensifier* verschiedene Funktionen erfüllen. Diese Funktionsunterschiede wurden in den empirischen Studien nicht zureichend berücksichtigt. Der Befund, dass Frauen mehr *intensifier* verwenden, lässt sich daher nicht sinnvoll interpretieren (vgl. Aries 1996, S. 126).

Zur **Verwendung von** *hedges* ergibt sich aus den entsprechenden empirischen Überprüfungen der These von Lakoff ein uneinheitliches Bild (Freed/Greenwood 1996). Dies liegt daran, dass die Studien unterschiedliche sprachliche Formen als *hedges* analysiert haben, z.B. Verben (*seem, I believe, I suppose*), Adverbien (*maybe, probably, perhaps*), epistemische Modalausdrücke (*could, might*) und Diskursmerkmale (*kind of, I mean, you know*). Außerdem gibt es keine klare Eingrenzung, welche Formen als *hedges* zählen und welche nicht. Hinzukommt, dass Formen wie *I think* verschiedene Funktionen haben, sie in bestimmten Kontexten z.B. Ausdruck von Bestimmtheit, in anderen wiederum Ausdruck von Unsicherheit oder Höflichkeit sein können (Holmes 1986). Studien, die die verschiedenen Funktionen der *hedges* berücksichtigten, konnten zeigen, dass derartige Formen sowohl von Frauen wie Männern benutzt werden, dass Frauen sie häufiger im Sinne des Ausdrucks von Bestimmtheit oder Höflichkeit und in formellen Kontexten gebrauchen, während Männer *hedges* eher in informellen Kontexten und eher als Ausdruck von Unsicherheit oder Höflichkeit verwenden (Aries 1996, S. 116ff.).

Anzufügen ist, dass der Gebrauch von *intensifiers* ebenso wie der von *expletives* sich als nicht allein vom Geschlecht abhängig erwies; auf ihren Gebrauch Einfluss nehmen der sprachliche Kontext (Baumann 1976; De Stefano 1975, S. 69f.), der Typ des situationalen Kontextes (Crosby/ Nyquist 1977) und das Alter des Sprechers (Bailey/Timm 1976).

Bezüglich der **syntaktischen Muster** im Sprachgebrauch von Frauen und Männern kommt Fritz Eisenmann in seiner Studie zu dem Ergebnis, dass Frauen insgesamt mehr Konjunktionen gebrauchen, diese aber vor allem zu parataktischen Konstruktionen verwenden; Männer dagegen bevorzugen hypotaktische Konstruktionen (Eisenmann 1973, S. 401). Die von Eisenmann berichteten Unterschiede sind jedoch statistisch nicht signifikant. Ludwig Kohlbrecher (1990), der die Verwendung syntaktischer Satzformen anhand von schriftlichen Aufzeichnungen von Träumen durch Psychologie-Studenten und Studentinnen untersuchte, stellte ebenfalls fest, dass Männer häufiger längere und komplexere Satzgefüge, Frauen dagegen häufiger kürzere Reihungen gebrauchen. Die Aussagekraft der Ergebnisse lässt sich nicht einschätzen, da Kohlbrecher keinen Signifikanztest unternommen hat.

Trotz dieser methodisch unsicheren Basis der Studie kommt Kohl-brecher zu der folgenden weitreichenden Interpretation:

»[...] die Frauen nehmen mit den Strukturen ihrer Darstellungseinheiten weniger Raum in Anspruch, die Männer dagegen nehmen mit den Struktu-ren ihrer Darstellungseinheiten im allgemeinen mehr Raum in Anspruch als die Frauen [...] die Frauen machen sich schmal, die Männer machen sich breit« (Kohlbrecher 1990, S. 146).

Diese Deutung ist kaum nachzuvollziehen, denn inwiefern sich jemand breit macht, der hypotaktische Konstruktionen verwendet, ist nicht erfindlich. Hinzukommt, dass der Autor die Besonderheit seines Materials nicht zureichend gewürdigt hat. So könnte ja gerade der wenig hypotaktische Stil der Frauen auf eine größere Nähe zur Mündlichkeit und damit zum lebendigen Inszenieren schließen las-sen, was gerade bei dem von Kohlbrecher verwendeten autobiogra-fischen Material (wie z.B. die *attachment*-Forschung zeigt, vgl. Cas-sidy/Shaver 1999) ein Indikator der kohärenten Organisation und der Souveränität darstellen kann.

Außerdem hat Mulac (1998) in verschiedenen Studien gegenläu-fige Befunde erzielt: Nach Mulac weist die Sprache der Frauen eine höhere syntaktische Komplexität (gemessen an der durchschnittlichen Satzlänge und der Menge der Nebensätze) auf, Männer zeigen häufi-ger Ellipsen. Allerdings sind dies keine überdauernden Charakteris-tika (Aries 1996, S. 132ff.). Nach der Analyse von Britta Mondorf (2004) unterscheiden sich die Präferenzen von Männern und Frauen für bestimmte syntaktische Muster nicht nach der Komplexität der Satzstrukturen, sondern danach, ob sie eine starke oder geringe Ver-pflichtung gegenüber dem Wahrheitsgehalt einer Äußerung implizie-ren. Diese Präferenz ist jedoch vom Status mitbestimmt.

> Demnach kann nicht gesagt werden, dass »[...] Frauen gene-rell auf das Sprachsystem anders zugreifen als Männer [...]« (Kohlbrecher 1990, S. 156) oder bestimmte syntaktische For-men aus Gründen der Unsicherheit oder Höflichkeit häufi-ger verwenden.

2.2.2.2 Syntaktische Hyperkorrektheit

Studien von Labov (1966) und Levine/Crockett (1966) haben gezeigt, dass Frauen häufiger syntaktisch hyperkorrekte Formen verwenden wie z.B. das Pronomen im Nominativ im Objektkasus in »you gave it to Mary and I«. Nach Shuy (1969) und Wolfram (1969) sind »[...] women [...] less likely to use socially stigmatized (class marked) forms

such as multiple negatives or subject-verb agreements like ›I done it‹«
(De Stefano 1975, S. 70). Die Präferenz von Frauen für syntaktisch
hyperkorrekte Formen erwies sich jedoch als nicht nur vom Geschlecht,
sondern auch der Schichtzugehörigkeit abhängig und sie scheint ebenso
wie die phonologische Korrektheit kein durchgängiges Merkmal des
Sprachgebrauchs von Frauen zu sein (Labov 2001).

2.2.2.3 Verbale Flüssigkeit

Unter dem Begriff »verbale Flüssigkeit« wird zum einen der in Intel-
ligenztests ermittelte Worteinfall von bedeutungsähnlichen oder for-
mähnlichen Wörtern verstanden. Hierfür wurde, wie die Metaanalyse von Hyde und Linn (1988) erbrachte, ein leichter (wenngleich
statistisch signifikanter) Vorsprung für Frauen aufgewiesen (Kimura
2000). Verbale Flüssigkeit bezeichnet zum anderen ein relativ unprä-
zises Maß für den Sprachgebrauch, in das verschiedene Parameter,
nämlich Redemenge, Flexibilität im Gebrauch syntaktischer Muster und Präferenz für einfache vs. komplexe syntaktische Muster
eingehen. Trotzdem wurde dieses Maß in zahlreichen empirischen
Studien verwendet. Die entsprechenden empirischen Studien kommen zu unterschiedlichen Ergebnissen: Beinahe ebenso häufig wird
eine größere verbale Flüssigkeit für Frauen wie für Männer festgestellt, wenn überhaupt Unterschiede ermittelt werden konnten (vgl.
Thorne et al. 1983, S. 239-246; Maccoby/Jacklin 1974; James/Dra-
kich 1993). Dass widersprüchliche Ergebnisse erzielt wurden, hat mehrere Gründe (vgl. Kap. 2.5). Ein gewichtiger Grund ist auch hier, dass
›Geschlecht‹ nicht als die einzige unabhängige Variable genommen
werden kann, denn es gibt »[...] considerable evidence that variables
such as race, social class, culture, discourse function, and setting are
as important as gender and not additive or easily separated« (Bing/
Bergvall 1998, S. 498).

Zusammenfassend lässt sich feststellen, dass in nur wenigen
Bereichen geschlechtsbezogene Unterschiede im Gebrauch
syntaktischer Formen untersucht wurden und dass die Ergebnisse sowie deren Interpretation insgesamt wenig überzeugend
sind. Ob in der syntaktischen Dimension des Sprachgebrauchs
Geschlechterdifferenzen vorliegen, lässt sich nicht eindeutig
beurteilen; klar ist jedenfalls, dass ›Geschlecht‹ auch in diesem Bereich mit anderen Variablen interagiert.

2.2.3 Semantik

Bezogen auf die Ebene der Semantik wurden Geschlechterdifferenzen im Gebrauch des Wortschatzes (2.2.3.1) und im Gebrauch von
Mitteln der Personenreferenz (2.2.3.2) untersucht.

2.2.3.1 Wortschatz

In der Gebrauchshäufigkeit bestimmter Wörter wurden in empirischen Studien deutliche Unterschiede zwischen Männern und Frauen
in westlichen Gesellschaften festgestellt. Gleser et al. (1959) beobachteten, dass Frauen, wenn sie über persönliche Erfahrungen reden,
häufiger Wörter gebrauchen, die sich auf Gefühle, Emotionen und
Motivationen beziehen und dass sie dabei häufiger auf sich selbst referieren. Männer dagegen verwenden häufiger Wörter, die destruktive
Aktivitäten bezeichnen (Borker 1980, S. 32f.). Außerdem gebrauchen
Frauen differenzierte Wörter für Farben, Bewertungen wie *adorable*
(Lakoff 1975; Steckler/Cooper 1980), typische weibliche Aktivitäten
und Themen wie Nähen, Kochen, Kindererziehung, Verwandte (Conklin 1978; Klein 1971; Nelsen/Rosenbaum 1972). Männer dagegen
weisen einen differenzierten Wortschatz auf im Bereich von Schimpf-
wörtern (Kramer 1975 a), Verben für feindselige Handlungen (Gil-
ley/Summers 1970) und im Bereich typisch männlicher Aktivitäten
und Interessen.
   Diese Befunde scheinen jedoch zeitgebunden zu sein, denn die
Studie von Barbara Risch zum Inventar von »schmutzigen« Wörtern bei nordamerikanischen College-Studentinnen aus dem Jahr
1987 zeigte, dass diese Studentinnen »[...] had a rich inventory of
›dirty words‹ to refer to men – and that these included some terms,
such as *bitch, whore, slut*, normally thought of as feminine« (Grad-
dol/Swann 1989, S. 111). Außer den berichteten und offenbar an
die Gegebenheiten ihrer Zeit gebundenen Befunden »[...] we know
very little about the extent to which sex-differentiated vocabularies
exist and what their implications are for cross-sex communication«
(McConnell-Ginet 1980, S. 16) sowie für die Selbstwahrnehmung
und Ich-Identität.
   Bekannt ist allerdings, dass die These Jespersens, dass Frauen über
einen eingeschränkteren Wortschatz verfügen (Jespersen 1925), nicht
zutrifft; in den einschlägigen IQ-Tests wurden in den wortschatzbe-
zogenen Untertests keine bedeutenden Geschlechterdifferenzen festgestellt (Kimura 2000, S. 90). Nach Kimura können Frauen schneller Farben benennen, dabei ist aber unklar, ob sie einen schnelleren
Zugriff auf Farbwörter haben oder spezifische Fähigkeiten der Farber-

kennung (ebd., S. 95). Relativ gesichert ist der Befund, dass Frauen einen Vorsprung haben »[...] in the recall of words or of material that can readily be mediated verbally« (ebd., S. 95). Dieser Vorsprung zeigt sich bei Jungen wie Alten und unabhängig davon, ob das Material einfach eine Liste unverbundener Wörter oder Zahlen beinhaltet oder den Inhalt eines Textabschnitts; das bessere Behalten von Textabschnitten wurde auch in anderen Kulturen gefunden (Kimura 2000, S. 96). Wie allerdings dieser Vorsprung zu erklären ist, ist offen. »Whatever the basis for the female advantage on verbal memory it is one of the strongest sex differences favoring women« (ebd., S. 101).

> Männer und Frauen scheinen je nach typischen Interessen und Aktivitäten unterschiedliche Bereiche des Wortschatzes zu nutzen; dies ist jedoch zeit- und kulturabhängig. Im Erinnern von Wörtern zeigen Frauen bessere Leistungen.

2.2.3.2 Personenbezeichnungen

Bezüglich der Arten, wie Frauen und Männer auf Personen sprachlich referieren, wurde festgestellt, dass Frauen im Allgemeinen die höflichen Anredeformen häufiger benutzen (Kramer 1975b), dass sie die Pronomina *ich* und *wir* häufiger verwenden (Aries 1996, S. 126f.) und dass sie das generische *man* (bzw. *he*) seltener gebrauchen (Martyna 1978; 1983). Für den angloamerikanischen Sprachraum berichten ältere Studien, dass Männer die Formen *lady* und *girl* häufig in herabsetzender Weise verwenden (Graddol/Swann 1989, S. 115ff.), dass sie Frauen häufig nicht mit ihrem Nachnamen oder Titel sondern mit ihrem Vornamen oder mit *dear* anreden, und zwar unabhängig von ihrem Berufsstatus (Rubin 1981; Wolfson/Manes 1980). Einen Mann als Frau anzureden ist eine Beleidigung, was für Frauen nicht in vergleichbarem Maße zutrifft; bis zu den 1980er Jahren war es üblich, in Stellenanzeigen auch auf Frauen mit generischen maskulinen Formen zu referieren.

Psycholinguistische Tests haben gezeigt, dass **generisch maskuline Formen** meist nicht generisch, sondern geschlechtsspezifisch verstanden werden. »It seems that, at least among Western populations, the male is perceived as the normative, and the use of the pronoun *he* is literally assumed to refer to a male referent« (Halpern 2000, S. 32). Dies trifft nicht nur auf das Pronomen *he* zu, sondern auch auf die Bezeichnung *man*. Silveira (1980) stellte sogar einen *people = male bias*, d.h. eine Tendenz, Menschen mit Männern gleichzusetzen, fest. Eine Vielzahl von Studien (Martyna 1978; Silveira 1980; Batliner 1984;

Hamilton 1988; Hamilton et al. 1992; Merritt/Kok 1995; vgl. die
Übersicht in Irmen/Köhncke 1996, S. 154ff.; Hardin/Banaji 1993,
S. 295ff.) wies empirisch nach, dass generische Formen meist nicht
geschlechtsneutral verstanden werden; in diesen Studien wurden verschiedene Verfahren der Überprüfung angewendet.

Eine recht strikte Überprüfung der These, dass das *generic he*
oder andere geschlechtsabstrahierende maskuline Formen von den
Sprachbenutzern als Formen, die auf Männliches referieren, verstanden werden, haben Banaji/Hardin (1996) unternommen. Sie testeten
die Reaktionszeiten, mit denen die Übereinstimmung eines Pronomen zu einem zuvor präsentierten Nomen (das sog. *prime*) angege-
ben wurde. Die Nomina, die als *primes* fungierten, waren entweder
geschlechtsinhärent maskulin oder feminin oder sie waren Berufsbezeichnungen, die gemäß stereotyper Einschätzungen entweder dem
weiblichen (*nurse, secretary*) oder dem männlichen Geschlecht (*doctor, mechanic*) zugeordnet sind; außerdem wurden Nomina aufgenommen, die wie bei dem Wort *god* starke Assoziationen zum männlichen
oder bei dem Wort *feminist* zum weiblichen Geschlecht aufweisen.
Die Studie zeigte, dass die Reaktionszeiten schneller waren, wenn das
prime-Nomen und das Pronomen übereinstimmten.

Dieses **automatic gender priming** zeigte sich bei Nomina mit
inhärentem Geschlecht und bei solchem mit stereotyp assoziiertem
Geschlecht (Banaji/Hardin 1996, S. 137). Zudem waren die Reaktionszeiten für generisch maskuline Nomen wie *fireman, mankind,
human, man* schneller, wenn ihnen maskuline Pronomina folgten; dies
zeigte sich auch dann, wenn Wörter wie *fireman,* die häufiger für die
Referenz auf Männern gebraucht werden, aus der Analyse ausgeschlossen wurden; außerdem waren die Reaktionszeiten auf Nomina mit
geschlechtsbezogenen Suffixen dann schneller, wenn auf ein maskulines Suffix (*fireman*) ein maskulines Pronomen oder auf ein feminines
Suffix (*chairwoman)* ein feminines Pronomen folgte; bei Nomina mit
der neutralen Endung *–person* (*chairperson*) waren die Reaktionszeiten
bei maskulinen Pronomina schneller als bei femininen (Banaji/Hardin
1996, S. 139). Zusammenfassend stellen Banaji/Hardin fest:

»[...] we demonstrated that judgements of targets that follow gender-con-
gruent primes are made faster than judgements of targets that follow gen-
der-incongruent primes. This effect was obtained despite subects' delibe-
rate attempt to ignore the prime, regardless of whether subjects were aware
or unaware of the gender relation of prime-target pairings, independently of
subjects' beliefs about gender, regardless of whether the judgement was gender relevant or irrelevant, and on both words that are gender related by definition and words that are gender related by normative base rates« (Banaji/
Hardin 1996, S. 140).

Banaji/Hardin vermuten zwar, dass ihre Ergebnisse im Sinne der These von Sapir-Whorf den **Einfluss der Sprache auf das Denken** bestätigen, sie geben aber zu bedenken, dass ihre Ergebnisse auch einen von Sprache unabhängigen Einfluss von Geschlechterstereotypen reflektieren könnten. Ob die beobachteten Effekte eine »[...] function of gendered language per se or gender stereotypes more generally« (Banaji/Hardin 1996, S. 141) sind, lässt sich nach Banaji/Hardin erst dann entscheiden, wenn vergleichbare Experimente mit nicht-sprachlichem Material als *prime* durchgeführt wurden.

Ein in diese Richtung weisendes Experiment wurde von Lisa Irmen und Astrid Köhncke (1996) unternommen. Hier wurden Probanden zum einen Stimulussätze mit generischem Maskulinum oder spezifischem Maskulinum sowie Femininum angeboten, zu denen sollten sie entweder durch verbale Angaben oder durch Wahl eines Bildes bestimmen, ob es sich bei den generischen Maskulina um eine männliche oder weibliche Person handelt, dabei wurden auch die Reaktionszeiten gemessen. Es zeigte sich, dass bei einer sprachlichen Angabe des Geschlechts nur 20% der Probanden eine Frau als Referenten für ein generisches Maskulinum nannten, bei der Antwort per Bild waren es dagegen 49%, die eine Frau als Referenten für ein generisches Maskulinum wählten. Ähnlich wie bei Banaji/Hardin waren die Reaktionszeiten deutlich kürzer, wenn die Antwort auf ein generisches Maskulinum eine männliche Bezeichnung war. Diesem Ergebnis zufolge sind offenbar die Assoziationen des generischen Maskulinum mit männlich bei sprachlichen Antworten deutlich stärker als bei nicht-sprachlichen. Da bei nicht-sprachlicher Antwort die Assoziation des generischen Maskulinum mit männlich deutlich geringer war, ist daraus zu schließen, dass kognitiv die Assoziation nicht zwingend ist, bei sprachlichen Antworten aber durch den routinisierten Verarbeitungsprozess auf den wahrscheinlichen, durchschnittlichen Fall bezogen wurde. Dementsprechend folgern Irmen/Köhncke aus ihrer Analyse:

»Auch wenn das Konzept ›Frau‹ prinzipiell verfügbar ist, braucht seine Aktivierung nach einem GM [generischen Maskulinum] mehr Zeit als die des Konzepts ›Mann‹. Ein ›generisches‹ Maskulinum – *wenn* es überhaupt auf beide Geschlechter bezogen wird – bewirkt also den Aufbau einer mentalen Repräsentation, die den Mann als das typischere Exemplar beinhaltet« (Irmen/Köhncke 1996, S. 163).

Diese Interpretation entspricht der durch die neuere Forschung belegten Deutung des sprachlichen Relativitätsprinzips, der zufolge Sprachformen Denkgewohnheiten begünstigen, sie das Denken aber nicht generell bestimmen (Gumperz/Levinson 1996; Slobin 1996).

Wieweit der **Kontext**, in dem generische Maskulina gebraucht werden, deren Verständnis als entweder männlich oder weiblich beeinflusst, überprüften Friederike Braun et al. (1998). Braun et al. gaben Versuchspersonen Texte über einen wissenschaftlichen Kongress eines Faches mit entweder typisch männlicher Fachrichtung (Kongress für Geophysik) oder typisch weiblicher Fachrichtung (Kongress für Ökotrophologie) vor. In diesen Texten kamen Personenbezeichnungen entweder im generischen Maskulinum (*die Wissenschaftler*), in Neutralform (*die wissenschaftlich Tätigen*) oder in Beidbenennung (*Wissenschaftlerinnen und Wissenschaftler*) vor. Die Versuchspersonen sollten nach Lektüre des Textes angeben, wie hoch der Anteil der Frauen bzw. Männer war. Es zeigte sich, dass bei dem Text, der sich auf einen Kongress eines Faches mit weiblicher Ausrichtung bezog, der geschätzte Frauenanteil signifikant höher lag als bei einem Text bezogen auf ein Fach mit typisch männlicher Ausrichtung. Demnach beeinflusst der Kontext die Interpretation der Personenbezeichnungen. Dies bestätigt im Übrigen die Analyse von Lieb/Richter (1990).

Die Studie von Rebecca Merritt und Cynthia Kok (1995) konnte dagegen keinen Kontexteffekt ermitteln. In dieser Studie wurden Studierenden drei Texte vorgelegt, in denen der Protagonist den geschlechtsneutralen Namen Chris trug. Es zeigte sich, dass der Protagonist sowohl von den Studentinnen wie den Studenten deutlich häufiger als Mann verstanden wurde, und zwar unabhängig davon, ob der Text ein Thema der Berufswelt, der Erziehung oder interpersonelle Beziehungen behandelte und auch unabhängig davon, ob die Probanden eine starke oder keine Neigung zur Geschlechterschematisierung (gemessen mit dem *Bem Sex Role Inventory*, vgl. Bem 1974) aufwiesen (Merritt/Kok 1995, S.152). Damit bestätigt sich nach Auffassung von Merrit und Kok, dass Sprachbenutzer von der **Hypothese** *people = male* ausgingen, d.h. der Annahme, dass der prototypische Vertreter der Kategorie ›Menschen‹ eben der Mann sei und dass diese Annahme nicht vom Kontext beeinflusst wird.

Die Wirksamkeit der *people = male*-Hypothese haben Jennifer Lambdin et al. (2003) für 3 bis 10 Jahre alte Kinder festgestellt; die Kinder folgten bei der Zuordnung des Geschlechts zu geschlechtsneutralen Spiel- bzw. Kuscheltieren der Hypothese, dass sie männlichen Geschlechts sind. Mills (1986) fand, dass Kinder von 3 bis 10 Jahren das natürliche Geschlecht von Tieren und Objekten von deren grammatischem Geschlecht ableiten. Die *people = male* Hypothese mag deswegen so wirksam sein, weil sie, so auch die Befunde von Hyde (1984), offenbar früh gefestigt wird. Kinder hören generische Maskulina früher als sie die entsprechende grammatische Regel kennen lernen und können deshalb die Annahme bilden, dass die typische Person männlichen Geschlechts ist (vgl. Merritt/Kok 1995, S. 155).

Die *people = male*-Hypothese scheint auch dann zu gelten, wenn sie nicht durch entsprechende sprachliche Markierungen unterstützt wird, wie Friederike Brauns Studien zum Türkischen, einer Sprache ohne grammatisches Genus und Sexus-Spezifizierung der Pronomina, zeigten (Braun 2000a). Das türkische Wort für Person z.b. wurde zu 68% von türkischen Probanden als Bezeichnung für Männer verstanden (Braun 1997, S. 15). Das bedeutet, dass offenbar sprachunabhängig der Mann als der Prototyp angesetzt wird. Es sind also nicht die Sprachformen per se, die bestimmte Denkneigungen begründen; sie haben allerdings unterstützende Wirkung.

Wie weit die von der feministischen Linguistik vorgeschlagenen **geschlechtergerechten Formen** auch tatsächlich so wahrgenommen werden, scheint von mehreren Faktoren abhängig zu sein. Brigitte Scheele und Eva Gauler (1993) konnten zwar mit Hilfe von Lückensatztests ebenfalls zeigen, dass generisch maskuline Formen als auf Männliches bezogen gedeutet wurden, es gelang ihnen aber nicht nachzuweisen, dass die geschlechtergerechten Formen den beabsichtigten Effekt hatten. Braun et al. (1998) fanden dagegen einen Effekt der Benennungsformen: Die Beidbenennung führte bei typisch männlichem Kontext zu einer höheren Schätzung des Frauenanteils; die Neutralform verringerte die geschätzte Höhe des Frauenanteils gegenüber der Beidbenennung und der maskulinen Form bei typisch weiblichem Kontext. Wie der Interaktionseffekt zwischen Geschlecht der Versuchsperson und der Sprachversion zeigte, führte vor allem bei weiblichen Versuchspersonen die Beidbenennung zur Schätzung eines höheren Frauenanteils.

Zu etwas anderen Ergebnissen bezüglich der geschlechtergerechten Formen gelangte Dagmar Stahlberg (2003). In einem an den Fragebogen der FAZ für prominente Persönlichkeiten angelehnten Fragebogen wurden Studierende zu ihren Meinungen und Vorlieben befragt. Der Fragebogen wurde in drei Sprachversionen getestet, in einer generisch maskulinen (*wer ist ihr liebster Romanheld*), in einer geschlechtsneutralen (*wer ist ihre liebste heldenhafte Romanfigur*) und in einer Form mit Beidbenennung (*wer ist ihre liebste Romanheldin, ihre liebster Romanheld*). Das Ergebnis war:

»Sowohl die weiblichen als auch die männlichen Befragten nannten signifikant mehr weibliche Personen, wenn die Frage als neutrale Formulierung oder in der Beidnennungsform formuliert worden war, als wenn das generisch Maskulinum gewählt worden war« (Stahlberg 2003, S. 96).

Bei einer Replikation der Studie, in der die Benennungsform mit gro-
ßem Binnen-I eingeführt wurde, erfolgten »besonders viele Frauen-
nennungen« (Stahlberg 2003, S. 97). In einem anderen Experiment
fanden Stahlberg/Sczesny (2001), dass die Interpretation der Benennungsformen auch von den realen Gegebenheiten, d.h. der Präsenz von Frauen mitbestimmt wird. Außerdem konnten Stahlberg/
Sczesny (2001) in einem weiteren Experiment zeigen, dass neben der
Sprachform (generische Form, Beidnennung, Binnen-I) auch die
Einstellung zu einer geschlechtergerechten Sprache die Interpretation der sprachlichen Ausdrücke beeinflusst. In diesem Experiment
wurden wiederum studentischen Versuchspersonen Gesichter pro-
minenter Persönlichkeiten (z.B. Boris Becker) gezeigt und sie sollten
möglichst schnell entscheiden, welcher der vorgegebenen Kategorien
(z.B. Politiker, Sportler) das Gesicht entspricht. Die Kategorienvor-
gaben waren im generischen Maskulinum, in Beidbenennung oder
in Benennung mit dem großen I gehalten. Die Reaktionszeiten der
Antworten wurden gemessen und die Einstellung der Probanden zu
geschlechtergerechter Sprache wurde mit Hilfe eines Fragebogens
ermittelt. Die Studie kommt zu dem Ergebnis, dass die Reaktionszeiten in Abhängigkeit vom Geschlecht des dargebotenen Gesichts, der
Sprachversion und der Einstellung zu geschlechtergerechter Sprache
variierten.

»In der Bedingung ›Generisches Maskulinum‹ wurde auf weibliche Stimuluspersonen langsamer reagiert als auf männliche Stimuluspersonen [...]; in
der Bedingung ›Großes I‹ zeigte sich in umgekehrter Weise, dass auf männliche Stimuluspersonen langsamer reagiert wurde als auf weibliche Stimuluspersonen. Keine derartigen Unterschiede fanden sich [...] in der Bedingung
›Beidnennung‹« (Stahlberg/Sczesny 2001, S. 137.).

Dieser Befund wurde nur für Personen mit positiver Einstellung zu
einer geschlechtergerechten Sprache ermittelt: »[...] Personen mit
einer negativen Einstellung zu geschlechtergerechter Sprache [unter-
schieden sich] in keiner der Sprachversionen in ihren Reaktionszeiten auf weibliche und männliche Stimuluspersonen« (Stahlberg/
Sczesny 2001, S. 137).

Dass Personen mit einer positiven Einstellung zu geschlechtergerechter Sprache Erwartungen haben, die von der Sprachvorgabe ausgelöst werden, deutet darauf hin, dass es nicht die Sprachformen per
se, sondern die mit ihnen verbundenen Erwartungen sind, die die
Reaktionszeiten beeinflussen. Dass die Personen mit einer negativen
Einstellung zu geschlechtergerechter Sprache keine Verarbeitungsun-
terschiede in Abhängigkeit von den Sprachvorgaben zeigen, verweist
in die gleiche Richtung.

Außer den Studien, die die Bedingungen der Interpretation generischer Maskulina empirisch untersuchten, wurde auch analysiert, welche **Konnotationen** mit den Genera verbunden sind. Die Studien von Toshi Konishi (1993; 1994) zeigten, dass Wörter mit maskulinem Genus, die generischen Maskulina eingeschlossen, von deutschen und spanischen Probanden als signifikant potenter (auf einer Skala stark-schwach) eingeschätzt wurden. Dies mag ein Hinweis darauf sein, dass grammatisches Geschlecht auch von erwachsenen Probanden in der Bewertung nicht vom natürlichen Geschlecht unterschieden wird und dass dies nicht nur bei generischen maskulinen Personenbezeichnungen der Fall ist. Ob dieser experimentell und mit einer spezifischen Methode erhobene Befund jedoch generalisierbar ist, ist fraglich.

Insgesamt deuten die Studien zum generischen Maskulinum in ihren Ergebnissen daraufhin, dass das generische Maskulinum als männlich gedeutet wird, vermutlich weil dies in vielen Kontexten der wahrscheinlichere Fall ist. Ob dies ein Effekt der Sprache, der lebensweltlichen Erfahrung und Gegebenheiten oder ein Effekt eines generellen Stereotyps ist, kann derzeit nicht klar entschieden werden. Da die Studien zum generischen Maskulinum fast ausschließlich mit studentischen Probanden durchgeführt wurden, kann nicht sicher behauptet werden, dass sie auf andere Gruppen generalisierbar sind. Die Studie von Stahlberg und Sczesny weist daraufhin, dass die Spracheinstellung offenbar einen Einfluss auf die Verarbeitung von generischen Maskulina hat und sie deuten dies als einen Hinweis darauf, dass

»[...] Änderungen in der gesellschaftlichen Einstellung zum Gebrauch geschlechtergerechter Sprache bzw. ausschließlich generisch maskuliner Formen zu unterschiedlichen Interpretationen des generischen Maskulinums führen können. Je selbstverständlicher und gesellschaftlich akzeptierter der Gebrauch alternativer sprachlicher Formen wie Beidnennung oder das »Große I« wird, desto seltener sollten generisch maskuline Formen im Sinne eines spezifischen Maskulinums interpretiert werden« (Stahlberg/Sczesny 2001, S. 138).

Nach Stahlberg/Sczesny kann demnach das generische Maskulinum durchaus geschlechtsneutral interpretiert werden, allerdings nur dann, wenn in Sexus-spezifischen Kontexten entsprechende Sexus-spezifische Formen verwendet werden.

Nach dem bisherigen Stand der empirischen Forschung kann festgehalten werden, dass generisch maskuline Formen zwar grammatisch geschlechtsneutral sind, dass sie es aber in einem psychologischen Sinne derzeit meist nicht sind.

2.2.4 Pragmatik

Die überwiegende Anzahl empirischer Studien zu Sprache und Geschlecht bezieht sich auf pragmatische Fragestellungen. In ihnen wurde die Verwendung von Sprechakttypen (2.2.4.1), die Merkmale der interpersonellen Kommunikation (2.2.4.2), die Eigenschaften von Diskursen (2.2.4.3) sowie die Sprache in Institutionen und Medien (2.2.5) auf Geschlechterdifferenzen hin untersucht.

2.2.4.1 Sprechakttypen

Lakoff (1975) postulierte und Swacker (1975), Lapadat/Seesahai (1978), Mulac (1998) und Kendall (2004) beobachteten an empirischem Material, dass Frauen die indirekteren, höflicheren und maskierten Sprechaktvarianten, wie z.B. Fragen anstelle von direkten Befehlen, präferieren. Weitere empirische Überprüfungen dieser These Lakoffs zeigten, dass vor allem der Zweck und die Intention der Äußerung und erst in zweiter Linie, wenn überhaupt, das Geschlecht die Wahl direkter gegenüber indirekten Sprechakten bestimmt (Ervin-Tripp 1977; Johnson 1980; Brownlow et al. 2003). Hinzu kommt, dass das Geschlecht nur im Zusammenspiel mit anderen Variablen einen Effekt aufweist. So zeigten Ursula Athenstaedt et al., dass direktive Sprechakte von Männern vor allem in Gesprächen mit Männern häufiger gebraucht werden (Athenstaedt et al. 2004, S. 44; Mulac et al. 1988).

Auch der **Status** spielt eine wichtige Rolle, wie die Studie von Lynda Sagrestano (1992) zeigte. In dieser Untersuchung sollten Studierende sich eine Interaktion mit einem Freund vorstellen, in der sie den Freund zu beeinflussen versuchen. Die Analyse erbrachte, dass die weiblichen wie die männlichen Studierenden ähnliche Überredungstaktiken verwendeten, dass aber die Studierenden mit dem höheren Status des Experten direkte Überredungsstrategien, die Studierenden in der Rolle des Nicht-Experten indirekte Strategien verwendeten. Holmes (1989) fand in ihrem Datenmaterial, dass Männer anders als Frauen, die insgesamt häufiger Entschuldigungen produzierten, gegenüber statushohen Personen eher Entschuldigungen als gegenüber statusniedrigeren oder gleichgestellten gebrauchten.

Studien, die die **Höflichkeit** und Indirektheit der Rede in anderen als westlichen Kulturen untersuchten, kamen zu dem Ergebnis, dass Höflichkeit kein universeller Zug der Rede von Frauen ist (Keenan 1991) und nicht immer die Inferiorität des sozialen Status signalisiert (Brown 1991). Auch Janice Steil und Jennifer Hillman (1993) stellten in ihrer sprachvergleichenden Studie fest, dass eher Status bzw. Macht Formen der höflichen Rede beeinflussen als das

Geschlecht. Aus diesen Befunden zieht Joel Sherzer die Schlussfolgerung:

»To view women's situations as universally inferior, especially in terms of simple dichotomies such as nature/culture, domestic/public, or polite/direct, is to impose our own society's view, in a weird kind of ethnocentrism, on the world at large« (Sherzer 1987, S. 116).

> Festzuhalten ist, dass Höflichkeit kein universelles Merkmal der Rede von Frauen ist und sie nicht immer eine untergeordnete Stellung signalisiert.

2.2.4.2 Interpersonelle Kommunikation

Geschlechterdifferenzen in der interpersonellen Kommunikation wurden vor allem bezüglich der Redemenge (2.2.4.2.1), des Unterbrechungsverhaltens (2.2.4.2.2), der Gesprächsarbeit (2.2.4.2.3) und der kommunikativen Orientierungen (2.2.4.2.4) untersucht. Die Grundannahme der entsprechenden empirischen Studien ist, dass sich gesellschaftliche Macht- und Dominanzverhältnisse in der alltäglichen Interaktion und Konversation spiegeln:

»Power and dominance constitute significant aspects of many recurring interactions such as those between whites and blacks, adults and children, and [...] men and women. It should not be surprising, then, that the distribution of power in the occupational structure, the family division of labor, and other institutional contexts where life chances are determined, has its parallel in the dynamics of everyday interaction. The preliminary findings of the research reported here indicate that there are definite and patterned ways in which the power and dominance enjoyed by men in other contexts are exercised in their conversational interaction with women« (Zimmerman/ West 1975, S. 105).

2.2.4.2.1 Redemenge

Ein häufig untersuchter Indikator für Geschlechterdifferenzen im Gespräch ist die Redemenge. Dieser Indikator ist im Kontext des Konversationsmodells von Sacks et al. (1974) zu sehen. Das Modell von Sacks et al. geht von dem Prinzip des »one speaker at a time« aus, das im Gespräch als das *turn-taking*-System realisiert wird. Die **Regeln des *turn-taking*** besagen, dass ein Gesprächspartner so lange das Rederecht beanspruchen kann, bis ein nächster sich selbst als Redender anmeldet oder dieser, dazu aufgefordert, die Aufforderung nicht annimmt. Dabei wird an jeder übergaberelevanten Stelle verhandelt, ob der *turn* abgegeben wird oder der Redende fortfahren kann. Nach diesem Modell wird davon ausgegangen, dass die Dauer, mit der einer/ eine das Rederecht beansprucht, ein kooperatives Produkt ist.

Diese Sicht wurde und wird in der geschlechtsbezogenen Gesprächsforschung angezweifelt. Dale Spender z.b. geht davon aus, dass Männer die Sprache kontrollieren und die Normen ihres Gebrauchs bestimmen. Daher wird angenommen, dass Männer länger das Rederecht durchsetzen und somit auch längere Redezeiten erzielen. Um diese Annahme zu überprüfen, wurde eine Vielzahl empirischer Studien unternommen, deren Ergebnisse Deborah James und Janice Drakich (1993) zusammenfassend berichten und einer kritischen Analyse unterzogen. In den von James/Drakich analysierten 63 Studien zur Verteilung der Redemenge in gemischtgeschlechtlichen Gesprächen wird die Redemenge gemessen als Anzahl der Wörter oder als Redezeit (in Sekunden). Die Analyse der Studien scheint die These der männlichen Dominanz zu bestätigen, denn mehr als die Hälfte der Studien fand, dass Männer insgesamt oder in bestimmten Situationen mehr reden als Frauen. Knapp 30% der Studien stellten keinerlei Unterschiede fest. Nur gut 4% kamen zu dem Ergebnis, dass Frauen insgesamt mehr reden.

Diese Studien haben **Gespräche unterschiedlichen Typs** untersucht. Einen wesentlichen Typusunterschied sehen James/Drakich darin, ob ein Gespräch unter formellen bzw. institutionellen Bedingungen und aufgabenorientiert geführt wird, ob es in einem privaten, informellen Rahmen mit Aufgabenorientierung oder ob es in informellem, privatem Rahmen und ohne ein spezielle Aufgabenstellung stattfindet. Aufgabenorientiertheit und Institutionalität sind – so James/Drakich – Faktoren, die den Gesprächspartnern grundsätzlich unterschiedliche Gesprächsmöglichkeiten eröffnen. Bei formalen, aufgabenorientierten Gesprächen geht es wesentlich darum, dass die Gesprächspartner ein instrumentelles Ziel erreichen, also z.B. gemeinsam ein Problem lösen oder eine gemeinsame Entscheidung treffen. Diese Zielbezogenheit ist in informellen, nicht aufgabenbezogenen Situationen nicht gegeben.

Die Typenunterscheidung von Gesprächen ist insofern wichtig, als in den verschiedenen Gesprächstypen ganz unterschiedliche Erwartungen und Haltungen zum Gesprächspartner und zu sich selbst wirksam sind. In aufgabenorientierten, formellen Situationen spielt intellektuelle Kompetenz eine entscheidende Rolle, die maßgeblich an Status gebunden ist. Wer höheren Status hat, wird als kompetenter eingeschätzt, ob er es nun faktisch ist oder nicht. Da Männern in der Regel ein höherer Status zugeschrieben wird, wird ihnen dank der damit verbundenen Kompetenzerwartung in diesen formellen, aufgabenorientierten Gesprächen mehr Raum und damit mehr Redezeit gelassen. Die Annahme, dass Männer insbesondere bei aufgabenbezogenen Gesprächen längere Redezeit beanspruchen, fanden James/Drakich bei einer erneuten Analyse der 63 Studien zu Redezeit bestätigt: 67% der Studien, die die Redemenge in formellem, aufgabenbezogenem Kontext untersuchten, stellten eine größere Redemenge der Männer fest. Auch in aufgabenorientierten informellen Kontexten produzierten Männer die größere Redemenge. In informellen, nicht-aufgabenorientierten Situationen wurde demgegenüber nur noch von 37,5% der Studien eine größere Redemenge der Männer ermittelt.

Neben dem Gesprächstyp hängt die Redezeit auch von der **Geschlechtszusammensetzung der Gruppe** ab. So fanden Athenstaedt et al. (2004) in ihrer Studie, dass Frauen im Gespräch mit Männern länger sprachen; der Vergleich des Gesprächs nur unter Frauen mit Gesprächen allein unter Männern erbrachte dagegen, dass Männer mehr redeten. Die Redemenge scheint außerdem auch von der Beziehung der Probanden zueinander bestimmt zu werden, wie die Studie von Gisela Redeker und Anny Maes (1996) zu formellen und informellen Gesprächen zwischen einander gut bekannten älteren Personen mit vergleichbarem sozialen Status und Erfahrung zeigte. Redeker und Maes fanden, dass Frauen in informellen wie aufgabenbezogenen gleichgeschlechtlichen Gesprächen nur mit Frauen und in aufgabenbezogenen Gesprächen mit Männern längere Redezeit beanspruchten. In der informellen Gesprächskonstellation unterschieden sich die Geschlechter nicht. Außerdem ermittelten Hannah und Murachver in ihrer Studie, dass die Redezeit auch von einem unterstützenden Sprechstil beeinflusst wird (Hannah/Murachver 1999, S. 168).

Hinzu kommt, dass nicht allein das Geschlecht, sondern der **soziale Status** der Gesprächspartner die Redemenge mitbestimmt. So konnten Barbara und R. Gene Eakins (1983) aufweisen, dass die Gesprächsaktivität der männlichen Mitglieder einer gemischtgeschlechtlichen Gruppe im Rahmen eines Fakultätstreffens vom Status (gemäß Rangposition und Dauer der Tätigkeit in der Fakultät) bestimmt wurde. Fred Strodtbeck zeigte bereits 1951, dass Status eine relevante Bestimmungsgröße für Redemenge ist. Er untersuchte Gespräche zwischen Ehepaaren in drei verschiedenen Kulturen, nämlich der matriarchalisch strukturierten Kultur der Navaho-Indianer, der patriarchalisch bestimmten Kultur der Mormonen und der eher egalitär verfassten Kultur der texanischen Bauern. Er stellte fest, dass die Frauen der Navaho-Indianer mehr, die der Mormonen weniger und die der Texaner gleich viel redeten wie die Ehemänner (vgl. Aries 1996, S. 49). Helena Leet-Pellegrini (1980) ermittelte in ihrer Studie, dass Frauen und Männer, wenn sie den Expertenstatus einnehmen,

mehr reden als die männlichen und weiblichen Nicht-Experten, außer
wenn eine weibliche Expertin mit einem männlichen Nicht-Experten sprach. Cornelia Hummel (1984; zit. in Frank 1992) fand, dass
der Expertenstatus einer Frau nicht verhindert, dass der statusnied-
rigere Mann mehr und länger redet – hierbei handelte es sich allerdings um eine Fernsehdiskussion, die von einem männlichen Mode-
rator geleitet wurde.

Auch das **Gesprächsthema** hat einen Einfluss auf die Redezeit,
wie die Studie von Daniela Heidmann, Birgit Langekamp und Christine Lehr (1985, zit. in Frank 1992, S. 27) zeigte. Die Autorinnen
stellen fest,

»[...] daß in derselben Gesprächsgruppe die Verteilung der Redezeit mit dem
Thema variiert. Bei einem i.S. der Geschlechtsstereotypen »neutralen« Thema
(»Was macht ihr mit einem Grundstück am Stadtrand und unermeßlich viel
Geld?«) finden sie ein leichtes männliches Übergewicht, bei einem »weiblichen«
Thema (»Würdest Du mit Deiner Beziehung zusammenziehen?«) ergibt sich
eine symmetrische Verteilung und bei einem »männlichen« Thema (»Compu-
ter«) ein krasses männliches Übergewicht« (Frank 1992, S. 27).

Zum gleichen Ergebnis kamen Dovidio et al. (1988a). Schmid Mast,
die in ihrer Studie keine Unterschiede in der Redezeit von Männern
und Frauen in gleich- wie in gemischtgeschlechtlichen Gruppendis-
kussionen fand, vermutet, dass dies auf das in ihrer Studie vorgegebene Thema der Diskussion (Kindererziehung) zurückzuführen ist, was
Frauen zu mehr Gesprächsaktivität motiviert haben könnte (Schmid
Mast 2000, S. 90f.). Allerdings gibt es auch Untersuchungen, die
diese Art der Themenabhängigkeit nicht feststellten.

Ein weiterer Faktor, der Einfluss zu nehmen scheint, ist die **Gruppengröße.** In der Tendenz scheinen Männer insbesondere in größeren Gruppen häufiger mehr Redezeit zu beanspruchen.

Neben dem Status und der Art des Gesprächsthemas erwiesen
sich auch **Persönlichkeitsmerkmale** wie Dominanz, Art und Länge
der Beziehung zum Partner der Konversation sowie die Geschlechterzusammensetzung in Gesprächen als Faktoren, die die Redemenge
mitbestimmen. Einige dieser Faktoren scheinen zu interagieren. So
zeigte sich, dass das Persönlichkeitsmerkmal der Dominanz bei Frauen
im Gespräch mit ihnen unbekannten Männern weniger wirksam ist
als das bei Männern der Fall ist und dass Frauen in Gesprächen mit
anderen Frauen mehr reden als im Gespräch mit Männern. Was die
Dauer der Interaktion anlangt, erbrachte die Studie von Schmid Mast
(2001), dass einander unbekannte Männer in gleichgeschlechtlichen
Gruppen bei der Diskussion eines vorgegebenen Themas (wie soll
man Kinder heutzutage erziehen) sehr schnell Dominanzhierarchien

aufbauen, was sich in unterschiedlicher Beanspruchung von Redezeit zeigt; Frauen benötigen dazu mehr Zeit, sie entwickeln aber die gleiche, Dominanzhierarchien anzeigende Verteilung von Redezeit wie die Männer; die Ungleichverteilung von Redezeit blieb in der Männer- wie in der Frauengruppe während der ersten Diskussion und der nach einer Woche aufgezeichneten zweiten Diskussion stabil.

Wie Itakura zeigen konnte, ist die Redezeit kein zuverlässiges Maß für Gesprächsdominanz, denn die Redemenge muss nicht notwendig zu einer stärkeren **Gesprächskontrolle** im Sinne einer Themenkontrolle führen (Itakura 2001, S. 1873f.), ein kurzer, aber strategisch bedeutsamer Beitrag kann ein Gespräch wirksam kontrollieren. Empirische Überprüfungen des Zusammenhangs von Redezeit und Gesprächskontrolle kamen dementsprechend zu widersprüchlichen Ergebnissen: Duff (1986, zit. in Itakura 2001) fand, dass längere Redezeit mit stärkerer Gesprächskontrolle korrelierte, Gass/Varonis (1986, zit. in Itakura 2001) ermittelten dagegen, dass längere Redezeit mit geringer Gesprächskontrolle einhergeht. Schmid Mast (2000) geht davon aus, dass Redezeit ein zuverlässiger Indikator für Dominanz ist, Itakura (2001) vertritt demgegenüber die Auffassung, dass Themenkontrolle ein aussagekräftigeres Maß ist.

> Insgesamt bestätigen die empirischen Befunde zu Redezeit die These einer ubiquitären männlichen Gesprächsdominanz nicht. Die Redezeit ist kein eindeutiges Maß für Gesprächsdominanz und sie ist nicht allein vom Geschlecht sondern von einer Vielzahl weiterer Faktoren abhängig.

2.2.4.2.2 Unterbrechungen

Unterbrechungen wurden sehr häufig untersucht und zwar unter der Annahme, dass

»[...] interruptions provide a behavioral measure of dominance in everyday social experience because they involve a violation of the current speaker's right to speak, are used to usurp that person's turn, and are used to control the topic of conversation« (Aries 1996, S. 79).

Unterbrechungen sind Ausdruck von Unaufmerksamkeit oder mangelndem Respekt gegenüber den Verpflichtungen, die das *turn-taking*-System den Dialogpartnern auferlegt. Die wesentliche Obligation ist dabei, dass die Redebeiträge abwechselnd und nacheinander erfolgen. Das erfordert, dass beide Partner auf die Signale des anderen aufmerksam sein müssen; insbesondere müssen sie in dem Beitrag des gerade

Redenden die sog. übergaberelevante Stelle erkennen und sich daran halten, dass erst ab einer derartigen Stelle die Möglichkeit besteht, das Rederecht für sich zu reklamieren bzw. das Rederecht abzugeben.

In der Regel erfolgen die Redebeiträge »with little or no gap and little or no overlap« (Sacks et al. 1974, S. 700). Es kann jedoch zuweilen zu Überlappungen kommen, wenn der nächste Sprecher zu Beginn der übergaberelevanten Stelle den Schluss des Beitrages antizipiert, nicht aber mehr mit z.B. einer drangehängten *tag question* rechnet. **Überlappungen** sind demnach kleine Irrtümer, kurze zeitliche Fehlsynchronisationen, sie stellen keine Verletzung des *turn-taking*-Systems dar (Zimmerman/West 1975, S. 115). Davon unterschieden werden die **Unterbrechungen**. Sie werden betrachtet als »[...] penetrating the boundaries of a unit-type *prior* to the last lexical constituent that could define a possible terminal boundary of a unit-type« (Zimmerman/West 1975, S. 115). Unterbrechungen sind keine Irrtümer, sondern Verletzungen des *turn-taking*-Systems.

Die erste Studie, die Unterbrechungen und Überlappungen in Gesprächen auf Geschlechterdifferenzen hin untersucht hat, ist die Studie von Zimmerman und West aus dem Jahr 1975. Datenmaterial der Studie waren 10 Gespräche unter 2 Frauen, 10 unter 2 Männern und 11 unter einem Mann und einer Frau; die Gesprächspartner waren einander meist gut bekannt; die Daten wurden erhoben in Kaffees, *drug stores* und ähnlichen Plätzen. Die Datenerhebung erfolgte ohne das Wissen der Gesprächsteilnehmer. Die Probanden waren Studenten/innen der weißen amerikanischen Mittelschicht. Die Gesprächsthemen waren sehr unterschiedlich.

Die Analyse der Häufigkeit der Überlappungen und Unterbrechungen in dem Datenmaterial führte zu folgendem Ergebnis: Bei den gleichgeschlechtlichen Gesprächen wurden nur 7 Unterbrechungen und 22 Überlappungen festgestellt, die zudem noch auf einige wenige Dyaden zurückgeführt werden konnten, von Zimmerman/West daher als zufällige und nicht systematische Ereignisse bewertet wurden. Bei den gemischtgeschlechtlichen Dyaden stellten Zimmerman/West eine gänzlich andere Verteilung fest: Es gab insgesamt 48 Unterbrechungen und nur 9 Überlappungen. Die Überlappungen wurden sämtlich von den Männern produziert; auch die Unterbrechungen gingen mit 98% auf das Konto der Männer. Zimmerman/West kommen zu folgendem Schluss:

»The incidence of interruptions, which are violations of a speaker's right to complete a turn, and of overlaps, which we have viewed as errors indigenous to the speaker transition process, are much higher and more uniformly distributed across the male-female segments than proves to be the case for the same-sex transcripts« (Zimmerman/West 1975, S. 117).

Diese erste Anwendung des *turn-taking*-Modells auf das Thema des geschlechtsverbundenen Gesprächsverhaltens weist zahlreiche methodische Schwächen auf, die in der Folgestudie von West/Zimmerman (1983) nur teilweise behoben wurden. Anders als in der ersten Studie waren die Probanden bezüglich des Alters und des Bekanntheitsgrades miteinander vergleichbar, die Datenaufnahmen fanden an demselben Ort (einem Labor) statt und die Kategorie ›Unterbrechung‹ war genauer bestimmt. Als **schwerwiegende Unterbrechungen** gelten solche Simultanäußerungen, die mehr als zwei Silben vor dem Ende oder dem Anfang eines *unit-types* produziert wurden. Simultanäußerungen, die innerhalb der zweitletzten Silbe vor dem Ende des *unit-types* erzeugt werden, gelten als **harmlose Unterbrechungen**. Simultanäußerungen innerhalb der letzten Silbe des *unit -types* werden als *overlaps* bestimmt. Dies gilt für den Anfang wie für das Ende von *unit-types*.

Auch in dieser Studie kamen West und Zimmerman zu dem Ergebnis, dass die männlichen Probanden deutlich mehr Unterbrechungen als die weiblichen produzierten. Der Anteil bei den Männern lag bei 75%, der der Frauen bei 25%. Insgesamt wurden 28 Unterbrechungen beobachtet. West/Zimmerman schreiben dazu: »While the number of events is small, the consistency of the pattern is remarkable« (West/Zimmerman 1983, S. 107).

Die Studien von Zimmerman und West wurden sehr kritisch rezipiert. Dabei wurden einige Grundannahmen in Frage gestellt. So wurde problematisiert, ob denn jede Unterbrechung als Verletzung des Rederechts zu werten sei. Schon 1975 stellte nämlich Kalcik bei Beobachtung einer Frauengruppe fest, dass diese häufig Unterbrechungen produzierten, dass diese Unterbrechungen aber kollaborativ und unterstützend waren. Edelsky (1981) fand bei ihrer Analyse von Gesprächen im Rahmen einer Fakultätsversammlung, dass es dort einen eher formellen und einen eher informellen Part gab und dass hierbei andere Regeln der Gesprächsorganisation galten. Im formellen Teil galt das Prinzip des »one speaker at a time«, im informellen Teil herrschte eine Art kollaborative Rederechtsorganisation vor, in der häufige Simultanäußerungen normal waren. Hier ging es nicht darum, eine bestimmte Aufgabe zu lösen, sondern es bestand eine Situation, in der die Gesprächsteilnehmer/innen zusammen eine Idee entwickelten, einen Witz gemeinsam teilten oder eine gemeinsame Antwort auf eine Frage suchten. Eine ähnliche Beobachtung machten Coates (1989, zit. in James/Clarke 1993, S. 239; Coates 1996) vor allem für Gespräche unter Frauen. In der Studie von Redeker/ Maes (1996) unterschieden sich Männer und Frauen von gleichem Status, gleichem Alter und gleicher sozialer Erfahrung in ihrem Unterbrechungsverhalten nicht, das galt nicht nur für informelle, sondern auch aufgabenorientierte Gespräche.

Auch Tannen (1989) hebt die **kooperative Natur der Simultanrede** hervor. Simultanrede kann signalisieren, dass die Gesprächspartner begeistert und involviert an der Konversation teilnehmen. Diese Art des Sprechens ist – so Tannen – eher an dem sog. *positive face* ausgerichtet, d.h. darauf orientiert, dass die Gesprächspartner einander mögen und involviert sind, dass sie einander bestätigen. Tannen beobachtete, dass der auf das *positive face* ausgerichtete Sprechstil für bestimmte Kulturen und Subkulturen charakteristisch ist, so z.B. für die jüdische New Yorker Kultur. Das Prinzip »one speaker at a time« scheint demnach nicht immer und in jeder Kultur gültig zu sein. Daher können Unterbrechungen nicht per se als Verletzungen des Rederechts verstanden werden.

Für Stephen Murray stellen »completion rights«, die bei Zimmerman/West unterstellt werden, keine absolute Größe dar (Murray 1985), vielmehr sind sie auf dem Hintergrund einer Art intuitiver konversationeller Gerechtigkeit zu sehen, denn:

»[...] members judge the intention both of the person already speaking and of the one who begins to speak while the other continues, along with the content of what both say and a folk weighing of distributive justice, which includes how long someone has been talking and whether anyone else has some particular claim to reply or comment« (Murray 1985, S. 32).

Gegen Zimmerman/West wendet Murray kritisch ein: »To understand either how smooth conversation is done or what sometimes goes wrong requires a fuller analysis of context than counting syllables of simultanoeus speech« (Murray 1985, S. 38).

Dass eine differenzierte Betrachtung möglicher **Funktionen von Unterbrechungen und Überlappungen** von entscheidender Bedeutung ist, zeigte die Studie von Makri-Tsilipakou (1994; zu weiteren Studien vgl. Aries 1996, S. 84ff.), in der Überlappungen, leichte und schwerwiegende Unterbrechungen zusätzlich daraufhin beurteilt werden, ob sie affiliativ (zustimmend, unterstützend) oder disaffiliativ (nicht-zustimmend) sind.

Die mit dieser Kategorisierung untersuchten Gespräche von Männern und Frauen in unterschiedlich großer Gruppenzusammensetzung zeigten, dass Frauen gegenüber Frauen überwiegend affiliative Unterbrechungen, gegenüber Männern dagegen mehr disaffiliative Unterbrechungen produzierten; Männer gebrauchten gegenüber Männern etwas mehr disaffiliative Unterbrechungen, gegenüber Frauen zeigten sie gleich häufig affiliative und disaffiliative Unterbrechungen. Diese Geschlechterdifferenz wurden jedoch nur dann ersichtlich, wenn die

Simultanäußerungen nach affiliativ und disaffiliativ unterschieden wurden, denn insgesamt gebrauchten Männer wie Frauen ungefähr gleich viele Überlappungen, leichte und schwere Unterbrechungen. Makri-Tsilipakou schließt aus diesen Befunden, dass Männer und Frauen zwar gleich häufig Simultanäußerungen zeigen, dass sie diese aber in einer unterschiedlichen Ausrichtung nutzen: Frauen verhalten sich mehr unterstützend und bestätigend und dies insbesondere in gleichgeschlechtlichen Konstellationen, Männer verhalten sich dagegen eher neutral (Makri-Tsilipakou 1994, S. 416).

Obwohl auch diese Studie eine Reihe von Mängeln aufweist (heterogene Gruppengröße, Orientierung an der formalen Unterbrechungsdefinition Zimmerman/West, Bericht nur von absoluten Häufigkeiten), zeigt sie recht klar, wie wichtig es ist, die konversationellen Funktionen von Simultanäußerungen näher in den Blick zu nehmen. Dies belegt auch eine Studie von Sally Malam (1996).

Die hier exemplarisch vorgestellten Studien zu Unterbrechungen und Überlappungen zeigen angesichts der Probleme der Operationalisierung von Dominanz vs. Kooperativität, dass Unterbrechungen ebenso wie die Redemenge nicht ohne eine differenzierte Analyse der konkreten Interaktionsgeschichte und -konstellation bestimmt werden können. Damit ist aber der einfachen Annahme, dass Unterbrechungen stets Ausdruck von Dominanz seien, methodisch der Boden entzogen. Ähnlich kritisch bewerten Deborah James und Sandra Clarke die Studien zu Unterbrechungsverhalten (James/Clarke 1993, S. 247). Die methodischen Inkonsistenzen sind ein Grund, warum empirische Studien zum Unterbrechungsverhalten keine klaren Ergebnisse erzielten, was auch die Metaanalyse von Kristin Anderson und Campbell Leaper bestätigt:

»Across studies, men were significantly more likely than women to interrupt. However, the combination of effect sizes revealed that the magnitude of the differences was negligible (d <.2) [...]« (Anderson/Leaper 1998, S. 237).

Wenn man dagegen nur die Studien betrachtet, die Unterbrechungen in ihrer Funktion als **intrusive Unterbrechungen** (z.B. erfolgreiche Unterbrechungen) bestimmten, lassen sich signifikante Unterschiede mittlerer Effektstärke feststellen (ebd.). Eine nähere Analyse dieser Studien, die intrusive Unterbrechungen ermittelten, zeigte, dass die Geschlechterdifferenzen von verschiedenen weiteren Parametern modifiziert wurden: Intrusive Unterbrechungen gebrauchten Männer häufiger in gleich- als in gemischtgeschlechtlichen Konstellationen (Anderson/Leaper 1998, S. 240; Mulac et al. 1988; Athenstaedt et al. 2004, S. 44); Unterbrechungen kamen häufiger in Gruppen als in Dyaden vor (Anderson/Leaper 1998, S. 242) und häufiger unter einander unbekannten als bekannten Gesprächspartnern (ebd.); häufiger unterbrochen wurde zudem in natürlichen gegenüber Laborsituationen (ebd.), in nicht aufgabenbezogenen, unstrukturierten Gesprächen (ebd., S. 243) und in längeren als kurzen Gesprächen (ebd.). Außerdem ist Unterbrechungsverhalten auch von Dominanz als Persönlichkeitsmerkmal zusammen mit anderen situativen Faktoren bestimmt, wie die Studien von Roger/Nesshoever (1987) und Rogers/Jones (zit. in James/Clark 1993, S. 244) aufwiesen.

Das Hauptproblem der empirischen Studien zum Unterbrechungsverhalten ist das Problem der **Operationalisierung von Dominanz** im Gespräch, wie die Metaanalyse von Anderson/Leaper (1998) deutlich machte. Dies zeigt sich an verschiedenen Stellen. So z.B. darin, dass in den Studien unterschiedliche Indikatoren für Unterbrechungsverhalten gewählt wurden; in einigen Studien wurden z.B. Minimalreaktionen als Unterbrechungen gezählt, in anderen wurden sie ausgeschlossen. Auch die Operationalisierung von intrusiven, d.h. vor allem erfolgreichen Unterbrechungen ist nicht überzeugend, denn eine erfolgreiche Unterbrechung kann in der Funktion durchaus affiliativ sein und sie muss nicht immer zur Kontrolle über die Themenentwicklung beitragen (Itakura 2001, S. 1876).

Ein weiteres Problem ist, dass die Studien häufig in einem anderen setting (Labor- vs- natürliches setting), mit oder ohne Aufgabenorientierung, in dyadischer oder in Gruppenkonstellation, in einem formellen oder informellen Kontext durchgeführt wurden, mal waren die Gesprächspartner einander bekannt, mal lernten sie sich erst im Kontext der Datenaufnahme kennen. All diese Parameter beeinflussen das Unterbrechungsverhalten und interagieren mit dem Faktor ›Geschlecht‹ (vgl. Aries 1996; Anderson/Leaper 1998; Carli/Bukatko 2000).

Auch die **Dauer der Interaktion** hat einen deutlichen Einfluss auf das Gesprächsverhalten. Die Dauer des Gesprächs bestimmt mit, wie lange einer reden kann und Natale et al. (1979) konnten zeigen, dass vor allem die Sprechzeit eines Partners und nicht sein Geschlecht die Menge der Unterbrechungen in einem Gespräch beeinflusst (Aries 1996, S. 87; Schmid Mast 2000, S. 91). Die meisten Studien zu Unterbrechungen beziehen sich auf recht kurze, meist nur 5-10 Minuten lange Konversationen. In derart kurzen Interaktionen kommen nur relativ wenige Unterbrechungen vor »[...] and a single individual can easily skew the results« (Aries 1996, S. 87), wie ja an der Studien von Zimmerman/West (1975) deutlich und in der Metaanalyse von Anderson/Leaper bestätigt wurde. Meist wird kein systematischer Vergleich gleich- und gemischtgeschlechtlicher Gesprächkonstellationen vorgenommen, obwohl sich dieser Faktor auf das Unterbrechungsverhalten

auswirkt. Sehr selten werden die Faktoren Alter und Expertenstatus
mit kontrolliert, die ebenfalls das Unterbrechungsverhalten beeinflussen (Hoffmann/Ahrens 1991; Eakins/Eakins 1983).

Auch in ihren **Auswertungsmethoden** sind die Studien heteroge-
gen. Zahlreiche Studien berichten nur absolute Häufigkeiten; so bieten z.B. nur 9 der von James/Clarke (1993) untersuchten Studien auf
die Redezeit relativierte Häufigkeiten (und in diesen Studien fanden
sich keine Unterschiede). In manchen Studien werden nur Häufigkeiten aufgeführt, ohne diese einem Signifikanztest zu unterziehen.
Selten genug wird nicht nur das Geschlecht des Unterbrechenden,
sondern auch des Unterbrochenen mitberücksichtigt. Außerdem wird
meist nicht kontrolliert, ob das Unterbrechungsverhalten auch auf
eine wechselseitige Beeinflussung des Unterbrechungsverhaltens der
Gesprächspartner zurückzuführen ist. Dindia, die in ihrer Studie die
Interdependenz des Unterbrechungsverhaltens kontrollierte, fand, dass
»[...] men did not interrupt more than women and women did not
get interrupted more than men [...] women did not have less assertive
behaviors interrupted, nor did they engage in less assertive types of
interruptions, nor did they respond to interruptions less assertively«
(Dindia 1987, S. 365). Demnach können die empirischen Befunde
nur mit Vorbehalt interpretiert werden.

Insgesamt deuten die empirischen Befunde darauf hin, dass
Simultanäußerungen kein Indikator für Dominanz in Gesprächen sind; schon deshalb kann nicht von einem durchgängigen
Dominanzverhalten von Männern ausgegangen werden. Die
Auffassung, dass Männer mehr unterbrechen als Frauen und
dass sie häufiger Frauen als Männer unterbrechen, wurde vor
allem aus Studien gewonnen, die »[...] task groups of strangers
in the laboratory, a setting in which gender is salient and sex
roles pressures are operative« (Aries 1996, S. 100) untersuchten. Das haben Anderson/Leaper in ihrer Metaanalyse bestätigt. Aus dieser Metaanalyse geht auch hervor, dass häufiger
Geschlechterdifferenzen in Publikationen berichtet werden, die
von einer Autorin verfasst wurden und dass in den jüngeren
Studien geringere Geschlechterdifferenzen als in älteren Studien
gefunden wurden (Anderson/Leaper 1998, S. 240). Außerdem
ist festzuhalten, dass Simultanäußerungen und somit Unterbrechungen insgesamt selten vorkommen; Itakura vermutet daher
»[...] that their contribution to conversational dominance may
in any case be minimal« (Itakura 2001, S. 1876).

2.2.4.2.3 Gesprächsarbeit

Ein Gespräch zu führen, verlangt nicht nur, dass es in organisierter Weise eröffnet und beendet wird, sondern dass es auch bezüglich der zeitlichen und inhaltlichen Dimension in koordinierten Schritten erfolgt. Gespräche sind kollaborative Leistungen, in denen die Gesprächsteilnehmer in Sprecher- wie in Hörerrolle Konversationsarbeit leisten (vgl. West/Garcia 1988, S. 551). Dass Interaktion und Kommunikation Arbeit erfordern, hat Erving Goffman bereits 1955 formuliert. Die These, dass Konversationen Arbeit seien, wurde in der geschlechtsbezogenen Gesprächsforschung aufgenommen; sie wurde von Pamela Fishman mit der Hypothese verknüpft, dass die Arbeitsleistungen in Gesprächen unter den Geschlechtern asymmetrisch verteilt sind (vgl. Fishman 1984, S. 128).

Diese interaktionelle Arbeit, die nach Fishman von Frauen erwartet wird, wird ebenso wenig anerkannt, aber zugleich als naturnotwendig unterstellt wie die Haus- und Erziehungsarbeit von Frauen (ebd., S. 128f.).

Geschlechterdifferenzen in der Gesprächsarbeit wurden untersucht anhand von Minimalreaktionen, auch Hörerrückmeldungen oder *backchannels* genannt, und anhand von Arten der Themeneinführung, der Themenausgestaltung und der Themendurchsetzung.

Minimalreaktionen

Unter Minimalreaktionen sind solche kurzen Äußerungen wie *hmhm, ach, ja, so ist es* etc. zu verstehen, mit denen ein Hörender seine Aufmerksamkeit und sein Beteiligtsein am Gespräch signalisiert. Mit diesen Äußerungen wird nicht das Recht, den *turn* zu übernehmen, beansprucht, vielmehr sind sie »[...] positive feed-backs, typical of the careful listening of the speaker« (Degauquier/Pillon 1993, S. 42). Was genau als *backchannel* bewertet werden kann, wird teilweise kontrovers diskutiert (vgl. Frank 1992, S. 37). Keine Einigkeit besteht darüber, ob Zwischenbemerkungen, Worthilfen oder positive Kommentare ebenfalls als *backchannels* aufzufassen sind, wenn sie an einer übergaberelevanten Stelle platziert sind, da mit ihnen kein Rederechtsanspruch angemeldet wird. Ebenfalls ist nicht immer ersichtlich, ob als *backchannels* nur simultan geäußerte Minimalreaktionen bewertet werden (so bei Roger/Nesshoever 1987, S. 248) oder ob darunter sämtliche, auch die nicht-simultan geäußerten Hörerrückmeldungen verstanden werden. Häufig wird zwischen zeitverzögerten und zeitlich angemessen platzierten Minimalreaktionen nicht unterschieden. Einigkeit besteht jedoch darin, dass Minimalbestätigungen

»[...] das bestehende Rederecht und die Entwicklung des Themas [bestäti-
gen], wenn sie an einer möglichen Übernahmestelle oder vorher (simultan)
geäußert werden und nicht als Vorreiter für einen anschließenden Versuch
der Rederechtsübernahme dienen. Die Hörerin bzw. der Hörer signalisiert
mit der bestätigend plazierten Minimalbestätigung, daß sie aufmerksam
zuhört und im Moment keinen Anspruch auf Rederecht geltend macht [...]«
(Frank 1992, S. 37).

Dass Minimalreaktionen (aber auch kurze Fragen wie *really?*) eine unterstützende, auf das *positive face* ausgerichtete Funktion haben, zeigte
eine empirische Untersuchung von Howard Rosenfeld (1966, zit. in
Gräßel 1991, S. 60). In dieser Studie waren Probanden (in gleichgeschlechtlicher Konstellation) in einer Situation aufgefordert, alles zu
tun, um bei ihrem/r Gesprächspartner/in einen positiven Eindruck zu
machen, in einer zweiten Situation sollten sie alles daran setzen, ihrem
Gesprächspartner Desinteresse zu signalisieren. Rosenfeld stellte fest,
dass Minimalreaktionen von Frauen wie Männern in der Tat häufiger
in der Anerkennungssituation auftraten. Rosenfeld wies aber zugleich
auch auf, dass Frauen in beiden Situationen häufiger anerkennende
Minimalreaktionen gebrauchten, wobei sie in der Anerkennungssituation diese Minimalreaktionen am häufigsten produzierten. Diese
Tendenz, dass Frauen häufiger Minimalreaktionen gebrauchen, wurde
in den Studien von Allen Dittman (1972, zit. in Gräßel 1991, S. 60)
und Rutter/Stephenson (1977, zit. ebd.) und Edelsky/Adams (1990)
bestätigt. Die Studie von Catherine Degauquier und Agnesa Pillon,
die *backchannels* bestimmt als »minimal responses like *yes, umm, that's
it*« (Degauquier/Pillon 1993, S. 42), erbrachte keinerlei Unterschiede
zwischen den Geschlechtern, die in dyadischer Konstellation über ein
vorgegebenes Thema ein Gespräch führten.

Einige empirische Studien haben den Zusammenhang von
Geschlecht und anderen Variablen wie Status, Dominanz als Persönlichkeitsmerkmal und Gebrauchshäufigkeit von Minimalreaktionen
untersucht. Dabei stellte die dem Zusammenwirken von **Expertenstatus** und Geschlecht gewidmete Studie von Helena Leet-Pellegrini
(1980) fest, dass Expertinnen häufiger als die Experten Minimal-
unterstützungen insbesondere gegenüber einem männlichen Nicht-
Experten gaben. Nicht-Experten gaben ihrerseits mehr Minimalun-
terstützungen, es sei denn ihr Partner, der Experte, ist weiblichen
Geschlechts. Roger/Schumacher (1983) haben den Zusammenhang
von Minimalreaktionen und **Dominanz** als Persönlichkeitseigenschaft in gleichgeschlechtlichen Dyaden untersucht und festgestellt,
dass Frauen – ob nun dominant oder nicht dominant – stets mehr
Minimalreaktionen zeigten als die Männer. In einer Nachfolgestudie
nach ähnlichem Design, nun aber in gemischtgeschlechtlicher Kon-

stellation, kamen Roger/Nesshoever zu dem Ergebnis, dass auch hier Frauen signifikant mehr Minimalreaktionen gaben als Männer und zwar unabhängig von der Dominanz ihrer Persönlichkeit (Roger/Nesshoever 1987, S. 252). Peter Kollock (1985, zit. in Gräßel 1991, S. 61) stellte dagegen fest, dass bei gleichgeschlechtlichen, weiblichen Dyaden der jeweils weniger dominante Partner mehr Minimalreaktionen gab; bei männlichen Dyaden dagegen produzierte der dominantere Partner mehr *backchannels*.

Außer der Dominanz als Persönlichkeitseigenschaft scheint auch die **Gruppengröße** bzw. deren Zusammensetzung einen Einfluss auf den Gebrauch von Minimalreaktionen zu haben. So stellte Schildhauer (1987, zit. in Frank 1992, S. 38) in ihrer Analyse von sechs gegengeschlechtlichen Gesprächen fest, dass Frauen fast doppelt so häufig die Gesprächsbeiträge von Männern mit Minimalreaktionen unterstützten als Männer, dass Männer zudem häufiger verspätete Minimalreaktionen produzierten, was schon Zimmerman/West in ihrer ersten Studie von 1975 ermittelt hatten. Aber sie stellte auch fest, dass Männer, wenn sie zu zweit mit einer Frau sprachen, ihr mehr unterstützende *backchannels* gaben als dies Frauen, die zu zweit mit nur einem Mann redeten, taten. Zu einem ähnlichen Ergebnis kam Schmidt (1988). Carmelina Trimboli und Michael Walker (1984, zit. in Aries 1996, S. 123) konnten zeigen, dass der Gebrauch von Minimalreaktionen weniger vom Geschlecht als dem Gesprächstyp abhängt; in kooperativen Gesprächen kamen sie deutlich häufiger vor als in kompetitiven Gesprächen.

Insgesamt zeigen die Untersuchungsergebnisse: »[...] women are more often found to use back-channel responses than men, but gender interacts with other variables (Aries 1996, S. 125). Demnach ist Fishmans These, dass Frauen stets mehr Gesprächsarbeit leisten, in dieser Allgemeinheit nicht zu halten. Außerdem bleibt auch hier anzumerken, dass die verschiedenen Studien keine zuverlässige Beurteilungsgrundlage für einen geschlechtstypischen Gebrauch von Minimalreaktionen bieten, vor allem deshalb, weil häufig unter Minimalreaktionen Unterschiedliches subsumiert wird. Außerdem sind nur einige wenige Studien (z.B. Roger/Nesshoever 1987; Degauquier/Pillon 1993) methodisch einigermaßen sorgfältig angelegt.

Thematische Gesprächsarbeit

Die meisten Untersuchungen, die sich mit **Themeninitiierung, Themenaufrechterhaltung** bzw. **-bearbeitung, Themaverschiebung** und

Themenwechsel beschäftigen, beziehen sich auf einen eher inhaltlich definierten Begriff von »Thema«: »[...] much existing research on topical talk has relied heavily on common sense notions of what a topic is, for example, something conversations are ›about‹« (West/Garcia 1988, S. 552). Dieses auf intuitiven Interpretationen beruhende Verständnis von »Thema« charakterisiert die Analyse sowohl von Fishman (1984) wie die von Werner (1981) und die entsprechenden Nachfolgestudien (z.B. Schmidt 1988).

Fishman (1984) hat Privatunterhaltungen von drei miteinander lebenden Paaren (die sich als feministisch oder der Frauenbewegung gegenüber aufgeschlossen bezeichneten) in deren Privaträumen von den drei Dyaden selbst aufnehmen lassen. An diesem Material machte Fishman die Beobachtung, dass die Frauen deutlich häufiger neue Themen einführten als die Männer; 47 Themen wurden von Frauen, nur 29 Gesprächsthemen wurden von Männern eingeführt. Allerdings waren von den 47 von den Frauen eingeführten Themen nur 17 erfolgreich, Männer konnten dagegen 28 ihrer 29 Themen erfolgreich platzieren. Fishman führt diese Ungleichverteilung darauf zurück, dass Männer auf die Themen der Frauen überhaupt nicht oder nur mit Minimalreaktionen, die meist noch verzögert dargeboten wurden, antworteten. Frauen dagegen haben sich durch Fragen, *tag questions*, oder Eingangsbemerkungen wie »das ist ja wirklich interessant« darum bemüht, dass das von den Männern eingebrachte Thema weiterentwickelt wurde.

»Die Themen, die Männer initiierten, waren also erfolgreich, weil beide Parteien mitarbeiteten, um den anfänglichen Versuch in eine wirkliche Konversation umzuwandeln. Auf diese Weise kontrollierten die Männer die Definition des Paares von dem, was wirklich ist, was wichtig und unwichtig ist, welche Themen wert sind, diskutiert zu werden, und welche nicht« (Fishman 1984, S. 133).

Zu einem ähnlichen Ergebnis kommt Werner in seiner stark interpretativen Analyse einer Gruppendiskussion unter Studenten und Studentinnen und eines konfliktgeladenen Privatgespräches zwischen einer Frau und einem Mann. Für beide Gesprächstypen stellt Werner fest, dass Männer eher selbstbezogen agieren, sich nur insoweit an der Aufrechterhaltung des Gesprächs beteiligen, wie das Thema sie selbst betrifft; das Einführen von Themenvorschlägen, die Bestätigung von und das Eingehen auf Redebeiträge überlassen sie den Frauen.

Die Studie von Schmidt (1988), die Gespräche in vier studentischen Arbeitsgruppen unterschiedlicher Größe analysiert hat, kam zu dem Ergebnis, dass die Studentinnen deutlich mehr responsive Gesprächsbeiträge leisteten als die Studenten. Zu einem vergleich-

baren Ergebnis kam die Studie von Degauquier/Pillon (1993). Mit
einer anderen Operationalisierung von thematischer Bezugnahme
untersuchten Candace West und Angela Garcia (1988) Gespräche
unter Studierenden. Dabei sind für die Autorinnen solche Beiträge
»on topic«, in denen Gesprächspartner topikalisierende Praktiken
einsetzen und ihren Wunsch nach weiterer Behandlung des Themas
signalisieren (West/Garcia 1988, S. 554). Nach West/Garcia liegt
ein Themenwechsel dann vor, wenn die Äußerungen »[...] are unre-
lated to the talk in prior turns in that they utilize new referents, and
thus they implicate and occasion a series of utterances constituting
a different line of talk« (West/Garcia 1988, S. 557). Themenwechsel können kollaborativ vorbereitet werden durch Äußerungen wie
well, okay, allright, mit denen angezeigt und ratifiziert wird, dass ein
Thema erschöpft ist.

Die Analyse von 5 gemischtgeschlechtlichen dyadischen Gesprächen erbrachte, dass die Mehrzahl der Themenwechsel durch kollaborative Aktivitäten der Gesprächsteilnehmer vorbereitet wurden. Dabei
gingen 21 der kollaborativen Themenwechsel von einem Mann, dagegen nur 12 von einer Frau aus. Die 9 Themenwechsel, die nicht durch
die interaktive Konstellation erklärlich waren und somit als einseitige
Themenwechsel zu bestimmen sind, wurden sämtlich von Männern
initiiert. Trotz der geringen Fallzahlen kommen West/Garcia zu fol-
gender Schlussfolgerung:

»[...] it is when unilateral topic changes did occur, they were initiated by men,
and they were initiated in ways that curtailed the development of women's
activities and tellables. The exercise of control over topics in progress *is* the
demonstration of manhood in these conversational contexts« (West/Garcia
1988, S. 571).

Zusammenfassend ist festzuhalten: Auch für die thematische
Dimension von Gesprächsarbeit lässt sich der derzeitige Stand
der Forschung nicht uneingeschränkt als Bestätigung der These
Fishmans, dass Frauen mehr Gesprächsarbeit leisten, deuten. Denn auch in diesem Bereich sind die Operationalisierungen häufig nicht hinreichend präzise, ist die Datengrundlage meist recht schmal und sind die Unterschiede nicht sehr
groß. Hinzu kommt, dass die Variablen, die mit ›Geschlecht‹
und Konversationsverhalten interagieren, nicht systematisch
geprüft wurden.

2.2.4.2.4 Kommunikative Orientierungen

Frauen und Männern wurden und werden unterschiedliche Orientierungen der Kommunikation zugeschrieben. Frauen werden als kooperativer betrachtet, was als Ausdruck ihrer größeren **Emotionalität und Sensibilität** gegenüber anderen Menschen gedeutet wird; Männern dagegen wird eine stärkere **Orientierung an Aufgaben, Wettbewerb und Hierarchie** auch in der Kommunikation zugewiesen (Baird 1976; Aries 1976; 1977; Lewis 1978; Werner 1983). Dieser Unterschied kann nicht darauf zurückgeführt werden, dass Frauen sich aufgrund der männlichen konversationellen Dominanz eher submissiv und empathisch verhalten, denn die weiblichen Orientierungen werden insbesondere in Gesprächen unter Frauen deutlich (Klann 1978; Trömel-Plötz 1996). Die **kooperativere Orientierung von Frauen** wurde als ein positives Potential bewertet (Holmes 1996), das jedoch in der Kommunikation mit Männern negative Effekte hat (McConnell-Ginet 1980, 18f). Trömel-Plötz (1996, S. 368), die von einem männlichen und weiblichen Stil ausgeht, stellt fest: »In meinem Verständnis hat weibliche Sprache den Status eines Idealkonzeptes«; der Aufsatz, dem das Zitat entnommen ist, trägt den Titel »Frauengespräche – Idealgespräche«.

Besonders zugespitzt wurde die These einer unterschiedlichen kommunikativen Orientierungen von Frauen und Männern in den Publikationen von Tannen (1991; 1994). Nach Tannen haben Frauen und Männer eine grundlegend andere Art, der Welt zu begegnen. Männer begegnen der Welt typischerweise

»[...] als Individuum in einer hierarchischen sozialen Ordnung, in der er entweder unter- oder überlegen ist. In dieser Welt sind Gespräche Verhandlungen, bei denen man die Oberhand gewinnen und behalten will und sich gegen andere verteidigt, die einen herabsetzen und herumschubsen wollen. So gesehen ist das Leben ein Wettkampf, bei dem es um die Bewahrung von Unabhängigkeit und die Vermeidung von Niederlagen geht« (Tannen 1991, S. 20).

Frauen dagegen begegnen der Welt

»[...] als Individuum in einem Netzwerk zwischenmenschlicher Bindungen. In dieser Welt sind Gespräche Verhandlungen über Nähe, bei denen man Bestätigung und Unterstützung geben und erhalten möchte und Übereinstimmung erzielen will. Man will sich davor schützen, von anderen weggestoßen zu werden. So gesehen ist das Leben eine Gemeinschaft, ein Kampf um die Bewahrung der Intimität und die Vermeidung von Isolation. Obwohl es auch in dieser Welt Hierarchien gibt, sind es eher Freundschaftshierarchien als Macht- oder Leistungshierarchien« (ebd.).

Dass es Männern in Gesprächen um Selbstbehauptung geht, Frauen dagegen um Bindung an andere, gilt sowohl für interpersonelle Gespräche (Tannen 1991) wie für Gespräche am Arbeitsplatz (Tannen 1994; Kendall 2004). Eine ganz ähnliche Sicht glaubt Janet Holmes (1996) aus den empirischen Studien zu Unterbrechungen, Gesprächsarbeit und Redezeit ableiten zu können. Auch in der neueren Studie von Sheila Brownlow et al. (2003) findet sich die folgende Beschreibung des weiblichen Sprechstils:

»Women provide more personal information and are more self-disclosing [...], and language concerning social and emotional behavior, as well as sympathy, is prevalent in women's speech [...] These topics may be conveyed by ›empty‹ adjectives (such as *sweet, cute* [...], intensifiers (e.g. *very*), and the use of personal pronouns [...] Women's speech is prettier and more detailed than men's although it is also judged as more intellectual [...]« (Brownlow et al. 2003, S. 122).

Dagegen tendiere die Sprache der Männer dazu

»[...] to be forceful, very clear about direction of opinion, judgemental, and replete with negative emotion [...] Men talk to each other about shared experiences, whereas women talk more about emotions« (Brownlow et al. 2003, S. 122).

Nach Mulac (1998; 1999; Mulac et al. 1988; 1986) drückt sich dieser Unterschied in einem distinkten Sprechstil, dem »gender linked language effect« aus, bei dem viele der von Lakoff beschriebenen Merkmale von Frauensprache in Kombination auftreten. So ist der Sprechstil von Frauen (im Gespräch mit Männern) nach Mulac et al. (1988, S. 323) durch häufigere Verwendung von Füllwörtern, Fragen, Intensifikatoren, Aktionsverben und Referenz auf Emotionen, der Stil der Männer durch häufigere Unterbrechungen und *hedges,* elliptische Formen, Referenzen auf Quantität, beurteilende Adjektive, Direktiva und Ortsangaben gekennzeichnet. Mulac betrachtet den männlichen Stil als »[...] direct, succinct, personal, and instrumental. Female preferences are at the other end of these stylistic dimensions – indirect, elaborate, and affective« (Mulac 1998, S. 147).

Die unterschiedlichen Sprechstile und kommunikativen Orientierungen sind nach Tannen, Mulac und anderen darauf zurückzuführen, dass Männer und Frauen in **unterschiedlichen Kulturen** sozialisiert werden. Mädchen wie Jungen erfahren die für ihre Geschlechtsrolle relevante Sozialisation angeblich vor allem in der Gruppe gleichaltriger Mädchen bzw. Jungen, für die unterschiedliche Wertvorstellungen, Normen und Verhaltensstrategien gültig sind. Mit dieser Annahme bezieht sich Tannen auf die einflussreiche, aber empirisch kaum abgesicherte Studie von Daniel Maltz und Ruth Borker (zur kritischen

Evaluation vgl. u.a. Freed 1992; Günthner 1992; Thorne 1993; Aries 1996; Kyratzis/Guo 1996; Kyratzis 2001). Ihre These ist, dass Mädchen und Jungen in den gleichgeschlechtlichen Freundschaftsgruppen eine grundsätzlich andere Art der Rede lernen. Mädchen lernen Sprache zum Zwecke der Beziehungsregulierung, Jungen zum Zweck der Selbstbehauptung einzusetzen (Maltz/Borker 1991, S. 64).

Die **unterschiedlichen Sozialisationserfahrungen** von Mädchen und Jungen führen nach Tannen dazu, dass Männer und Frauen im privaten wie beruflichen Leben einander so wenig verstehen können wie Angehörige fremder Kulturen; ihre Gespräche weisen die Merkmale der interkulturellen Kommunikation auf. Diese These der zwei Kulturen und der daraus resultierenden Verständigungsschwierigkeiten wurde nicht nur in Bestsellern und Beratungsbüchern, sondern auch in wissenschaftlichen Publikationen immer wieder positiv aufgenommen (vgl. MacGeorge et al. 2004, S. 143f.)

Die Datenbasis der Theorie Tannens besteht in einzelnen Gesprächsausschnitten und ist qualitativ angelegt. Derartige Daten erlauben keine Hypothesentestung und Generalisierung. Eine Überprüfung der Theorie anhand quantitativer Daten wurde erst kürzlich in der Studie von Michaud/Warner (1997) und Basow/Rubenfeld (2003) unternommen, in denen studentische Probanden ihre Reaktionen auf schriftlich vorgegebene Szenarios von Konfliktgesprächen angaben. Michaud/Warner finden zwar Geschlechterdifferenzen, die mit Tannens These übereinstimmen, dass Frauen in Konfliktgesprächen eher unterstützend und emotional reagieren, Männer dagegen eher vermeidend, indem sie das Thema wechseln oder einen Witz erzählen oder Ratschläge erteilen. Diese Differenzen sind bezüglich der Effektstärke jedoch »very small« und »there is very substantial overlap in the behaviors of men and women« (Michaud/Warner 1997, S. 538). Basow/Rubenfeld (2003) replizierten diese Studie und bezogen neben dem Geschlecht die Bewertung der Probanden nach dem *Bem Sex Role Inventory* (Bem 1974) mit ein. Basow/Rubenfeld stellten fest, dass weniger das Geschlecht an sich als die Geschlechtstypisierung (feminin, maskulin, androgyn) bestimmten, ob die Probanden angaben, in einem Konfliktgespräch eher empathisch und unterstützend oder vermeidend und ablenkend zu reagieren (Basow/Rubenfeld 2003, S. 187).

Wie MacGeorge et al. (2004) zeigten, können beide Studien nicht als Stützung der These Tannens gelten, denn zum einen gibt es zwischen den Geschlechtern erhebliche Übereinstimmungen und zum anderen ist die Selbsteinschätzung kein geeignetes Verfahren der Bestimmung des realen Verhaltens. Im Gegensatz zu der Theorie der zwei Kommunikationskulturen hat Aries (1982) eine Bestätigung des Stereotyps,

Frauen seien kooperativ, expressiv und unterstützend, Männer dagegen objektiv, analytisch und statusorientiert nur in gleichgeschlechtlichen Interaktionskonstellationen festgestellt. In gemischtgeschlechtlichen Konstellationen beobachtete sie – wie zahlreiche andere spätere Studien (vgl. Aries 1996) – eine Angleichung der Verhaltensweisen von Frauen und Männern in verschiedenen Dimensionen, so z.B. der, dass Männer auch expressiver und emotional offener waren (vgl. Aries 1982, S. 123). Die Studie von Edwards/Hamilton (2004) zeigte ebenfalls, dass nicht Geschlecht per se einen Einfluss nimmt auf die Kommunikation der Geschlechter, sondern dass Geschlechtereffekte »[...] are mediated by the gender roles of dominance and nurturance« (Edwards/Hamilton 2004, S. 504).

MacGeorges eigene empirische Überprüfung der Theorie Tannens, die das unterstützende Verhalten älterer Erwachsener sowohl produktiv wie responsiv untersuchte, stellte keine Geschlechterdifferenzen und keinen nennenswerten Einfluss der Geschlechtsrollenorientierung auf das Verhalten fest (MacGeorge et al. 2004, S. 161ff.), das sich jedoch als von der Situation deutlich beeinflusst erwies. Auch in den emotionalen Reaktionen auf Konfliktgespräche unterscheiden sich Männer und Frauen nach Ergebnissen der Studie von Mona El-Sheikh et al. (2000) nicht wesentlich, in der Probanden ihre emotionalen Reaktionen in Konfliktszenen einschätzten. Sofern man den Daten, die in Selbsteinschätzungen von Gefühlen bestehen, vertrauen darf, verweist diese Studie wie auch die zahlreichen anderen Studien zur emotionalen Expressivität der Geschlechter (Manstaedt 1992; Brody 1997; Jakupcak et al. 2003) darauf, dass Konfliktsituationen insbesondere im Bereich der negativen Emotionen auch unterschiedliche Gefühle und Gefühlsintensitäten bei Männern und Frauen auslösen können, dass aber eine erhebliche Variabilität innerhalb der Geschlechtergruppen festzustellen ist.

In Tannens **Theorie der zwei verschiedenen Kulturen** werden Befunde zu sprachlichem wie nicht-sprachlichem Dominanzverhalten, zu Verhaltensweisen, die auf Unterstützung und Nähe ausgerichtet sind und zu emotionaler Expressivität und Offenheit in ein dichotomes Muster eingelesen, ohne dass die Eindeutigkeit der Befunde und deren Kulturgebundenheit (Bergvall 1999) ernstlich befragt wurde. Was die einschlägigen empirischen Studien zu Dominanz- und Hierarchieverhalten anlangt, so wird übereinstimmend festgestellt, dass sich Männer häufiger als Leiter einer Gruppe durchsetzen (das zeigt die Metaanalyse der Studien zu *leadership* von Alice Eagly und Steven Karau, zit. in Aries 1996, S. 47) und häufiger kompetitives Verhalten zeigen, dass kompetitives vs. empathisches Verhalten aber auch abhängig ist von:

- Persönlichkeitsdispositionen,
- der Qualität der Beziehung der Personen zueinander (fremd vs. bekannt)
- der Geschlechterzusammensetzung der Kommunikationsgruppe (Schmid Mast 2001)
- Stereotypen über die Diskrepanz der weiblichen Rolle und der des Leiters (Eagly/Karau 2002)
- der ethnischen Zugehörigkeit (Filardo 1996) sowie von der
- der androgynen, femininen oder maskulinen Ausprägung der Geschlechtsrollenidentität (Skoe et al. 2002).

Entsprechend hat die Metaanalyse von Amy Walters et al. (1998) verdeutlicht, dass die Geschlechterunterschiede einer eher kooperativen weiblichen gegenüber einer eher kompetitiven männlichen Orientierung bei kommunikativen Verhandlungen sehr gering sind und dass in bestimmten Situationen Frauen durchaus kompetitiv sind.

Bezüglich der Geschlechterdifferenzen in der **Kommunikation am Arbeitsplatz** kam Wood in ihren Studien zu dem Ergebnis, dass Frauen und Männer am Arbeitsplatz durchaus erfolgreich kommunizieren können, ja dass sie bestimmte Aufgaben zusammen sogar besser lösen können, denn »Women may specialize in communication that supports and builds team cohesion, and men may initiate more communication focused on logistics of the task. Effective groups need both kinds of communication« (Wood 1994, S. 277).

Unabhängig davon, ob Woods recht stereotype Aufgabenzuweisung an Frauen und Männer im Gespräch zutrifft, ist festzuhalten, dass Kommunikation zwischen den Geschlechtern durchaus erfolgreich sein kann und nicht grundsätzlich Merkmale der interkulturellen Kommunikation trägt.

Ein weiterer Topos der unterschiedlichen kommunikativen Orientierungen ist die These einer größeren Sensibilität für die Belange anderer und einer größeren **emotionale Expressivität von Frauen**. Diese These wurde immer wieder formuliert, zuletzt von Baron-Cohen:

»Relativ viele Frauen legen Wert auf die Entwicklung von altruistischen, reziproken Beziehungen [...] Im Gegensatz dazu gehen die Präferenzen der Männer eher in Richtung Macht, Politik und Wettbewerb. Dieses Muster findet sich in den unterschiedlichsten Kulturen und Epochen und ist sogar bei Schimpansen festzustellen« (Baron-Cohen 2004, S. 55).

Tatsächlich zeigt eine Vielzahl empirischer Studien, wie die Metaanalyse von Dindia und Allen (1992), die sich auf mehr als 250 Studien bezieht, dokumentiert, dass Frauen häufiger über persönliche Themen, ihre persönlichen Gedanken und Gefühle reden und dabei emotional offener sind als Männer. Die Unterschiede, die Dindia und Allen fanden, sind jedoch gering (Dindia/Allen 1992, S. 118). Außerdem wur-

den Unterschiede in der Art der von Männern und Frauen offenbar-
ten Gefühle festgestellt: »Women express negative feelings [...] such
as sadness and depression – more than men do (Zeman & Garner,
1996), whereas men express anger more than women do (Clark &
Reiss 1988)« (Lippa 2002, S. 28). Allerdings zeigte sich die größere
emotionale Offenheit von Frauen überwiegend in intimen, gleichgeschlechtlichen Freundschaftsbeziehungen; in **anderen Situationen**
und bei anderen Themen sind Frauen durchaus nicht immer offener
und emotionaler in ihrem Gesprächsverhalten.

So fand die Analyse von Fernsehinterviews von Brownlow et al.
(2003) keine Geschlechterunterschiede im Sprechen der interview-
ten und der interviewenden Frauen und Männer über Emotionen.
Andere Studien haben gezeigt, dass Männer im Gespräch mit Frauen
oder Freunden emotional expressiver sind als im Gespräch mit Männern oder Fremden (Athenstaedt et al. 2004), dass sie bei einem ersten »Date« mit einer ihnen noch unbekannten Frau ebenso viel persönliche Informationen geben wie die Partnerin (Clark et al. 2004)
und beide dies gleichermaßen positiv bewerten. Emotionale Expressivität und Offenheit ist also kein immer gültiger stabiler Charakter-
zug des weiblichen Geschlechts.

Diese Einschätzung wird von **kulturvergleichenden Studien** unterstützt. Bei den Kaluli auf Neu Guinea wird Emotionalität mit Männern
und nicht mit Frauen assoziiert: »Men are allowed to display a greater
range of emotionality and are generally more labile, while women are
more steady in both everyday contexts and formal contexts« (Schieff-
lin 1990, zit. in Melzi/Fernandez 2004, S. 634). Bei den Gapun auf
Neu Guinea ist es Frauen erlaubt, Ärger intensiv und direkt auszudrücken, während Männer ihrem Ärger in höflicher Form Ausdruck
verleihen (Kulick 1998, zit. in Melzi/Fernandez 2004, S. 634). Fischer
und Manstaedt (2000) stellten in ihrer 37 Länder der Welt umfassenden kulturvergleichenden Studie fest, dass Geschlechterdifferenzen in
der Intensität, der Dauer und der Form des Emotionsausdrucks deutlicher sind in Gesellschaften, die auf Unabhängigkeit und Individualität setzen, wie dies in westlichen Gesellschaften der Fall ist; geringer
sind die Geschlechterdifferenzen dagegen in Gesellschaften, die eine
kulturelle Orientierung der Interdependenz verfolgen.

Allerdings ist das Stereotyp, Frauen seien emotional expressiver und
offener als Männer, recht stabil. Es findet Unterstützung darin, dass
Männer weniger negative Emotionen erlebt zu haben angeben und
dass Frauen in Selbsteinschätzungen höhere Affektintensität sowohl bei
positiven wie negativen Emotionen berichten (Jakupcak et al. 2003).
Ebenso weit verbreitet wie das **Stereotyp einer größeren Emotionalität bei Frauen** ist die Annahme, dass es sich bei Emotionsausdrücken

von Frauen um Übertreibungen und keine wahren Gefühle handelt (Hutson-Comeaux/Kelly 2002). Auch die mit dem Stereotyp korrelierende Annahme, dass Frauen eine größere Gefühlsaufmerksamkeit (*emotional awareness*) zeigen und differenziertere emotionalen Repräsentationen haben, ist nicht unumstritten. Michael Conway (2000) konnte nicht zeigen, dass die Geschlechtsrollenausprägung der Feminität mit einer differenzierteren Beschreibung der eigenen und fremden Gefühle (in einer vorgestellten Problemsituation) einhergeht; nur Personen mit hohen Maskulinitätswerten wiesen relativ undifferenzierte Beschreibungen der eigenen und fremden Gefühle (und zwar unabhängig von ihren Werten im Wortschatztest) auf.

> Mit Aries kann man festhalten, dass auch in diesem Aspekt die Differenzen zwischen den Geschlechtern nicht polarisiert werden sollten »[...] by portraying men as universally inexpressive and women as expressive« (Aries 1996, S. 159). Gegenwärtig gibt es keine Evidenzen für die These, dass Frauen und Männer verschiedenen Kommunikationskulturen angehören; »The notion that men and women constitute different communication cultures appears to be little more than a myth [...]« (MacGeorge et al. 2004, S. 172).

2.2.4.3 Diskurs

Interpersonelle Gespräche werden unterschieden von Gesprächen, die bestimmte Ziele verfolgen und die dafür die in der jeweiligen Sprachgemeinschaft etablierten Muster realisieren. Derartige Gespräche, die typische Sprechhandlungsmuster aufweisen, werden auch Diskurse genannt; Diskurse sind Erzählungen, Berichte, Argumentationen, Diskussionen u.ä.

Die wenigen Studien, die Geschlechterdifferenzen in der Organisation und Strukturierung von Diskursen untersucht haben, beziehen sich auf Erzählungen persönlicher Erfahrungen (2.2.4.3.1), auf das Erzählen von Witzen (2.2.4.3.2), auf Argumentationen und Diskussionen, hier insbesondere Fernsehdiskussionen (2.2.4.3.3).

Die genannten Diskurstypen stellen jeweils verschiedene Anforderungen an die Teilnehmer. Die Frage nach Geschlechterdifferenzen stellt sich somit als die Frage, ob die Geschlechter diese Anforderungen in unterschiedlicher Weise interpretieren und auch andere Ressourcen und Strategien zur Aufgabenbewältigung nutzen.

2.2.4.3.1 Erzählungen

Alltägliches Erzählen wird in verschiedenen Formen realisiert. Eine für westliche Kulturen typische Form ist die von Labov/Waletzky (1967) beschriebene Form der sog. Höhepunktgeschichte, die in vier Sequenzen organisiert ist: Einleitung/Orientierung, Komplikation, Evaluation, Auflösung und Coda. Erzählungen streben auf einen Höhepunkt hin, der dann aufgelöst wird.

Neben den Momenten, die die Erzählform konstituieren, und die für den Erzählenden eine diskursive Aufgabe darstellen, gibt es für den Erzählenden auch interaktive Aufgaben zu bewältigen (Quasthoff 1980). So hat er seine Erzählung in den laufenden Gang des Gesprächs einzubetten und längere Zeit für sich das Rederecht zu beanspruchen. Dies ist eine interaktive Aufgabe, die die Gesprächspartner gemeinsam zu lösen haben. Der Zuhörer einer Erzählung hat darüber hinaus auch die Aufgabe, den Erzählprozess und die Erzählungen zu bestätigen. Erzählen beinhaltet somit eine interaktive und eine diskursive Dimension.

Was die Bewältigung der **interaktiven Aufgabe** anlangt, hat die Studie von Jennifer Hartog (1992) über Erzählungen von Paaren in der genetischen Beratung untersucht, ob es in dieser Situation eine geschlechtsabhängige Verteilung der Erzählaktivitäten gibt. Dabei geht Hartog davon aus, dass in einem institutionellen Zusammenhang wie dem der genetischen Beratung derjenige Zugangsrecht zum Erzählen hat, der der Betroffene ist, d.h. derjenige Partner, auf den die Befürchtung, ein Kind mit einer genetisch bedingten Krankheit zur Welt zu bringen, zurückzuführen ist. Tatsächlich stellte Hartog fest, dass in der Regel die/der hauptsächlich Betroffene erzählt, d.h. die Problemdarstellung gibt. Dabei spielt das Geschlecht keine Rolle.

Neben einer Problemdarstellung findet in der genetischen Beratung auch eine Familienanamnese statt, in der Erzählungen produziert werden. Für diesen Teil des Beratungsgesprächs stellte Hartog Geschlechterdifferenzen fest: Geht es um die Anamnese der Familie der Frauen, so erzählen sie, ohne dass sich der Mann beteiligt. Wird der Mann nach seiner Familiengeschichte gefragt, so beteiligen sich die Frauen, sie helfen mit Ergänzungen, Korrekturen und Rückfragen (Hartog 1992, S. 193).

Zur Frage, wie Gesprächsteilnehmer das Rederecht für einen längeren Beitrag wie eine Erzählung erhalten, zeigten die Studien sowohl von Coates (1988) und von Jenkins MacIntyre (1984), dass dies in Gesprächen unter Frauen unproblematisch zu sein scheint. Bezüglich der **Diskursstruktur** der eigentlichen Geschichte stellte Jenkins MacIntyre in ihrem Material als Besonderheit fest, dass nicht alle der insgesamt 75 Geschichten dem Höhepunktschema von Labov/Waletzky folgten und dabei Ereignisse in einer chronologischen Abfolge seqenzierten. Immerhin 20 der aufgenommenen Geschichtenerzählungen zeigten ein anderes, eher **kollaboratives Muster**. Diese Geschichten begannen mit einem Kern, einem »[...] kurzen Hinweis auf das Thema, die zentrale Handlung oder ein entscheidendes Stück Dialog aus einer längeren Geschichte« (Jenkins MacIntyre 1984, 343f.). Der Kern wurde zu einer Kerngeschichte erweitert, indem die Zuhörenden Fragen stellten oder Kommentare abgaben.

Aber auch bei Erzählungen, die dem Typ der **Höhepunkterzählung** eher entsprechen, waren die Gruppenmitglieder nicht inaktiv, sondern trugen auch hier zum Erzählen bei, »[...] indem sie Interesse zeigten, Fragen stellten, Aspekte der Geschichte ergänzten oder Bemerkungen hinzufügten und indem sie Punkte verknüpften« (ebd., S. 344). Auch die Beendigung der Geschichte erwies sich in der Gruppe als einfach, rasch wurde nach Beendigung der Geschichte die normale Konversation wieder hergestellt. Die Geschichten, die erzählt wurden, wurden durch die danach erzählten Geschichten anderer Gruppenmitglieder meist bestätigt und nicht, wie dies nach Aries bei Männern typisch ist, durch eine Folgegeschichte übertrumpft und damit entwertet. Zudem war die **Erzählperspektive** auf Gruppensolidarität und nicht auf Selbstvergrößerung aus, denn die Frauen erzählten Geschichten, in denen sie selbst als Protagonistinnen auftraten, meist in humorvoller, selbst-reflexiver Haltung. Die Erzählperspektive war, so Jenkins MacIntyre, bei den Frauen nicht primär auf sich selbst, sondern auf andere ausgerichtet (ebd., S. 349).

Baldwin (1985) kommt anhand ihrer rein anekdotischen Beschreibung von Erzählungen von Familiengeschichten zu einem ähnlichen Befund: Frauen erzählten ihre Familiengeschichten kollaborativ und ohne die dramatische Höhepunktstruktur, die die Erzählungen der Männern aufwiesen, was nach Baldwin ein unmittelbarer Reflex der unterschiedlichen Lebenswelten der Geschlechter ist (Baldwin 1985, S. 155. Barbara Johnstone (1993) hat in ihrer Analyse von persönlichen, in spontaner Konversation zwischen Freunden produzierten Erzählungen ähnliche Unterschiede im Erzählstil festgestellt: Die spontanen Geschichten von Männern drehten sich sämtlich um Wettstreit. Die Geschichten von Frauen betonten dagegen die Wichtigkeit von Gemeinsamkeit. Außerdem detaillierten Frauen und Männer in unterschiedlicher Weise Ort, Raum, Zeit und Objekte und setzten direkte Rede (*reported speech*) unterschiedlich ein: »People in the women's stories have names, and they sit around and talk; people in the men's stories are more often nameless, and their environment is more silent« (Johnstone 1993, S. 73). Auch Günthner (1997) hat eine größere Lebendigkeit und Emotionalität als Merkmal der für Frauen ihrer Meinung nach typischen *complaint stories* festgestellt.

Kontrollierte Studien zu autobiografischem Erzählen bei Männern und Frauen stützen die Befunde der qualitativen Analysen. Die Studie von Niedzwienska erbrachte, dass Frauen »[...] reported significantly more autobiographical narratives in which ›others‹ were mentioned than did men [...]« (Niedzwienska 2003, S. 326), dass »[...] women gave significantly more information about emotions than did men [...]« (ebd.) und dass »[...] women's narratives contained significantly more descriptive details than did men's narratives [...]« (ebd., S. 327). Zu ähnlichen Ergebnissen kam auch die Studie von Avril Thorne und Kate McLean (2002), die zudem eine Bestätigung geschlechtsspezifischer Erinnerungspraktiken fanden, nämlich einen »denial of fear for men (toughness) and concern for others (compassion) for women« (Thorne/McLean 2002, S. 274), die schon im Kindesalter eingeübt werden.

Die wenigen Studien zum Erzählverhalten verweisen in der Tendenz auf einen recht unterschiedlichen Erzählstil von Frauen und Männern: einen dramatisierenden, alleiniges Rederecht für die Dauer der Erzählung beanspruchenden und auf Selbstdarstellung ausgerichteten Erzählstil bei Männern, einen eher auf das Teilen gemeinsamer Erfahrungen ausgerichteten, kollaborativen, empathischen Erzählstil der Frauen. Allerdings basiert dieser Befund auf einer sehr schmalen Datengrundlage und es wurden weitere Einflussfaktoren nicht berücksichtigt.

2.2.4.3.2 Witzerzählungen

Bezüglich des Erzählens von Witzen konnte die These Lakoffs, dass Frauen angeblich keine Witze erzählen, widerlegt werden; Frauen erzählen durchaus Witze, allerdings wohl nicht so häufig wie Männer. Die Studie von Coser (1988) stellte für eine gemischtgeschlechtliche Gruppe bei einem *staff meeting* eines *mental hospital* fest, dass Männer und insbesondere die statushöheren Männer häufiger Witze erzählten als die Frauen. Edelsky (1981) kam bei ihrer Analyse des Gesprächsverhaltens in einer Fakultätsversammlung zu einem ähnlichen Ergebnis. Coser hat in ihrer Analyse zudem festgestellt, dass sich die Witze auf den in der Autoritätshierarchie jeweils niedriger Platzierten richteten: Die Psychiater scherzten über die Assistenten, diese wiederum machten ihre Witze häufig auf Kosten ihrer Patienten oder deren Angehörigen. Auch Franca Pizzini (1991) stellte bei

ihrer Analyse von Witzen und humorvollen Äußerungen, die Krankenschwestern und Ärzte in geburtshilflichen Abteilungen von Kran-
kenhäusern in Mailand produzierten, fest, dass diese Aktivitäten der
Hierarchie folgten: Krankenschwestern erzählten untereinander Witze,
nicht aber in der Gegenwart der Ärzte und in den wenigen Fällen,
in denen dies doch passierte, wurden die Witze von den Ranghöhe-
ren nicht beantwortet.

Carol Mitchell (1985) stellte in ihrer Studie von rund 1500 meist
spontanen Witzerzählungen von Frauen und Männern Geschlechterdifferenzen insofern fest, als Männer

»[...] told more obscene jokes, more racial, ethnic, and religious jokes, and
more jokes about death than women told. On the other hand, the only openly
hostile categories of jokes in which women exceeded men were morbid jokes
and jokes about authority« (Mitchell 1985, S.166f.).

Offen **feindselige und aggressive Witze** werden von Männern deutlich häufiger erzählt (vgl. Crawford 1995, S. 144ff.). Auch eine Einschätzung von Witzen, die von Frauen und Männern erzählt wurden,
durch männliche und weibliche Studierende, die das Geschlecht des
Witzerzählers nicht kannten, zeigte, dass beide Geschlechter die Witze
von Männern als deutlich aggressiver bewerteten. Männer erzählten
diese Witze zudem häufig in Männerrunden, in denen sie sich im
Witzerzählen zu überbieten trachteten, oder sie nutzten das Witzerzählen, um andere und dabei insbesondere Frauen herabzusetzen
(Stocking/Zillman 1988). Frauen dagegen erzählten Witze überwiegend anderen Frauen, vergleichsweise selten dagegen Männern oder
einer gemischtgeschlechtlichen Gruppe und sie erzählen häufiger
Witze persönlichen Inhalts (Hay 2000). Die Adressatenpräferenz mag
darin liegen, dass das Witzerzählen darauf aus ist, Lachen zu erzeugen, und der Erzähler somit von der Kooperation des Hörers abhängig ist. Nichts ist so peinlich wie ein Witz, der nicht ankommt. Dies
geht unter anderem auch aus der Analyse von Birgit Kienzle (1988)
zu scherzhaften Äußerungen von Alice Schwarzer im Gespräch mit
Rudolf Augstein hervor.

Nach Mercilee Jenkins verfolgen Frauen und Männer in ihren
Witzerzählungen unterschiedliche **Ziele**:

»Frauen dient der Humor ihrem Ziel, nämlich dem Erreichen von Nähe. Er
ist unterstützend und heilend. Der männliche Humor paßt zur männlichen
kompetitiven und hierarchischen Interaktionsart, zu den auftrumpfenden
Selbstdarstellungen. Sowohl Frauen als auch Männer unterstützen ihr Selbst,
aber auf sehr unterschiedliche Weise« (Jenkins 1988, S. 37).

Gegen diese typisierende Deutungen ist die Studie von Jürgen Streeck
(1988) anzuführen. In dieser qualitativen Studie wurden Witzerzäh-

lungen in einer Gruppe von Seniorinnen der Unterschicht untersucht; hier zeigte sich nicht nur, dass Frauen überaus drastische Witze über Sexualität erzählen, sondern dass sie dies durchaus auch in einer kompetitiven Weise tun können.

> Zusammenfassend ist festzustellen, dass Frauen und Männer bei Witzerzählungen eine unterschiedliche Ausrichtung verfolgen: Männer scheinen dabei eher auf Selbstdarstellung, Wettstreit und Abgrenzung, Frauen eher auf Unterstützung und Selbstreflexion ausgerichtet zu sein. Dies kann jedoch angesichts der schmalen Datengrundlage und der unzureichenden Kontrolle weiterer, mit Geschlecht interagierender Faktoren nicht als ein verlässliches und generalisierbares Ergebnis betrachtet werden.

2.2.4.3.3 Argumentation und Diskussion

Zu geschlechtsverbundenen Differenzen in Diskussionen und Argumentationen liegen nur wenige Studien vor. Am häufigsten wurden Fernsehdiskussionen untersucht. Allerdings wurden in den meisten Untersuchungen weniger die typischen Argumentationsstile und Arten der Selbstdarstellung analysiert als wiederum die Indikatoren männlicher Dominanz in Form von Unterbrechungen und längerem Reden.

Dies charakterisiert auch die von Ulrike Gräßel unternommene Studie, die als eine der ersten mehrere **Fernsehdiskussionen** untersuchte (Gräßel 1991). Anhand ihrer Untersuchung von 5 Fernsehdiskussionen (aus dem Jahr 1985), an der 21 Frauen und 19 Männer teilnahmen, wobei 10 Frauen als Expertinnen und 14 Männer als Experten fungierten, stellt sie unter anderem fest, dass der Expertenstatus der gegenüber ›Geschlecht‹ gewichtigere Faktor war. Hinsichtlich der Bezugnahme im Argumentieren hat Gräßel als einziges signifikantes Ergebnis ermittelt, dass Männer häufiger nicht-bezugnehmende Äußerungen produzierten als Frauen. Bezugnahme ist allerdings nur ein sehr grober Indikator für die Qualität des Argumentationsverhaltens.

Eine etwas feinere Analyse des Argumentationsverhaltens in Fernsehdiskussionen hat Helga Kotthoff (1997) vorgelegt. Dabei unterschied Kotthoff einen erklärenden und einen belehrenden Stil der Argumentation. Der erklärende Stil ist darauf aus, ein Wissensgefälle auszugleichen, ohne dadurch den eigenen Status zu erhöhen. Im belehrenden Stil werden die beim anderen bestehenden Wissensvoraussetzungen entwertet und der Belehrende beansprucht den autoritativen Status des eigenen Wissens (vgl. Kotthoff 1997, S. 166). Nach der Analyse von Kotthoff zeigen Männer eher einen **belehrenden Stil**, Frauen dagegen eher einen **explorativ-erkundenden Stil**. Diese Stile werden durch die Fragetechniken der Moderatoren begünstigt, denn diese stellten den Männern eher Grundsatzfragen zum Thema, Frauen dagegen forderten sie zu persönlichen Stellungnahmen auf (Kotthoff 2002, S. 15). Kotthoff hat keine Angaben zu den Häufigkeitsverteilungen des männlichen belehrenden und des weiblichen erklärenden Stils gemacht, so dass ihre Befunde schwer zu deuten sind.

Auch in ihrer Fallanalyse einer **informellen Diskussion** zwischen einer Studentin und einem Studenten mit einem Dozenten stellte Kotthoff (1984) Geschlechterdifferenzen im Argumentieren fest: Der Student bringt sein Anliegen direkt hervor, wobei er die Beziehung zum Dozenten als egalitär definiert. Die Studentin dagegen verwendet einige Mühe darauf, zunächst eine freundliche Beziehung zu dem Dozenten zu etablieren und stellt erst danach und in zögerlicher Haltung ihr Anliegen dar. Nicht immer aber weisen Frauen einen defensiven, zögerlichen Argumentationsstil auf. Ruth Wodak (1997) hat in ihrer Analyse des Gesprächsverhaltens von drei Schulleiterinnen in Lehrerversammlungen ermittelt, dass diese sehr durchsetzungsstark, geradezu autoritär argumentierten. Auch Felderer (1997) zeigte, dass die in einer Fernsehdiskussion mit zwei Männern diskutierende Frau, die Vorsitzende der österreichischen Grünen, durchaus gewitzt genug ist, nicht in die Argumentationsfallen der Männer zu stolpern, sondern selbstbewusst ihre Position zu behaupten weiß. Dass dies nicht der Regelfall ist, haben Carol Edelsky und Karen Adams (1990) in ihrer Analyse **politischer Debatten** im amerikanischen Fernsehen deutlich gemacht. Hier zeigten die männlichen Diskutanten ein höheres Maß an Themenkontrolle, das sie meist dadurch erreichten, dass sie abweichend von der vorgegebenen Verteilung des Rederechts »out of order utterances« platzierten und in ihren Initiativen der Rederechtsbeanspruchung von den männlichen Moderatoren meist unterstützt wurden.

Die Untersuchung von öffentlichen, **formellen Diskussionen** mit Bezug auf die geschlechtsbezogene Verteilung der Diskussionsbeiträge, die Holmes (1996) unternahm, führte zu dem Ergebnis: »Weder in den unterstützenden noch in den kritischen Äußerungen gab es einen statistisch signifikanten Unterschied zwischen Frauen und Männern« (Holmes 1996, S. 97). Für die antagonistischen Beiträge stellt sie fest, dass diese bei Männern doppelt so häufig auftraten wie bei Frauen. Allerdings sind die Fallzahlen hier so gering (13 Beiträge für Frauen, 79 für Männer) und die Beteiligung von Frauen (196) und Männern

(685) so unterschiedlich und das Datenmaterial offenbar so heterogen, dass hieraus keine Schlüsse gezogen werden können. Das Gleiche gilt für die Befunde zu unterstützenden Beiträgen.

Die bislang vorliegenden Forschungsergebnisse zum Diskursverhalten der Geschlechter verweisen darauf, dass in den verschiedenen Diskursen Männer eher auf Wettstreit und Selbstbehauptung, Frauen dagegen mehr auf Informationsaustausch und Beziehungserhalt ausgerichtet sind. Da die Studien überwiegend qualitativ angelegt sind, können aus ihnen keine Verallgemeinerungen abgeleitet werden.

2.2.5 Sprache in Institutionen und Medien

Institutionen wie Fernsehen, Gericht, Polizei, Parlament und Schule sind Einrichtungen, die von ihrer Zwecksetzung her unterschiedliche Regelungen für die Kommunikation in der jeweiligen Institution festlegen. Ebenso bestimmen die Zwecksetzungen der Medien die Darstellung der Geschlechter und deren Kommunikationsweisen.

Zu **Reden und Debatten in Parlamenten** liegen nur wenige Studien vor. Sie haben die Rederechtsorganisation untersucht. Das Parlament ist eine Institution, in der das Rederecht streng geregelt ist, allerdings sind Zwischenrufe und Kommentare möglich, die jedoch zu einer Beeinträchtigung des Redenden führen können. Armin Burkhardt (1992) hat in seiner Analyse der Behandlung von Rednerinnen in deutschen Parlamenten (in den 1980er Jahren) ermittelt, dass Rednerinnen häufiger als Redner und mit wachsendem Anteil der Parlamentarierinnen zunehmend häufiger mit respektlosen Zwischenrufen und Kommentaren bedacht werden. Sylvia Shaw (2002) stellte fest, dass weibliche Parlamentsabgeordnete im britischen Unterhaus häufiger durch illegale Unterbrechungen, d.h. vom sprechenden Abgeordneten nicht ratifizierte Fragen und Kommentare, in ihren Beiträgen eingeschränkt werden.

Was die Institutionen der Justiz betrifft wurde zum einen das Problem der Personenbezeichnungen in der **Rechtssprache**, d.h. in der Vorschriftensprache (Gesetzestexte) sowie in der Amts- und normengebundenen Verwaltungssprache (Grabrucker 1993; Grabrucker 1994; Guentherodt 1983/84) thematisiert. Kritisiert wurde, dass in der Rechtssprache ausschließlich das Maskulinum Singular (»der Kläger«), also das generische Maskulinum verwendet wird; dies habe zur Folge, dass die »männliche Rechtssprache [...] die größere Rechtsdistanziertheit der Frauen [verfestigt]«, die »gesellschaftliche Arbeits- und

Rollenteilung von Frau und Mann weiter tradiert, und gesellschaftliche Veränderungen dadurch erschwert« werden und Frauen durch maskuline Berufs-, Amts- und Funktionsbezeichnungen diskriminiert werden (Samel 1995, S. 110).

Diese Kritik hat zu **Veränderungen der Rechtssprache** sowie der Amts- und Verwaltungssprache geführt (vgl. Kap. 4). Zum anderen haben vor allem die Studien von Susan Ehrlich gezeigt, dass die kommunikativen Praktiken gegenüber Frauen in Rechtsberufen (aber auch im Justizvollzug) und in der Ausbildung dazu häufig diskriminierend sind und den Frauen eine Partizipation erschweren (Ehrlich/ Jurik 2003). Darüber hinaus hat Ehrlich (1999; 2001; 2002; 2003) in detaillierten Diskursanalysen von Prozessverhandlungen und Universitätstribunalen zu sexuellen Übergriffen oder Vergewaltigungen nachgezeichnet, wie die Interaktion der Prozessbeteiligten durch die männliche Perspektive der Beteiligung des Opfers bzw. der Annahme eines kommunikativen Missverständnisses zwischen Opfer und Täter geprägt ist, wobei diese sowohl von den männlichen wie weiblichen Richtern durch deren Kommunikationspraktiken bestimmt wird. Zum Kommunikationsverhalten von amerikanischen weiblichen und männlichen Polizisten zeigte die Analyse von McElhinny (1995), dass die Polizistinnen in der Kommunikation mit ihren Klienten weder einen warmen, empathischen noch eine barsch-männlichen Interaktionsstil, sondern einen professionellen, mit Männlichkeit der Mittelschicht assoziierten Stil aufwiesen. Ostermann (2003) hat in ihrer Analyse des kommunikativen Verhaltens von brasilianischen Polizistinnen in einer weiblich besetzten Polizeistation gegenüber ihren Klienten im Vergleich zum Verhalten der Mitarbeiterinnen in einem feministischen Kriseninterventionszentrum festgestellt, dass neben dem Geschlecht der Akteurinnen im Rahmen der institutionellen Beschränkungen des Kommunikationsverhaltens auch die Sozialzugehörigkeit von Bedeutung ist.

Bezogen auf die **Arzt-Patient-Kommunikation** haben Studien gezeigt, dass Ärztinnen in ihrer Rede eher in einer kooperativen Haltung auf die Probleme der Patienten/innen eingehen und die Status-Differenzen weniger betonen, während Ärzte sich eher auf das sachliche Problem als die Belange insbesondere der Patientinnen konzentrieren (Fisher 1984). Nach West (1984; 1990) zeigt sich dies darin, dass Ärzte häufiger Imperative gebrauchen und die Patient/innen häufiger unterbrechen, Ärztinnen dagegen Direktive als Vorschläge zu gemeinsamen Handlungen verpacken und ihre Rede durch den Gebrauch von Modalausdrücke wie *vielleicht, könnte* u.a. abschwächen. Ainsworth-Vaughn (1998) beobachtete, dass Ärztinnen häufiger reziproke, Ärzte dagegen einseitige Topikwechsel vornehmen.

Die Studien, die die Rolle von Geschlecht in der **Institution Schule**
und in vorschulischen Einrichtungen untersuchten, beziehen sich
zum einen auf die Kommunikation zwischen Lehrern/Lehrerinnen
und Schülern/Schülerinnen; zum anderen untersuchen sie die Präsentation von Geschlecht in Schul- und Kinderbüchern. Diese Studien thematisieren den institutionellen Aspekt der schulischen Kommunikation in seiner sozialisierenden Wirkung.

Schon **Erzieher/innen von Kleinkindern** kommunizieren mit Mädchen anders als mit Jungen, wie die Studie von Beverly Fagot et al.
(1985) gezeigt hat. In dieser Studie wurden Kleinkinder zunächst im
Altern von rund 13 Monaten in Interaktion mit der Erzieherin einer
Spielgruppe beobachtet; ein knappes Jahr später wurden dieselben Kinder ein zweites Mal beobachtet. Fagot et al. kamen zu dem Ergebnis,
dass bei den 13 Monate alten Kindern noch keinerlei Geschlechterdifferenzen in den assertiven und kommunikativen Akten der Erzie-
her/innen festgestellt werden konnten. Die Erzieher/innen beant-
worteten die kommunikativen Akte der Jungen wie Mädchen gleich
häufig, aber Mädchen erhielten häufiger Antworten, wenn sie Gesten
gebrauchten oder sprachen, Jungen dagegen, wenn sie heulten oder
schrien oder durch andere körperliche Aktionen die Aufmerksamkeit auf sich zogen. Obwohl sich die Kinder in der Häufigkeit dieser Verhaltensweisen nicht unterschieden, wurde ihr Verhalten durch
das unterschiedliche Responseverhalten unterschiedlich verstärkt. Bei
der zweiten Beobachtung der Kinder ein knappes Jahr später zeigte
sich dann, dass die Mädchen häufiger mit den Erzieher/innen sprachen, während Jungen häufiger negative Verhaltensweisen, also Weinen oder Jammern an die Erwachsenen richteten.

Die Studien zur Kommunikation zwischen **Lehrenden und Schü-
ler/innen** zeigen, dass beginnend mit der Vorschule, d.h. mit 4 Jahren
und über die gesamte Grundschulzeit hinweg mehr verbale Interaktion zwischen Jungen als zwischen Mädchen und Lehrenden stattfindet. »Zahlreiche Studien zeigen, daß die Jungen mehr Aufmerksamkeit von den Lehrenden erhalten, daß sie häufiger angesprochen und
aufgerufen werden, dass sie sowohl mehr Lob als auch mehr Tadel
erhalten als die Schülerinnen, mehr Rückfragen und Rückmeldung«
(Enders-Dragässer/Fuchs 1989, S. 40f.). Dessen sind sich die Leh-
rer/innen nicht bewusst. Die Kommunikationsunterschiede wurden
in älteren Studien (Cherry 1975, zit. in Golombok/Fivush 1994, S.
170) wie in neueren Studien (Holden 1993; Hopf/Hatzichristou
1999) festgestellt.

Jungen werden häufiger von Lehrenden getadelt, zugleich aber
auch häufiger als Mädchen gelobt (Golombok/Fivush 1994, S. 170;
Frasch/Wagner 1982). Dieser Unterschied bleibt bis zum Ende der

Grundschulzeit erhalten. Nach Frasch/Wagner (1982, S. 270) ist dieser Unterschied im Lehrerverhalten am ausgeprägtesten im Sachkundeunterricht und Mathematikunterricht und am geringsten im Deutschunterricht. Die Befunde zum Fremdsprachenunterricht sind kontrovers (Ehrlich 1997). Das unterschiedliche Lehrerverhalten bezieht sich nicht nur auf verbales *feedback* (sowohl Lob wie Tadel), sondern auch auf nonverbale Signale wie Kopfnicken und Blicken (Simpson/Erikson 1983, zit. in Golombok/Fivush 1994, S. 171).

Mit Ende der Grundschulzeit scheinen sich zwar die verbalen Rückmeldungen der Lehrenden an Mädchen wie Jungen anzugleichen, nun aber unterscheiden sie sich in ihrem Inhalt: Mädchen werden für Gehorsam und Folgsamkeit gelobt, Jungen für ihr Wissen und ihre richtigen Antworten (ebd.). Getadelt werden Mädchen, wenn sie nicht die richtigen Antworten geben, Jungen dagegen, wenn sie sich schlecht benehmen (Good/Brophy 1987, zit. in ebd.; Fagot 1984; Wood 1994, S. 215). Ab der 4. und 5. Klasse werden Jungen weiterhin häufiger für ihre intellektuellen Leistungen gelobt. Dadurch lernen Jungen, dass sie »[...] are smart, even if not very well behaved. Girls [...] are learning that they may not be very smart, but that they can get rewards by being ›good‹« (Golombok/Fivush 1994, S. 173). Für die Sekundarstufe II (*high school*) stellten Jim Duffy et al. (2001) fest, dass Lehrer wie Lehrerinnen häufiger mit den Schülern interagierten und dass die Schüler »[...] received significantly more acceptance-intellectual, criticism-intellectual, and criticism-conduct interactions than did females« (Duffy et al. 2001, S. 589f.). Nach Duffy et al. signalisiert dies eine größere Aufmerksamkeit der Lehrenden gegenüber dem Denken der Schüler (ebd.). Ob das unterschiedliche Lehrerverhalten auch als Response auf die Schüler/innen verstanden werden kann, ist strittig (Altermatt et al. 1998).

Was die **Schulbücher** anlangt, so hat eine Vielzahl von Studien (vgl. Brehmer 1982; Fichera 1994) gezeigt, dass in ihnen die traditionellen Geschlechtsrollenstereotype transportiert wurden und z.T. immer noch werden. Frauen kommen als Hauptcharaktere seltener vor und wenn, dann meist in der Rolle als Hausfrau und Mutter. Werden Frauen als berufstätig dargestellt, so sind dies meist wenig prestigeträchtige und dienend-helfende Berufe; Männer dagegen werden in einer Vielzahl von Berufen dargestellt. Nicht nur in Sprach- und Lesebüchern, auch in Mathematikbüchern sind Frauen »[...] im Gegensatz zu den dominierenden Männern – in gewissem Sinne Randfiguren des Lebens, und das heißt einkaufende Hausfrauen« (Homberger 1993, S. 103). Die geschlechtsrollenstereotype Darstellung von Frauen in deutschen Schulbüchern ist zwar nach Fichera (1994) nicht mehr ganz so rigide wie in den 70er und 80er Jahren; immerhin kommen nun Frauen

auch häufiger als berufstätige Personen vor und die Berufe sind viel-
gestaltiger geworden; außerdem werden Frauen nun auch häufiger als
mutig und abenteuerlustig dargestellt. Die Rollen, die für Jungen und
Männer vorgesehen sind, entsprechen jedoch weiterhin dem Stereotyp. Fichera stellt daher fest, »[...] daß Gleichberechtigung als Angleichung von Frauen an sogenannte ›männliche Vorbilder‹, Verhaltensweisen, Lebensentwürfe, Normen u.ä. verstanden wird« (Fichera 1994,
S. 117). Einen ähnlichen Befund hat Jane Sheldon (2004) bei ihrer
Analyse von Lernsoftware für Vorschulkinder ermittelt.

Ebenso wie die Schulbücher transportieren die **Kinder- und
Jugendbücher** noch immer die üblichen Geschlechtsrollenstereotype
(Weitzman et al. 1972; Clark et al. 2003), vor allem in der Form, dass
Mädchen bzw. Frauen noch heute insgesamt seltener in den Titeln
der Bücher oder als Hauptcharaktere vorkommen (Tepper/Cassidy
1999) und durch stereotype Eigenschafts- und Handlungszuweisungen
zu den Protagonisten charakterisiert werden, wobei diese Tendenzen
sich etwas abmildern (Clark et al. 2003; Gooden/Gooden 2001). So
erbrachte die Studie von Turner-Bowker (1996), dass die weiblichen
Protagonisten in den Kinderbüchern, die zwischen 1980 und 1990
den Caldecott Kinderbuchpreis erhielten, mit den Adjektiven *hübsch,
erschreckt, angesehen (worthy), süß, schwach* und *ängstlich* beschrieben
wurden, die männlichen Protagonisten dagegen mit den Adjektiven
groß, schrecklich, fürchterlich, wütend, stolz und *wild*.

Die von Tepper und Wright Cassidy (1999) untersuchten Kinderbücher, die Kinder ihrer Stichprobe tatsächlich lasen, sowie die
Kinderbücher, die zwischen 1980 und 1997 den Caldecott Kinderbuchpreis erhielten, zeigten jedoch bezüglich der Menge und Art
der Emotionen, die den weiblichen und männlichen Protagonisten
zugeschrieben wurden, keine Unterschiede; sie bestätigten des Stereotyp der größeren weiblichen Emotionalität nicht. Es ist nicht auszuschließen, dass dies die generelle Tendenz reflektiert, dass Frauen sich
den männlichen Verhaltensweisen stärker anpassen, ohne dass Männer umgekehrt feminine Züge übernehmen. Diese Tendenz haben
Evans und Davies (2000) für die Darstellung von Männern in amerikanischen Grundschulbüchern, Yanowitz und Weathers (2004) für
Lehrbücher in pädagogischer Psychologie ermittelt, Fichera (1994)
hat dies als Tendenz der deutschen Schulbücher festgestellt und Diek-
man/Murnen (2004) haben sie für Kinderbücher, und auch solche,
die als nicht-sexistisch empfohlen werden, beobachtet.

Untersuchungen zum Fernsehen haben – von den Studien zu
Fernsehdiskussion abgesehen – vor allem inhaltsanalytisch gearbei-
tet. Sie sind der Frage der Präsenz von Frauen, der Eigenschaften, mit
denen sie versehen werden, und des Einflusses, den sie nehmen, nach-

gegangen. Selten wird die Sprechweise untersucht. Sowohl die neueren wie die älteren Studien zur Darstellung von Frauen und Männern im Fernsehen, in der Werbung wie in anderen Beiträgen zeigen,
dass diese noch immer weithin den traditionellen Geschlechtsrollenstereotypen entsprechen. D.h. Frauen kommen insgesamt in den
Sendungen seltener vor (wie sie auch in den Reihen der Fernsehma-
cher deutlich unterrepräsentiert sind, vgl. Wood 1994); wenn sie vorkommen, werden sie meist als junge, schöne, schlanke Frauen dargestellt, die sich um den Mann, die Kinder, die Verwandten, Freunde
und weitere soziale Belange kümmern; wenn sie einem Beruf nachgehen, dann eher nebenher und einem eher sozialen Beruf. Komple-
mentär zu dieser Idealfrau werden Frauen negativ als Hexe, Hure,
als die schlechthin Böse, als kalt, aggressiv und hart dargestellt (vgl.
ebd., S. 236ff.).

In den **Werbespots** kommen Frauen im Kontext von Waschmit-
teln, Kosmetika, Diätprodukten etc. vor oder als Dekoration von
Autoreklamen. Dieses bis in die 90er Jahre in der westlichen Welt
vorherrschende Bild begann sich zu lockern; ab den 1990er Jahren
sind Frauen in den meisten Sparten des Fernsehens zunehmend häufiger präsent und sie werden nicht mehr ausschließlich stereotyp dargestellt (Kimball 1986; Signorielli/Bacue 1999; Allan/Coltrane 1996),
dies trifft auch auf die Werbung in Printmedien zu (Lindner 2004);
allerdings entsprechen diese Veränderungen nicht den tatsächlichen
Veränderungen in der Partizipation von Frauen am Erwerbsleben und
ihrer Konsumkraft (Ganahl et al. 2003). Eine relative Konstanz mit
Tendenzen zur Veränderung bestätigt die ländervergleichende Studie
von Furnham/Mak (1999), die für Länder Asiens und Afrikas eine
geringere Flexibilisierung der Stereotype als in den Ländern der sog.
westlichen Welt ermittelt.

Was **Fernsehsendungen für Kinder** betrifft, so scheinen diese noch
stärker den traditionellen Stereotypen als die Sendungen für Erwachsene zu folgen. Dies betrifft auch das Sprachverhalten. Thompson/Zer-
binos (1995) stellten in ihrer Analyse von *animated cartoons* fest, dass
die männlichen Protagonisten deutlich mehr redeten, mehr unterbrachen und sich häufiger über andere lustig machten. Thompson/Zerbi-
nos (1995) stellten aber auch für dieses Genre fest, dass zunehmend
weniger stereotype Charaktere gezeigt werden. Thompson/Zerbinos
(1997) fanden, dass geschlechterstereotype Darstellungen in *cartoons*
von 4 bis 9-Jährigen stereotyp verstanden wurden.

Die zunehmende Präsenz von Frauen als Nachrichtensprecherin-
nen und Moderatorinnen im Fernsehen westlicher Nationen zeigt eine
Veränderung zugunsten einer stärkeren Partizipation von Frauen an
(Süssmuth 2004). Ob die Zunahme weiblicher Beteiligung eine Ver-

änderung des Moderationsstils zur Folge hatte, scheint nicht untersucht zu sein. Ebenso scheint nicht systematisch untersucht, ob die
Befunde aus den 1980er Jahren zum Kommunikationsverhalten von
Frauen und Männern in Fernsehdiskussionen noch immer die Tendenz abbilden, dass Männer häufiger Expertenstatus reklamieren und/
oder er ihnen zugesprochen wird (Kotthoff 1992) oder ob Frauen
nicht zunehmend selbstbewusst ihre Positionen behaupten (wie Felderer 1997 zeigte).

Bezüglich der **Darstellung von Frauen in Frauenzeitschriften**
und der dort verwendeten Sprachformen legt die Studie von Bettina
Stuckard (2000) nahe, dass sich in den traditionellen und verkaufs-
starken Blättern bei den verwendeten Sprachformen keine Veränderungen erkennen lassen, obwohl die befragten Redakteurinnen der
These der sprachlichen Ungleichbehandlung der Geschlechter häufig
zustimmten. Ebenso scheint das in diesen Blättern vermittelte Frauen-
und Männerbild nur oberflächlich gängige Stereotypen aufgegeben zu
haben. Eine Reihe empirischer Untersuchungen hat gezeigt, dass die in
den Medien, vor allem im Fernsehen als dem am häufigsten frequen-
tierten Medium übermittelten stereotypen Frauen- und Männerbil-
der die entsprechenden stereotypen Vorstellungen bei den Zuschau-
ern nachhaltig befördern (vgl. Wood 1994, S. 249).

Im neuen Medium, dem **Internet**, in dessen *chatrooms* oder Foren
das Geschlecht im Prinzip maskiert werden kann, und das in den
1980ern generell als egalitäres, somit auch für traditionell unterge-
ordnete gesellschaftlichen Gruppen förderliches Medium betrachtet
wurde (Herring 2000), scheinen die Kommunikationsstrukturen die
Geschlechterverhältnisse zu reflektieren (Hall 1994; Cherny 1994;
Herring 1994). So scheint es auch in diesem Medium wichtig zu
sein, das Geschlecht der Partner zu kennen.

»Gender is so sensitive an issue that it has given rise to the terms *Morf* (=
›male or female‹), an online query addressed to someone who uses a gender-
ambiguous name (e.g. *Chris, Hilary, Jan*) and *Sorg* (=›straight or gay‹). People
seem to become particularly anxious if they do not know the sex and sexual
preferences of the person they are talking to« (Crystal 2001, S. 51).

Was das Kommunikationsverhalten der Geschlechter im Internet
anlangt, zeigt die Studie von Witmer und Katzman zu *newsgroups* und
speziellen *interest groups* (Witmer/Katzman 1997), dass Frauen häufiger *smileys*, die im Internet die Funktion von Prosodie und Mimik
ersetzen, gebrauchen, was nach Susan Herring, die zu einem ähnlichen Ergebnis kam (Herring 1998, zit. in Herring 2000), einem eher
sozial-empathischen Stil entspricht. Herring (2000) stellt als Ergebnis
verschiedener Studien zum Geschlechterverhalten in der asynchronen

Internet-Kommunikation fest, dass die Merkmale, die das *off-line* Kommunikationsverhalten der Geschlechter charakterisiert, in wesentlichen Zügen auch in der *on-line* Kommunikation zu finden sind:

»[...] males are more likely to post longer messages, begin and close discussions in mixed-sex groups, assert opinions strongly as ›facts‹, use crude language (including insults and profanity), and in general, manifest an adversarial orientation towards their interlocutors [...] In contrast, females tend to post relative short messages, and are more likely to qualify and justify their assertions, apologize, express support of others, and in general, manifest an ›aligned‹ orientation towards their interlocutors [...]« (Herring 2000, S. 2).

Ebenso sind Frauen in den überwiegend männlich zusammengesetzten Kommunikationsgruppen im Internet aggressiver als im Gespräch mit anderen Frauen, während Männer sich in überwiegend weiblich zusammengesetzten Gruppen weniger aggressiv verhalten (ebd.). Der weibliche Kommunikationsstil führt nach Herring zu Nachteilen, denn die Frauen erhalten weniger Antworten und können auch nicht die Themen in den Kommunikationsgruppen mitbestimmen (ebd., S. 3). In synchronen Kommunikationsgruppen des Internet ist die Partizipation von Männern und Frauen eher ausgeglichen, vermutlich auch, weil der Flirt hier eine Rolle spielt, die Diskursstrategien sind jedoch auch hier nicht verändert (ebd., S. 4). Dieses Muster ist jedoch, wie eine neuere Studie von Panyametheekul und Herring (2003) fand, nicht in allen Kulturen gültig. Ob es die westliche Kultur zutreffend charakterisiert, ist fraglich, da die entsprechenden Befunde zur *off-line* Kommunikation meist nicht hinreichend abgesichert sind und womöglich auch bei der Internetkommunikation eher Stereotype als reale Verhaltensunterschiede sichtbar sind.

Zusammenfassend lässt sich feststellen, dass in den Institutionen vor allem der Schule noch immer geschlechterdifferente Kommunikationsweisen zu beobachten sind und dass in den Medien die herrschenden Stereotype nur langsam einer etwas realistischeren Darstellung der Geschlechter weichen. Auch das neue Medium Internet trägt geschlechterstereotype Züge.

2.3 Nonverbale Kommunikation

Nonverbale Kommunikation meint die Übermittlung und Dekodierung von Botschaften im mimischen Ausdruck, in Gestik, Intonation, Körperhaltung und –ausrichtung im Raum (Proxemik), die begleitend, ergänzend und ersetzend zur verbalen Kommunikation erfolgen kann. Nonverbale Botschaften werden auch durch die Art der Kleidung und kosmetischen Herrichtung der Körper übermittelt (Knapp/Hall 1992), die hier nicht eigens behandelt werden, da sie nur in losem Zusammenhang zur sprachlichen Kommunikation stehen. Nach Meinung von Birdwhistell (1970) und Mehrabian (1981) werden mehr Bedeutungen durch nonverbale als durch verbale Signale übermittelt (Wood 1994, S. 151).

Nonverbale Signale können verschiedene Funktionen übernehmen; sie können

– referentiell-darstellende Funktion haben (z.B. bei ikonischen Gesten),
– sie können expressive Funktion erfüllen (z.B. im Gesichtsausdruck),
– sie können der Interaktionsregulation dienen (z.B. Blickwechsel bei einem *possible completion point*) und sie fungieren auch als
– Mittel der Etablierung und Aufrechterhaltung oder des Abbruchs der sozialen, kommunikativen Beziehung (z.B. Kopfnicken als Bestätigungssignal).

Obwohl nonverbale Signale auf unterschiedlichen Kanälen gesendet werden und ganz unterschiedliche Funktionen erfüllen können, wurde die Frage möglicher Geschlechterdifferenzen in der nonverbalen Kommunikation meist nicht auf diese unterschiedlichen Funktionen bezogen.

Vielmehr ging man auch in diesem Bereich vor allem der Frage nach, wie durch nonverbale Kommunikation die soziale Benachteiligung von Frauen sowie die männliche Dominanz kommunikativ bestätigt und tradiert wird. Dass nonverbale Kommunikation zu großen Teilen der Sicherung männlicher Dominanz dient, wurde vor allem von Nancy Henley in ihrem Buch *Body Politics. Power, Sex, and Nonverbal Communication* (1977) propagiert. Henleys These ist, »[...] dass nonverbale Kommunikation zu einem großen Teil dazu dient, [...] massive, verdeckte Kontrolle auszuüben, eine Kontrolle, die insbesondere die weibliche Hälfte unserer Bevölkerung in einer de-facto-Unterwerfung hält« (Henley 1984, S. 40). Das bedeutet: »In der Interaktion zwischen Frauen und Männern können viele nichtverbale Akte entweder als Dominanzsignale, die von den Männern ausgehen, gesehen werden, oder als Unterwerfungssignale, mit denen Frauen darauf antworten« (Henley 1984, S. 40f.).

Im Unterschied zu Henley ist Wood der Auffassung, dass »[...] identified gender differences in nonverbal behavior reflect rather distinctive masculine and feminine styles« (Wood 1994, S. 169), die sie wie folgt beschreibt:

»In general, women are more sensitive to nonverbal communication; display more interest, attention, and affiliation; constrict themselves physically; are given and use less space; use touch for affiliative purposes but are touched more; and restrict body gestures more than men. Reflecting cultural messages to them about how to enact masculinity, men's nonverbal communication tends to signal power and status, to assert themselves and their agenda, to command territories, and to shroud their emotions from public display« (ebd., S. 169).

Im Folgenden wird geprüft werden, ob die empirische Forschung diese Sicht auf Geschlechterdifferenzen in der nonverbalen Kommunikation bestätigt. Grundlage dieser Prüfung sind Studien zu Dekodierungs- und Enkodierungsleistungen nonverbalen Verhaltens durch die Geschlechter (2.3.1) sowie Studien zum Gebrauch nonverbaler Verhaltensweisen in den Bereichen Mimik (2.3.2), Gestik (2.3.3), Körperhaltung und Proxemik (2.3.4).

2.3.1 Dekodierungs- und Enkodierungsleistungen nonverbalen Verhaltens

Schon ältere Studien haben festgestellt, dass Frauen bessere **Dekodierleistungen** nonverbalen Verhaltens zeigen als Männer und zwar unabhängig davon, ob die zu dekodierenden nonverbalen Verhaltensweisen von Männern oder von Frauen produziert wurden. Insbesondere visuelle Verhaltensweisen konnten Frauen besser als Männer entschlüsseln (Hall 1978; Hall 1984; Hall 1998). Dieser Befund der älteren Studien wird von der umfangreichen Studie zur Dekodierung nonverbalen Verhaltens mit Hilfe des PONS-Tests (*Profile of Nonverbal Sensitivity*, Rosenthal et al. 1979) und von weiteren neueren Studien bestätigt (Hall 1998). Bei diesem Test werden Probanden 20 verschiedene emotionale Situationen von 2 Sekunden Dauer per Video vorgespielt, die Szenen sind von einer Schauspielerin eingespielte Szenen positiven vs. negativen emotionalen Gehaltes und dominanter vs. submissiver Einstellung. Die Szenen werden visuell oder nur auditorisch dargeboten (Rosenthal et al. 1979, S. 6f.).

Ergebnis der Durchführung des PONS-Tests an zahlreichen großen Stichproben von Probanden unterschiedlichen Alters war, dass Frauen in der Dekodierung der visuell dargebotenen Szenen insgesamt signifikant bessere Leistungen als Männer zeigten; außerdem schätzten sie in der Tendenz negative Szenen genauer ein als positive (Rosenthal et al. 1979, S. 159), allerdings waren die Effektstärken (vgl. Kap. 2.5) nicht sehr groß (vgl. Hall 1984, S. 16f.). In den Dekodierungsleistungen der auditiv dargebotenen Szenen unterschieden sich die Geschlechter nicht. Weiter zeigte die Studie, dass diese Geschlechterdifferenzen in verschiedenen Altersgruppen (Elementarschulkinder bis junge Erwachsene) nachweisbar waren (Rosenthal 1979 et al., S. 165). Der PONS-Test wurde auch in 20 von der amerikanischen Kultur sehr stark bis schwach abweichenden Kulturen durchgeführt. Das Ergebnis war, dass die Kulturen eine weite Variation in den Dekodierleistungen aufweisen, dass aber in keiner Kultur rein zufällige Antworten gefunden wurden (Rosenthal 1979 et al., S. 211). Es zeigte sich auch, dass die zunächst für Amerika festgestellte Geschlechterdifferenz in den **Dekodierleistungen auch in anderen Kulturen**, wenn auch in unterschiedlichem Ausmaß, ermittelt werden konnten (Hall 1984, S. 18). Die kulturvergleichende Studie von Biehl et al. (1997) machte deutlich, dass die Dekodierungsgenauigkeit von diskreten Emotionen von kulturellen Einflüssen und Geschlecht mitbestimmt ist.

Dieser Befund passt zu einer Reihe anderer Studien: Ekman/Friesen (1971) beobachteten, dass Mädchen und Frauen auf Neu Guinea Fotos mit mimischen Ausdrücken besser erkennen konnten, Izard (1971) stellte dies für Frauen in England, Frankreich und Griechenland fest, nur Frijda (1953) konnte bei seinem (vergleichsweise kleinen) holländischen Sample keine Unterschiede finden (zit. in Hall 1984). Naomi Rotter und George Rotter (1988) kamen in ihrer Analyse der Dekodierleistungen von diskreten Emotionen zu dem Ergebnis, dass Männer »[...] exceeded [...] in recognizing the negative expressions of disgust, fear, and sadness in both male and female encoders« (Rotter/Rotter 1988, S. 146). Für die Emotion Ärger, die insgesamt schwerer zu dekodieren war, zeigten sich zwar keine generellen Geschlechterdifferenzen; es wurde jedoch festgestellt, dass Männer am besten den Ärgerausdruck anderer Männer und am schlechtesten den Ärgerausdruck von Frauen entschlüsseln konnten (ebd.).

Der kulturvergleichenden Anwendung des PONS-Test ist zudem zu entnehmen, dass Frauen insbesondere nonverbale Signale des Gesichts gut dekodieren können, weniger gut Signale des Körpers und am schlechtesten auditive Signale. Die hauptsächlichen Befunde zum PONS-Test wurde gemäß Metaanalyse von Hall (1984, S. 21) und ihrer Ergänzung in Hall et al. (2000, S. 107) weitgehend bestätigt. Auch in dem von Simon-Baron-Cohen und Sally Weelwright entwickelten *Reading the Mind in the Eyes Test* schnitten Frauen besser ab. Bei diesem Test werden Probanden Fotos der Augenpartie von emotionalen Gesichtsausdrücken vorgelegt und sie sollen aus vier dazu vorgegebenen Begriffen den passenden zuordnen (Baron-Cohen 2004, S. 54). Den Befunden zu Testleistungen entsprechen die Selbsteinschätzungsstudien, die gemäß Metaanalyse von Hall zeigen, dass sich Frauen in der Dekodierung nonverbaler Signale insgesamt als kompetenter als Männer bewerten (vgl. Hall 1984, S. 25).

Bezogen auf die **Dekodierung der diskreten Emotionen** Freude, Traurigkeit, Angst, Ärger, Überraschung und Ekel, die Probanden auf Photos dargeboten wurden, stellte die Studie von Toner und Gates (1985, zit. in Maier 1992, S. 15) fest, dass die Dekodierleistung bei Frauen von Persönlichkeitsmerkmalen mit beeinflusst wird: Gehemmte Frauen hatten größere Schwierigkeiten im Erkennen von Emotionen als andere Frauen, sie schnitten aber immer noch etwas besser ab als Männer. Cunningham (1977, zit. ebd.) stellte dagegen fest, dass gerade gehemmte Menschen beiderlei Geschlechts bessere Dekodierleistungen aufweisen. Demnach ist der Einfluss von Persönlichkeitsmerkmalen auf die Dekodierungsleistungen nicht eindeutig.

Auch im **nonverbalen Enkodieren** zeigen Frauen gegenüber Männern bessere Leistungen, d.h. deren Ausdruck konnte von unabhängigen Beobachtern häufiger richtig beurteilt werden, wobei es keinen Unterschied machte, ob die Enkodierungen posiert, d.h. durch Anweisungen zustande gekommen waren oder spontane Reaktionen auf bestimmte Stimuli waren – zu diesem Ergebnis kam die Metaanalyse zahlreicher Studien von Judith Hall (Hall 1984, S. 53). Coates und Feldman (1996) konnten zeigen, dass Frauen die Emotion der Freude (*happiness*) besser enkodieren konnten, während Männer bessere Enkodierungsleistungen für die Emotion ›Ärger‹ zeigten. Dies ist jedoch nicht in allen Kulturen der Fall (Hall et al. 2000, S. 109). Außerdem erbrachte die kritische Sichtung der relevanten Literatur von Ann Kring (2000), dass Geschlechterdifferenzen im Ärgerausdruck stark von der Situation abhängig sind. Generell stellen Fischer und Manstaed (2000, S. 74) nach Analyse empirischer Studien und als Ergebnis ihrer eigenen Studie zu emotionaler Expressivität in verschiedenen Kulturen fest, »[...] that gender differences in emotion are more pronounced in Western countries than in non-Western countries«.

Dabei ist nicht auszuschließen, dass **stereotype Interpretationen** des Emotionsausdrucks eine Rolle spielen, wie die neueste Studie von Plant et al. (2004) nahe legt. Hier sollten Probanden den Ausdruck eines aus einem männlichen und weiblichen Gesicht synthetisierten Gesichts beurteilen; das Gesicht zeigte einen Ausdruck von »blended anger and sadness« und war alleine durch die Frisur und Kleidung als männlich oder weiblich gekennzeichnet. Ergebnis war, »[...] that blended expressions of anger and sadness were viewed as expressing less intense sadness and more intense anger when the poser was male than when the poser was female« (Plant et al. 2004, S. 191; vgl. Hess et al. 2000). Nicht das Verhalten, sondern die Erwartung des Betrachters scheint demnach bestimmend zu sein, wie auch die sog. Baby-X-Studien bezüglich der Erwartungen von Erwachsenen (z.B. Condry/Condry 1976; Stern/Karraker 1989; vgl. Bischof-Köhler 2002), aber auch bezüglich der Erwartungen von 4- bis 5-jährigen Kindern (Widen/Russell 2002) zeigten.

Wie bei der Dekodierung waren auch bei der Enkodierung die Leistungen der Frauen vor allem im visuellen Bereich besser als die der Männer. Auch bei der Enkodierung schätzten Frauen ihre Leistungen höher ein als die Männer (Hall 1984, S. 55). Zwei Studien von Zuckerman und Mitarbeitern (1975, 1976, zit. in Maier 1992, S. 18) stellten zudem fest, dass ein korrelativer Zusammenhang zwischen Dekodier- und Enkodierleistungen besteht: »Diejenigen Individuen, die ihre Gefühle präziser in nonverbale Signale umsetzten, waren auch die besseren Dekodierer, wobei die Kluft zwischen Männern und Frauen bei der Enkodierung geringer war als bei der Dekodierung« (Maier 1992, S. 18).

Insgesamt zeigen die bisherigen, auch kulturvergleichenden Studien, dass Frauen bessere Leistungen im Dekodieren und Enkodieren insbesondere von Emotionen aufweisen.

2.3.2 Mimik

Mimik bzw. der Gesichtsausdruck wurde untersucht bezüglich der Expressivität des Ausdrucks, bezüglich des Ausdrucks positiver vs. negativer Gefühle sowie des Lächelns und Blickens.

Für die **Expressivität des Gesichtsausdrucks** stellten 5 der 6 von Hall (1984, S. 59) in ihrer Metaanalyse betrachteten Studien fest, dass der Gesichtsausdruck von Frauen signifikant (und mit einer guten Effektstärke) expressiver war als der von Männern. Buck et al. (1979, zit. in Hall 1984, S. 59) ermittelten zudem, dass Expressivität des Gesichtsausdrucks mit geringem Hautwiderstand, der als Ausdruck für physiologische Erregung (*arousal*) gesehen wird, einhergeht. Nach Hall (1984, S. 59) scheinen Frauen »[...] tend to be externalizers (high facial response, low physiological response), while males tend to be internalizers (reverse pattern)«.

Häufig untersucht im Bereich der Mimik ist das **Lächeln**, zuweilen zusammen mit dem Lachen. Nach Henley (1977; 1995) ist Lächeln ein Anzeichen niedrigen sozialen Status und somit ein Anzeichen von Unterordnung, nach Cashdan (1998) ist es ein Zeichen der Freundlichkeit und Zuwendung, das von Frauen als Mittel genutzt wird, ihren Status zu erhöhen. Was jedoch die Funktion des Lächelns tatsächlich ist, ist alles andere als klar, denn »Smiling can be an outlet of positive emotions in general, can be shown as a sign of relief, triumph, or joy but also as a consequence of embarrassment, fear, and submission [...]« (Schmid Mast 2000, S. 30). Ebenso komplex sind die Determinanten dieses Verhaltens, wie Halberstadt/Saitta (1987) und Hall et al. (2000) belegten.

Die Metaanalyse der 24 Studien zum Lächeln bei Erwachsenen von Judith Hall und Amy Halberstadt (1986) zeigte, dass 95% der Studien mit einer guten Effektstärke signifikant häufiger Lächeln bei Frauen feststellten (Hall/Halberstadt 1986, S. 141). Dies wurde besonders dann deutlich, wenn der Partner auch eine Frau war (Hall 1984, S. 62) oder wenn Probanden aufgefordert waren, einander bekannt zu machen (LaFrance/Hecht 2000, S. 131). Bei Kindern wurden keine entsprechenden Unterschiede gefunden (Hall/Halberstadt 1986, S. 141). Die Geschlechterdifferenzen waren bei den Frauen im College-Studentenalter ausgeprägter als in späterem Alter (Hall/Halberstadt 1986, S. 148; LaFrance/Hecht 2000, S. 127). Geringer ausgeprägt waren die Geschlechterdifferenzen in aufgabenorientierten oder Wettkampfsituationen (LaFrance/Hecht 2000, S. 133f) oder wenn asiatische oder afrikanisch-amerikanische Probanden beobachtet wurden (ebd., S. 129).

Bezüglich des **Lachens** fand Schmid Mast (2000), dass Männer und Frauen im gleichgeschlechtlichen Gespräch zunächst gleich häufig lachten, dass in den Gesprächen unter Männern Lachen als Dominanzindikator mit der Zeit (d.h. zum zweiten Beobachtungszeitpunkt) zurückging und Lachen hier eher als unterstützend wahrgenommen wurde, während Frauen im gleichgeschlechtlichen Gespräch auch zum zweiten Beobachtungszeitpunkt noch häufiger lachten und dieses Verhalten bei ihnen als Anzeichen von Dominanz wahrgenommen wurde. In Gesprächen mit Männern lachten Frauen häufiger; das Verhalten der Frauen wurde weder als besonders freundlich und unterstützend noch als besonders dominant von den Männern wahrgenommen. Frauen dagegen beurteilten das Lachen der Männer in gemischtgeschlechtlichen Gesprächen als Signal von Dominanz (Schmid Mast 2000, S. 76ff.).

Die Geschlechterdifferenzen im Lächelverhalten scheinen von **situativen Faktoren** mitbestimmt zu sein. So sind die Geschlechterdifferenzen in *face-to-face*-Interaktionen am größten, während sie in nicht-sozialen Situationen kaum mehr feststellbar sind (LaFrance/ Hecht 2000). Hall und Halberstadt (1986) fanden, dass Frauen häufiger lächelten, wenn sie die Situation als beängstigend oder anspannend empfanden. Hall et al. (2001) ermittelten, dass Frauen insbesondere dann häufig lächelten, wenn sie für Fotos posierten; keinen Unterschiede bezüglich des Lächelns fanden Hall et al. (2001) dagegen auf Fotos derselben Probanden, die unangekündigt während der

Interaktion gemacht wurden. Ähnliches ergab die Metaanalyse von LaFrance/Hecht (2000, S. 129f.). Statusunterschiede zwischen den Probanden der von Hall geprüften Studien wiesen keinen Zusammenhang mit Lächelhäufigkeit auf. Daraus folgern Hall et al.: [...]the parallalism between gender and status effects posited by Henley (1977) was not in evidence« (Hall et al. 2001, S. 690).

Zu dem gleichen Resultat kamen Hall und Halberstadt in ihrer Metaanalyse (Hall/Halberstadt 1986, S. 150), Cashdan (1998) sowie Schmid Mast und Hall (2004). Entgegen der These von Henley (vgl. LaFrance/Henley 1997), dass es einen Parallelismus zwischen ›Geschlecht‹ und ›**Status**‹ gibt und dass Frauen als statusniedrige Personen häufiger lächeln, um ihre Unterordnung zu signalisieren, stellt sich das Verhältnis von ›Status‹ und ›Geschlecht‹ beim Lächeln als komplexer dar. Hall und Friedman (1999) fanden, dass Frauen in hoher Position in einem Betrieb häufiger lächelten als Männern in gleich hoher Position; bei Männern und Frauen mit niedrigem Status ergaben sich keine Unterschiede in Bezug auf das Lächeln. In diesen Studien wurden zusätzlich zum Lächeln weitere nonverbalen Verhaltensweisen analysiert; es zeigte sich, dass statushohe Männer andere Verhaltensweisen häufiger gebrauchten als die statushohen Frauen:

»For men, the use of more facilitators and fewer interruptions characterized those of higher status [...] For women, those of higher status were characterized by greater warmth and expressiveness; more nodding, gazing, gesturing, and touching; and fewer facilitators [...]« (Hall/Friedman 1999, S. 1090).

Das unterschiedliche Verhalten weist jedoch die Gemeinsamkeit auf, »[...] that for both men and women, authority expressed itself in positive, supportive ways« (Hall/Friedman 1999, S. 1090).

Status ist nach dem Befund von Hall/Friedman zudem ein Faktor, der Geschlechterdifferenzen im Verhalten verdecken kann. Wenn nämlich Status als Variable kontrolliert wurde, so zeigten sich Geschlechterdifferenzen deutlicher als zuvor; d.h., dass diese Differenzen nicht auf Geschlechterdifferenzen im Status zurückgeführt werden können (Hall/Friedman 1999, S. 1089). Dies konnten LaFrance/Hecht (2000, S. 134f.) in ihrer Metaanalyse jedoch nicht bestätigen.

Hall et al. (2002) haben außerdem darauf aufmerksam gemacht, dass nicht der Status per se, sondern die Einstellung der jeweiligen Person gegenüber ihrem Status, d.h. ob sie ihn akzeptiert oder ablehnt, die Häufigkeit des Lächelns bestimmt; ebenso ist entscheidend, ob die Person mit höherem Status feindselige oder prosoziale Dominanz signalisiert. Hall et al. (2002) fanden in ihrer Studie, dass die männlichen wie weiblichen studentischen Probanden mehr lächelten, wenn deren »Vorgesetzter« ein kontrollierendes, abweisendes Verhalten zeigte.

Schmid Mast und Hall (2004) stellten fest, dass die Frauen, die in einer niedrigeren sozialen Position waren und diese auch präferierten, häufiger lächelten; das traf auf Männer in dieser Situation nicht zu, aber auch nicht auf Frauen und Männer in (präferierter) höherer sozialer Position (Schmid Mast/Hall 2004, S. 395).

Das häufigere Lächeln von Frauen kann nach Hall (1984, S. 68) insofern einen negativen Effekt haben, als es wegen seiner größeren Häufigkeit als weniger bedeutungsvoll betrachtet wird. Außerdem führt häufiges Lächeln automatisch dazu, dass die nonverbalen und verbalen Botschaften nicht immer zusammenpassen, auch insofern ist das häufige Lächeln von Frauen problematisch (vgl. Hall et al. 2000, S. 105).

Zu Geschlechterdifferenzen in **negativen Gesichtsausdrücken**, d.h. Stirnrunzeln, Grimassieren, Augenbrauenzusammenziehen, liegen nur wenige empirische Studien vor. Die wenigen Studien zeigen, dass »[...] child and adult females in social situations tend to show at least somewhat more facial negativity, and for adult females this negativity takes the form of frowning, not expressions of fear or anxiety« (Hall 1984, S. 70). Da in diesen Studien Frauen nur in Interaktion mit männlichen Partnern untersucht wurden, kann nicht gesagt werden, ob Frauen immer oder nur gegenüber einem männlichen Partner häufiger Stirnrunzeln zeigen (ebd.). Sollten Frauen jedoch nicht nur gegenüber Männern häufiger negative Gesichtsausdrücke zeigen, so hieße das, dass Frauen sich in ihrem mimischen Verhalten nicht an einer Norm der Freundlichkeit, sondern an einer Norm der Expressivität ausrichten

Häufig untersucht wurde auch das **Blickverhalten** (Knapp/Hall 1992, S. 295ff.). Auch hier erbrachte die Metaanalyse von Hall und Halberstadt (1986), dass 84% der 62 in Betracht gezogenen Studien mit guter Effektstärke signifikant häufigeres Blicken (gemessen als Dauer und als Häufigkeit des Blickens) von Frauen ermittelten; nur 3% der Studien fanden einen Vorsprung bei Männern. Besonders deutlich war der Unterschied in Gesprächen unter Frauen (Hall 1984, S. 77). Dieser Geschlechterunterschied zeigte sich schon bei Kindern (Hall 1984, S. 75). Eine neuere Studie von Baron-Cohen kam zu dem Ergebnis, dass schon neugeborene Mädchen länger auf ein reales, belebtes Gesicht eines Menschen schauen, während Jungen den Blick eher auf ein unbelebtes, mechanisches Objekt richten (Baron-Cohen 2004, S. 85f.). Leeb/Rejskind (2004) fanden, dass 13 bis 18 Wochen alte weibliche Babys häufiger Blickkontakt aufnahmen. Die Metaanalyse von Hall zum Blickverhalten kam außerdem zu dem Ergebnis, dass Frauen nicht nur selbst häufiger blicken, sondern dass sie auch häufiger angeblickt werden (Hall 1984, S. 81).

Die Geschlechterdifferenzen bezüglich des Blickverhaltens scheinen von Faktoren wie Status mit beeinflusst zu sein (Hall/Halberstadt
1986, S. 153). Dovidio et al. (1988b) haben sogar festgestellt, dass der
Expertenstatus wichtiger als das Geschlecht sein kann. Anknüpfend
an den für gleichgeschlechtliche Interaktionen ermittelten Befund,
dass Personen mit großer sozialer Macht ihre sozial untergeordneten
Gesprächspartner länger anblicken, wenn sie selbst reden, ihn aber
weniger häufig anschauen, wenn sie ihm zuhören, untersuchten Dovidio et al., ob ein ähnliches Muster auch bei Gesprächspartnern verschiedenen Geschlechts zu finden ist. Dabei gehen die Autoren von
dem *expectation states model* von Berger et al. (1985; vgl. Kap. 3.4.2)
aus; nach diesem Modell wirkt Geschlecht als eine diffuse Status-Cha-
rakteristik, die dann ins Spiel kommt, wenn andere Status-Charakte-
ristika wie Expertenwissen nicht gegeben sind. Die Studie von Dovidio et al. stellt fest, dass

»[...] men and women high in expertise or reward power displayed equiva-
lent levels of looking while speaking and looking while listening [...] When
men and women were relatively low in expertise or social power, they both
looked more while they were listening than while they were speaking [...]«
(Dovidio et al. 1988b, S. 239f.).

Die unterschiedliche Verteilung des Blickens beim Reden und Zuhören kann nach Hall und Friedman (1999) nicht immer auf Statusunterschiede bezogen werden, sie kann nach Hall (1984, S. 83) auch
Ausdruck eines »warmth-affiliative motive« sein.
Die meisten Studien zum Lächeln wie zum Blicken waren, wie
Hall/Halberstadt (1986) und Hall (1984) feststellen, fast ausschließlich Laborstudien und beinhalteten freundliche Interaktion. Dies trifft
auch auf die Studie von Dovidio et al. (1988b) zu. Ob die gefunde-
nen Geschlechterdifferenzen in diesen Situationen das reale Verhalten in verschiedenen Alltagssituationen erfasst, scheint nach Hall/Hal-
berstadt fraglich (Hall/Halberstadt 1986, S. 155). Hierauf verweist
auch der Befund von Exline (1963, zit. in Maier 1992, S. 31), dass
Frauen in Wettbewerbssituationen Blickkontakte erheblich reduzie-
ren, und der Befund von Rubin (1970, zit. ebd.), dass intime Paare
einander besonders häufig anblicken; in die gleiche Richtung weist
das Ergebnis der Metaanalyse von Hall (1984), dass die Blickrate
und die Blickdauer vor allem in Interaktion unter Frauen deutlich
höher lag als in gegengeschlechtlichen Interaktionen. Dafür spricht
auch der Befund von Aiello (zit. in Hall 1984, S. 78), dass häufiges
Blicken bei Frauen an eine mittlere Distanz zum Interaktionspartner
gebunden ist, während Männer gerade bei größeren Distanzen häufiger den Partner anblicken.

Frauen sind im mimischen Ausdruck expressiver als Männer. Lächeln und Blickverhalten wird nicht alleine vom Geschlecht, sondern einer Vielzahl weiterer Faktoren mit beeinflusst.

2.3.3 Gestik

Die wenigen Studien zu geschlechtsbezogenen Unterschieden in der Gestik haben eine stärkere Expressivität und Häufigkeit von **Handgesten** bei Frauen ermittelt, die auch Handembleme und Selbstberührungen einschließen, wobei Selbstberührungen nicht allein vom Geschlecht, sondern auch von situativen Faktoren abhängig sind (Maier 1992, S. 44ff.; Hall et al. 2000). Des weiteren wurde festgestellt, dass Frauen häufiger die Hände im Schoß und verschränkt halten, während Männer häufiger Verhaltensweisen zeigen wie »[...] upper limbs moving as a unit, arms between legs, folded hands, resting fist, finger interlaced, and nose wiping [...] « (Hall 1984, S. 124). Welche kommunikativen Funktionen diese Verhaltensweisen haben, ist den Studien nicht zu entnehmen. Wie schon für den mimischen Ausdruck, kann auch für den gestischen Ausdruck festgehalten werden, dass Frauen eine größere Expressivität aufweisen.

Bei den Gesten bzw. Handbewegungen wurden vor allem **Berührungen** auf Geschlechterdifferenzen hin untersucht. Die entsprechenden empirischen Studien zeigten, dass Frauen tendenziell häufiger Berührungen initiieren (Hall 1984, S. 108), dass dies nach der kulturvergleichenden Studie von Berkowitz (1971, zit. in Hall 1984, S. 109) auch in anderen Kulturen beobachtbar ist, dass Frauen aber nicht häufiger Berührungen empfangen als Männer (Hall 1984, S. 110). Eine Asymmetrie im Berührungsverhalten, die Henley (1977, S. 94ff.) postulierte und der zufolge Männer häufiger Frauen berühren, als dass Frauen Männer berühren und dass dies Ausdruck des Statusunterschieds zwischen Frauen und Männern ist, wird von den bei Hall betrachteten Studien nicht bestätigt (vgl. Maier 1992). In ihrer Studie von 1999 fanden Hall und Friedman, dass Frauen beim Lösen einer Konstruktionsaufgabe in Kooperation mit einem Mann häufiger den Mann berührten.

Insgesamt ist festzustellen, dass die von Hall untersuchten quantitativen Studien zum Berührungsverhalten nur eingeschränkte Aussagekraft haben, da die Studien sich meist auf freundliche Interaktionen beziehen, Berührungsverhalten in seiner Bedeutung nicht eindeutig ist, Berührungen unterschiedlich gemessen wurden und der Anteil der gleichgeschlechtlichen Konstellationen bei Berührungen

nicht immer ersichtlich ist. Studien, die mögliche qualitative Differenzen im Berührungsverhalten untersuchten, sind insgesamt selten;
diesen Studien zufolge haben Männer eine Präferenz für das Händeschütteln und neigen schneller zu aggressiver Berührungen, Frauen
zeigen auch in öffentlichen Situationen häufiger Umarmungen und
intime Berührungen und reagieren auf das prosoziale Berührtwer-
den von anderen positiv (Hall 1984, S. 114). Zum Händeschütteln
zeigten Chaplin et al. (2000), dass die männlichen Probanden dieser Studie häufiger einen festen Händedruck hatten (Chaplin et al.
2000, S.114), dass die Bewertung des festen Händedrucks und dessen Korrelationen zu Persönlichkeitseigenschaften für Männer und
Frauen unterschiedlich ausfiel:

»[...] we found that women who are more liberal, intellectual, and open to
new experiences have a firmer handshake than women who are less open and
have a less firm handshake. For men, the relations among these variables are
substantially weaker, but in the opposite direction: More open men have a
slightly less firm handshake and make a somewhat poorer impression than
less open men« (Chaplin et al. 2000, S.116).

Auch bei Handgesten weisen Frauen eine größere Expressivität als Männer auf. Das Berührungsverhalten ist nicht alleine
vom Geschlecht abhängig.

2.3.4 Körperhaltung und Proxemik

Der Begriff Proxemik bezeichnet die **Nähe vs. Distanz in der sozialen
Interaktion** und Kommunikation. Nach kulturvergleichenden Studien von E.T. Hall (1976) lassen sich vier Raumzonen unterscheiden:
die Zone der intimen Distanz (bis 45cm), die Zone der persönlichen
Distanz (45-120cm), die Zone der sozialen Distanz (120-360cm) und
die öffentliche Zone (Distanzen ab 360cm).
    Proxemik wurde bezüglich von Geschlechterdifferenzen analy-
siert in Form von naturalistischen Feldbeobachtungen, von Laborstudien, in denen die Distanzregulation manipuliert wurde, und in Form
von Selbsteinschätzungen der präferierten Distanz durch Probanden
(Knapp/Hall 1992, S. 160ff.). Diese Studien kamen nach der Metaanalyse von Hall (1984) zu dem Ergebnis, dass Männer zu Interak-
tionspartner/innen eine größere Distanz einnehmen. Dies wird bei
Kindern nur als Tendenz festgestellt. Fraglich ist, ob dieser Befund
verallgemeinerbar ist; so vermutet Hall: »In threatening or unpleasant
encounters, males may step foreward, as it were, and females may step
back, as our intuitions might tell us« (Hall 1984, S. 91).

Die wenigen kulturvergleichenden Studien zum **Distanzverhalten** zeigen nach Hall eine »[...] weak tendency for non-Anglo groups to have relative more findings of women setting larger distances than men« (Hall 1984, S. 93; Knapp/Hall 1992, S. 162ff.). Betrachtet man die Studien, die das Geschlecht der Person, auf die sich ein Distanzverhalten richtet, analysieren, so zeigt sich, dass zu Frauen geringere Distanz gehalten wird als zu Männern, was sowohl in naturalistischen, experimentellen wie in Selbsteinschätzungsstudien ermittelt wurde (Hall 1984, S. 94). Das Distanzverhalten wird auch vom Bekanntheitsgrad und der Geschlechterkonstellation beeinflusst. In gegengeschlechtlicher Konstellation zeigen sich größere Distanzen bei einander unbekannten Interaktionspartnern, dagegen geringere Distanzen in gleichgeschlechtlicher Interaktion. Sind die Partner einander bekannt, so sind die Distanzen in der gegengeschlechtlichen Interaktion geringer als in der gleichgeschlechtlichen Interaktion (Hall 1984, S. 97). Der Befund, dass Frauen zu Interaktionspartnern geringere Distanz halten und ihnen gegenüber ebenso geringe Distanz gehalten wird, ist nach Auffassung von Hall (ebd., S. 99ff.) weniger Ausdruck davon, dass der persönliche Raum von Frauen missachtet wird, was z.B. die kaum hinterfragte Annahme der entsprechenden Darstellung bei Mühlen-Achs (1993) ist; nach Hall ist dies vielmehr als Ausdruck einer stärkeren positiven Wahrnehmung von anderen und durch andere zu sehen, da Personen niederen oder hohen Status eher mit Distanz und nicht mit Distanzverringerung begegnet wird, was eher unter statusgleichen Interaktanten der Fall ist. Das Annäherungsverhalten scheint auch von Persönlichkeitsfaktoren und nicht allein vom Geschlecht bestimmt zu sein, wie Gifford (1982, zit. in Maier 1992, S. 40) zeigte. Außerdem spielt die Situation eine Rolle (Henley 1977, S. 34; Mühlen Achs 1993, S. 121).

Was die **Körperorientierung des Kopfes** in der Interaktion anlangt, zeigen die nicht sehr zahlreichen Studien, die Hall einer Metaanalyse unterzogen hat, dass Frauen in direkter *face-to-face*-Ausrichtung mit andern interagieren; dies trifft auch schon für Kinder zu (Hall 1984, S. 103); allerdings sind die Effektstärken recht schwach. Da die meisten Studien gleichgeschlechtliche Interaktionen beobachteten, kann dieser Befund nicht generalisiert werden. Was die **Körperausrichtung des Rumpfes** anlangt, zeigen Studien, die die präferierte Sitzposition in Interaktionen untersuchten, dass Frauen, wenn ihr Partner ihnen bekannt ist, sich neben ihn setzen, dass sie sich aber einem ihnen fremden Partner gegenüber platzieren.

Hinsichtlich der **Bewegung und Haltung des Körpers** und seiner Gliedmaßen zeigt die Auflistung der entsprechenden Studien bei Hall (1984, S. 122f.), die signifikante Geschlechterdifferenzen ermittelten, dass Männer insgesamt häufiger Bewegungen mit den Beinen, den Füßen und dem Rumpf ausführen, dass sie in der Haltung der Arme und Beine raumgreifend sind, Frauen dagegen in der Interaktion sich häufiger vornüberbeugen oder den Kopf neigen. Demnach sind Frauen »[...] slightly more interpersonally involved [...]« (Hall 1984, S. 124). Eine expansivere Körperhaltung der Männer wird immer wieder als besonderes Charakteristikum nonverbaler Kommunikation hervorgehoben und auch bildlich illustriert (Wex 1980). Rossbach z.B. (1993, S. 103) stellt fest:

»Eine breite Stellung mit nach außen gerichteten Fußspitzen wird dem Mann zugeschrieben. Frauen zeigen das genaue Gegenteil: eine enge Beinstellung mit nebeneinandergestellten oder nach innen gerichteten Fußspitzen und eng am Körper liegenden Armen. Ihr Kopf ist leicht zur Seite geneigt, seiner neigt sich nach vorne, oder das Kinn wird hochgereckt« (Rossbach 1993, S. 103).

Für verschiedene Kulturen ermittelte Hewes (1957, zit. in Hall 1984, S. 125), dass die Körperbewegungen im Sitzen und Stehen bei Frauen weniger expansiv sind. Außerdem zeigten sich nach Hall Geschlechterdifferenzen auch in Körperbewegungen, die nicht sozial ausgerichtet sind:

»[...] men engaged more in foot and leg movements and more touching or picking of the face, and women engaged in more fidgeting with clothes or objects, ›manicuring‹ their fingers, touching hair, baiting nails, and touching parts of the body besides head and hands« (Hall 1984, S. 124).

Darüber hinaus wurde festgestellt, dass der **Gang von Männern und Frauen** so charakteristisch unterschiedlich ist, dass bewegte Körper, an denen nur einige Lichtpunkte angebracht sind, selbst im Dunkeln als Männer oder Frauen zuverlässig erkannt werden können (Cutting et al. 1978, zit. in Hall 1984, S. 124). Ebenso konnte gezeigt werden, dass allein anhand der Kopfbewegungen das Geschlecht einer Person erkannt werden kann (Hill/Johnston 2001).

> Männer halten zu Interaktionspartnern eine größere, Frauen eine geringere räumliche Distanz. Körper- und Kopfbewegungen der Geschlechter sind charakteristisch unterschiedlich; die Bewegungen von Frauen sind weniger expansiv. Aufgrund der methodischen Probleme auch in diesem Bereich (vgl. Heilmann 2004), sind diese Ergebnisse allenfalls als Tendenz zu bewerten.

2.4 Spracherwerb

Geschlechterdifferenzen im Sprachgebrauch werden meist auf sozialisatorische Einflüsse oder früh angelegte Unterschiede in der Disposition
zur sprachlichen Kommunikation bezogen. Im folgenden Abschnitt
soll überprüft werden, ob und welche Unterschiede im Erwerb des
Sprachsystems (2.4.1), im Sprachgebrauch und Gesprächsverhalten
von Kindern (2.4.2) und im Kommunikationsverhalten von Eltern
(2.4.3) ermittelt wurden.

2.4.1 Der Erwerb des Sprachsystems

Ein weit verbreitetes Stereotyp besagt, dass Mädchen die Aufgabe des
Spracherwerbs schneller und leichter meistern. Die empirischen Studien, die dieser Frage nachgegangen sind, haben jedoch keine eindeutige Bestätigung dieses Stereotyps erbringen können. So hat die von
Maccoby und Jacklin 1974 vorgelegte Revision von fast 100 empirischen Studien gezeigt, dass 35% der Studien, die die sprachlichen
Fähigkeiten von Kindern bis zum Alter von 17 Jahren untersuchten,
einen Vorsprung für Mädchen, 13% einen Vorsprung für Jungen
und mehr als 50% keine Unterschiede ermittelten. Die Metaanalyse
von Hyde und Linn (1988), die 165 Studien zu sprachlichen Fähigkeiten von Kindern zwischen 4 Jahren und dem Erwachsenenalter
prüfte, stellte einen Vorsprung für Mädchen in sprachlichen Leistungen (gemessen überwiegend in standardisierten Test) fest, der allerdings vernachlässigenswert gering war.
    Eine genauere Betrachtung der Studien zu Geschlechterdifferen-
zen im Spracherwerb bestätigt das wenig eindeutige Bild. Bezüglich
der **ersten Vokalisierungen** (d.h. alle lautlichen Äußerungen außer
Schreien, Weinen, Husten etc.) stellte eine Reihe empirischer Untersuchungen fest, dass Jungen in den ersten Lebensmonaten häufiger
schreien und weinen als Mädchen (Moss 1967; Lewis 1972; de Blauw
et al. 1979), dass Mädchen dagegen insgesamt häufiger spontan vokalisieren als Jungen (Lewis 1969; Goldberg/Lewis 1969; Clarke-Stewart 1973). Andere Studien fanden keine Geschlechterdifferenzen
in der Vokalisierungshäufigkeit (Jones/Moss 1971; Ross et al. 1972;
Rheingold/Samuels 1969; Rheingold/Eckermann 1969; Ling/Ling
1974; Weinraub/Fraenkel 1977).
    Ebenfalls kontrovers sind die Ergebnisse der Studien, die der **These
eines früheren Sprachbeginns bei den Mädchen** nachgegangen sind.
In diesen Studien wird der Sprachbeginn an dem Alter gemessen, zu
dem die Kinder ihr erstes Wort gebrauchen, wobei ganz verschieden

strenge Kriterien zur Definition des ersten Wortes benutzt werden; dementsprechend variieren die Ergebnisse beträchtlich. Insgesamt weisen die Studien eine leichte Tendenz auf, dass Mädchen ihr erstes Wort früher als Jungen gebrauchen. Bei meiner Längsschnittstudie, in der 26 Kindern im Alter von 17, 23, 30 und 36 Monaten beobachtet wurden, zeigte sich, dass die Mädchen mit 23 und 30 Monaten einen signifikant höheren Anteil an konventionellen Wortformen an der Gesamtzahl vokaler Äußerungen aufwiesen als die Jungen. Dieser Unterschied trat mit 36 Monaten aber nicht mehr auf.

In der **Lautentwicklung** scheinen Mädchen tatsächlich den Jungen überlegen zu sein. So wurde festgestellt, dass Mädchen sich das Lautsystem ihrer Sprache schneller aneignen als Jungen (Irwin/Chen 1946; Irwin 1957). Bei Mädchen von 3 bis 8 Jahren wurden bessere Artikulationsleistungen ermittelt (Templin 1957; Garai/Scheinfeld 1968; Eisenberg et al. 1968). Im passiven Lautunterscheidungsvermögen wurden keine Geschlechterdifferenzen festgestellt (Templin 1957; Dickie 1968). Pathologische Sprachentwicklungsstörungen kommen bei Jungen deutlich häufiger vor als bei Mädchen (Eme 1979; Ingram 1975; Fairweather 1976).

Bezüglich der **Syntaxentwicklung** berichten Schachter et al. (1978) höhere *mean length of utterance* (=MLU)-Werte für Mädchen, Smith/Daglish (1977) dagegen für Jungen. Ramer (1976) fand, dass Mädchen schneller den Übergang von Einwort- und Zweiwortäußerungen vollziehen. Ob Mädchen im weiteren Erwerb syntaktischer Kategorien und Strukturen ebenfalls schneller sind, ist kontrovers: Koenigsknecht und Freedman (1976) stellten eine Superiorität für Mädchen fest, Templin (1957) dagegen fand keine Unterschiede. Die zahlreichen Untersuchungen zur syntaktischen Komplexität sprachlicher Äußerungen von Mädchen und Jungen verschiedener Altersstufen konnten keine Unterschiede ermitteln, und zwar weder mit einem Komplexitätskriterium der traditionellen Grammatik (Yedinack 1949; Templin 1957; Moore 1967; Harris/Hassemer 1972) noch mit einem Komplexitätskriterium der transformationellen Grammatik (Menyuk 1963, 1969; Braun/Klassen 1971). Auch bei den Verstehens- und Produktionsleistungen einzelner schwieriger syntaktischer Strukturen wie Passivsätzen, komplexen Relativsätzen und Ausdrücken von Negation und Modalität konnten keine Geschlechterdifferenzen ermittelt werden (Herriot 1968; Bandura/Harris 1966; Gahagan/Gahagan 1968; Brown 1971; Mehrabian 1970). Deutliche Unterschiede im Syntaxerwerb von Mädchen und Jungen scheinen demnach nicht zu bestehen.

Im Bereich der **Lexikonentwicklung** beobachteten Huttenlocher et al. (1991), dass die Mädchen ihrer Stichprobe im Zeitraum zwi-

schen 14 und 26 Monaten einen rascheren Wortschatzzuwachs aufwiesen, Nelson (1973) stellte fest, dass Mädchen schneller als Jungen
über einen Wortschatz von 50 Wörtern verfügten. Auch Lutchmaya
et al. (2002a) ermittelten einen größeren Wortschatz für 18 und 24
Monate alte Mädchen einen größeren Wortschatz als für Jungen des-
selben Alters. Morriset et al. (1995) fanden, dass die Mädchen in ihrer
Gruppe von Kindern aus Risikofamilien mit 20 Monaten einen größeren Wortschatz in der Spontansprache hatten. Thomas Stabenow
(1994) kam zu dem Ergebnis, dass Mädchen mit 17 und 23 Monaten einen größeren Nominawortschatz als Jungen haben.

Was den **Wortschatzumfang** insgesamt anlangt, ermittelte die Studie von McCarthy (1954) einen insgesamt größeren Wortschatz für
Mädchen im Alter zwischen 1 und 10 Jahren; andere Studien dagegen stellten für Jungen einen größeren Wortschatz fest (Clark 1959;
Sampson 1959). Untersuchungen zum Erwerb logisch-semantischer
Relationen, die die kognitive Struktur des Lexikons (Moran/Swartz
1970; Shepard 1970; James/Miller 1973) und die Verstehensleis-
tungen von logischen Konnektoren und von Negation bei Jungen
und Mädchen analysierten (Suppes/Feldman 1971), fanden keine
Geschlechtsunterschiede.

Zur **inhaltlichen Gliederung des Lexikons** wurde festgestellt, dass
Mädchen und Jungen ein differenzierteres Vokabular in den Bereichen aufweisen, die mit der traditionellen weiblichen und männlichen Rolle verbunden sind (Sause 1976). Ulrike Jessner ermittelte,
dass 3-jährige wie 7-jährige Jungen eine »signifikant bessere Kenntnis
der Fahrzeugbezeichnungen [zeigten] als die Mädchen dieser Altersgruppen« (Jessner 1992, S. 121), dass sich Jungen und Mädchen aber
nicht bei der Benennung von Haushaltsgegenständen unterschieden.
Ein ähnliches Ergebnis für Fahrzeugbezeichnungen erzielten Thomas
Stabenow (1994) bei Kindern im Alter von 17 bis 36 Monaten und
Gipper (1985) bei Kindern von 1 bis 3 Jahren.

> Die Laut- und Wortschatzentwicklung vollzieht sich bei Mäd-
> chen früher und rascher als bei Jungen. Für die Syntaxent-
> wicklung konnten keine eindeutigen Geschlechterdifferenzen
> ermittelt werden.

2.4.2 Geschlechterdifferenzen im Sprachgebrauch und Gesprächsverhalten von Kindern

Der Sprachgebrauch und das Gesprächsverhalten von Kindern wurden nach den Gesichtspunkten empirisch untersucht, die auch bei der

Analyse geschlechtsverbundenen Gesprächsverhaltens leitend waren. Daran orientiert sich die folgende Darstellung.

2.4.2.1 Sprechakttypen

Bezogen auf die Frage, ob Mädchen ähnlich wie Frauen eine höflichere Sprechweise zeigen und entsprechende Sprechakttypen präferieren, ergab die Studie von McCloskey/Coleman (1992), in der 8- bis 9-jährige Kinder aus der Unterschicht in gleich- und gemischtgeschlechtlicher Konstellation beim Schachspiel beobachtet wurden, dass Jungen gegenüber Mädchen häufiger direkte Befehle gaben und häufig der Selbstaufwertung dienende, aufschneiderische oder kränkende Äußerungen gebrauchten (McCloskey/Coleman 1992, S. 249). Auch Haas (1979, zit. in Thorne et al. 1983, S. 320) fand in ihrer Untersuchung des Gesprächsverhaltens von 4-, 8- und 12-jährigen Kindern in gleich- und gemischtgeschlechtlicher Konstellation, dass Jungen direktive Aufforderungen in beiden Konstellationen häufiger als Mädchen gebrauchten.

Michiko Nohara (1996) kam in ihrer Studie zur Gebrauchsweise des Negationsausdrucks *no* bei 3- bis 5-jährigen Kindern in gleichgeschlechtlicher, dyadischer Konstellation zu dem Ergebnis, dass Mädchen beim Gebrauch von *no* mehr auf Kooperation, auf das *positive face*, Jungen dagegen mehr auf Selbstbehauptung ausgerichtet sind. Jacqueline Sachs (1987), die Jungen und Mädchen im Alter zwischen 3 und 5 Jahren in gleichgeschlechtlichen Dyaden bei einem Arzt-Patient-Spiel beobachtete, stellte fest, dass Jungen wie Mädchen gleich häufig Äußerungen gebrauchten, die den Partner zu einer Antwort verpflichteten (*obliges*), dass Jungen aber deutlich häufiger direkte, Mädchen dagegen häufiger abgeschwächte *obliges* verwendeten. Mädchen »[...] seem to soften their obliges, perhaps being more concerned to include the other child in the play-planning process. The boys, on the other hand, were more assertive, often simply telling the other child what to do« (Sachs 1987, S. 185). In Gesprächen mit Geschwistern verwenden allerdings Jungen wie Mädchen gleich häufig unabgeschwächte *obliges*, wie DeHart (1996) zeigte.

Auch Klecan-Aker (1986) ermittelte in ihrer Studie der kommunikativen Kompetenz von Kindern im Alter von 2 bis 5 Jahren, dass die Mädchen insbesondere Begrüßungen, Benennungen, Bitten und Korrekturen angemessener realisierten als Jungen. Diesen Vorsprung der Mädchen bewertet Klecan-Aker als Hinweis darauf, dass Mädchen wie auch weibliche Erwachsene mehr **Kompetenz im Bereich von Höflichkeit** aufweisen. Nicht nur in der Interaktion mit *peers* (Gleichaltrigen), sondern auch mit Erwachsenen benutzen Mädchen häufiger indirekte Ausdrucksformen. So stellten Bellinger/Gleason (1982, S. 1133) fest, dass die knapp 4-jährigen Jungen in ihrer Stichprobe signifikant häufiger Imperative in Form von Fragen oder Aufforderungen gegenüber ihren Eltern äußerten.

Jungen scheinen häufiger direkte Befehle, Fragen oder Aufforderungen zu gebrauchen, Mädchen dagegen häufiger indirekte Ausdrucksformen. Ob dieser Befund generalisierbar ist, ist offen.

2.4.2.2   Interpersonelle Kommunikation

2.4.2.2.1 Redemenge

Die Untersuchungen zu Geschlechterdifferenzen in der **Menge und Länge von Redebeiträgen** für den Entwicklungszeitraum vom 1. bis 10. Lebensjahr ergaben kein homogenes Resultat.

Für das 1. bis 3. Lebensjahr stellten Cherry/Lewis (1976) fest, dass Mädchen sich insgesamt häufiger verbal äußerten. Gunnar/Donahue (1980, zit. in Thorne et al. 1983, S. 317) beobachteten, dass Mädchen im Alter von 6, 9 und 12 Monaten mit ihren Müttern häufiger kommunizierten als Jungen. Bei den Kindern im Alter von 3 bis 8 Jahren fanden Smith/Conolly (1972) längere Äußerungen bei den Mädchen, Sause (1976) und Mueller (1972) stellten dagegen häufigeres Reden und längere Äußerungen für die Jungen fest. Zu diesem Ergebnis kam auch Constance Staley (1982) bei ihrer Analyse von Bildbeschreibungen, die 4-, 8-, 12- und 16-jährige Jungen und Mädchen gaben. Laura McClosky/Lerita Coleman (1992) stellten dagegen keine signifikanten Unterschiede in der Redemenge von 8 bis 9 Jahren alten, einander unbekannten Mädchen und Jungen beim Schachspiel fest. Sie fanden jedoch den Unterschied, dass sowohl Mädchen wie Jungen signifikant mehr und länger in der gleichgeschlechtlichen Konstellation als in der gemischtgeschlechtlichen Konstellation redeten.

In ihrer Analyse des Gesprächsverhaltens 8-jähriger Jungen und Mädchen mit einem Erwachsenen ermittelten Holly Craig und Julia Evans (1991) ebenfalls keine Unterschiede in der Redemenge, allerdings zeigte sich, dass die Kinder mit einem männlichen Erwachsenen mehr redeten als mit einem weiblichen (Craig/Evans 1991, S. 872). Für den Kontext ›Schule‹ stellten Enders-Dragässer/Fuchs (1989, S. 40) fest, dass Jungen in gemischten Klassen öfter und länger als die Mädchen reden.

Ob sich Jungen und Mädchen in der Häufigkeit des Redens unterscheiden, lässt sich aufgrund der inkonsistenten Befunde nicht beurteilen.

2.4.2.2.2 Unterbrechungen

Anita Esposito (1979) hat bei 3- bis 4-jährigen Mädchen und Jungen, die im freien Spiel miteinander interagierten, beobachtet, dass die Jungen die Mädchen doppelt so häufig unterbrachen. Dieses Verhalten zeigte sich aber nur in gemischtgeschlechtlichen Konstellationen. Dagegen ermittelten McCloskey/Coleman (1992), dass die Mädchen ihrer Stichprobe signifikant häufiger unterbrachen, und zwar sowohl in der gleich- wie in der gemischtgeschlechtlichen Konstellation. In der Studie von Craig/Evans (1991), in der 8- bis 9-Jährige mit einem weiblichen oder männlichen Versuchsleiter ein Gespräch führten, unterschieden sich Mädchen wie Jungen in der Menge der Simultanäußerungen zwar nicht; die Jungen aber unterbrachen die weibliche Versuchsleiterin häufiger als dies die Mädchen taten. In meiner eigenen Längsschnittstudie zeigte sich, dass im Alterszeitraum von 17 bis 36 Monaten die deutliche Mehrzahl aller kindlichen Äußerungen, die in freier Interaktion mit der Mutter produziert wurden, nicht-simultan realisiert wurden. Die wenigen Fälle von Simultanäußerungen wiesen keine Geschlechterdifferenzen auf. Auch Klecan-Aker konnte in ihrer Studie zur pragmatischen Kompetenz von Jungen und Mädchen im Alter von 2 bis 5 Jahren keine Geschlechterdifferenzen im *turn-taking* feststellen (vgl. Klecan-Aker 1986, S. 225).

Die Befunde zum *turn-taking*-Verhalten bei Kindern zeigen ebenso wenig wie die Befunde für Erwachsene, dass Jungen stets Gesprächsdominanz in Form von Unterbrechungsverhalten aufweisen.

2.4.2.2.3 Gesprächsarbeit

Für die thematische Bezogenheit der *turns* von Kindern haben Craig und Evans (1991) keine Geschlechterdifferenzen festgestellt. McCloskey/Coleman (1992) fanden, dass die Mädchen, allerdings nur in der gleichgeschlechtlichen Konstellation, signifikant häufiger das Gesprächsthema wechselten. Dabei wichen die Mädchen von dem experimentell vorgegebenen Thema ab, um andere Themen einzubringen und so eine gemeinsame soziale Basis der Interaktion zu schaffen.

Ann Austin et al., die Mädchen und Jungen im Alter von knapp 5, 9 und 11 Jahren in gleichgeschlechtlicher Konstellation in freier Interaktion beobachteten, stellten fest, dass Jungen in allen Altersgruppen mehr konversationelle Initiatoren sowie verbale und nonverbale aufmerksamkeitselizitierende Verhaltensweisen zeigten (Austin et al. 1987, S. 505). Mädchen dagegen verwendeten signifikant häufiger die Konversation fortführende, unterstützende Äußerungen (*facilitators*) und signifikant häufiger positiv bestätigende Äußerungen (*reinforcers*).

Mädchen scheinen länger als Jungen bei einem Thema verweilen zu können, sie agieren eher unterstützend, die Jungen eher initiativ. Dies lässt sich nicht als klarer Beleg dafür deuten, dass Mädchen mehr Gesprächsarbeit leisten.

2.4.2.2.4 Kommunikative Orientierungen

Studien, die über mögliche Geschlechterdifferenzen in den kommunikativen Orientierungen Aufschluss geben können, lassen sich in zwei Klassen unterscheiden, zum einen in Studien, die nach dem Design von Kommunikationsexperimenten angelegt sind und einen hohen Druck zur Kooperation erzeugen, indem ein Kind einen Gegenstand, ein Wort, ein Bild oder ein Spiel so zu beschreiben hat, dass das andere den Referenten identifizieren kann; zum anderen gibt es Studien, die das Verhalten in freier Interaktion, häufig im Kontext von Konflikten und Disputen, untersuchten.

Die überwiegende Anzahl der Studien, die nach dem Design von Kommunikationsexperimenten angelegt waren, zeigten keine Geschlechterdifferenzen bei Kindern im Alter von 3 bis 11 Jahren (vgl. Hoeman 1972; Heider 1971; Cohen/Klein 1968; Baldwin et al. 1971; Mueller 1972; Karabenick/Miller 1977). Demnach dokumentieren Kinder zwischen 3 und 11 Jahren unter diesem Kooperationsdruck ihre grundlegende Fähigkeit der Kooperation in der Kommunikation in gleicher Weise. In Situationen, in denen kein vergleichbarer Kooperationsdruck von außen gegeben ist, zeigen sich Geschlechterdifferenzen.

Leaper (1991) kam in ihrer Studie zu dominierenden und kooperativen Sprechakten und Gesprächssequenzen in gleich- und gemischtgeschlechtlichen Konversationen von 5- und 7-Jährigen zu dem Ergebnis, dass kollaborative Sprechakte (direkte Beeinflussung bei affiliativer Beteiligung) signifikant häufiger von den 7-jährigen weiblichen Dyaden als von den männlichen oder gemischtgeschlechtlichen Dyaden produziert wurden (Leaper 1991, S. 803), dass sie auch weniger häufig kontrollierende Sprechakte als die männlichen und gemischtgeschlechtlichen Dyaden gebrauchten und dass sie signifikant häufiger kooperative Austauschsequenzen aufwiesen. Jungen zeigten in gemischtgeschlechtlicher Konstellation häufiger kooperative Sequenzen als in gleichgeschlechtlicher Konstellation. Dominante Austauschsequenzen kamen häufiger bei den männlichen Dyaden vor. Mädchen wiesen in dieser Konstellation keinen Zuwachs an dominanten Sequenzen auf (Leaper 1991, S. 804f.).

Auch Betty Black (1992) hat bei ihrer Analyse sozialen Symbolspiels unter gut 4-jährigen gleichgeschlechtlichen Triaden einen eher kooperativen Gesprächsstil für Mädchen und einen eher selbstbezogenen Gesprächsstil für Jungen gefunden. Mädchen machten den anderen Gesprächspartnerinnen mehr Vorschläge, sie suchten mehr Erklärungen für die Vorstellungen der anderen und sie gebrauchten mehr fortführende, bestätigende Kommentare. Jungen dagegen wiesen die Vorstellungen anderer Jungen häufiger zurück und beschrieben ihr Spiel mit selbstbezogenen Äußerungen. Bezüglich der Befehle unterschieden sich Mädchen und Jungen nicht. Ähnliche Ergebnisse erzielten Skinner Cook et al. (1985) in ihrer Untersuchung des Konversationsverhaltens von gut 4-jährigen Jungen und Mädchen in dyadischer, gleichgeschlechtlicher Konstellation beim Spiel mit geschlechtsneutralem Spielzeug. Skinner Cook et al. stellten einen eher auf Selbstbehauptung ausgerichteten Stil bei den Jungen fest. Sie gebrauchten häufiger Statements, die ihre persönlichen Wünsche ausdrückten und Statements, mit denen sie die Führungsposition beanspruchten (Skinner Cook et al. 1985, S. 913).

Diese Ergebnisse wurden in einer Studie mit 7-jährigen afrikanisch-amerikanischen Kindern der Unterschicht (Leaper et al. 1999) und in einer Studie mit 3- bis 4-jährigen japanischen Kindern (Nakamura 2001) im Wesentlichen bestätigt. Demnach weist der Gesprächsstil von Jungen und Mädchen besonders in gleichgeschlechtlicher Konstellation Geschlechtsdifferenzen auf, die bei Jungen in einer dominanten und bei Mädchen in einer eher kooperativen Haltung bestehen.

Ein ähnliches Bild ergeben die Studien zu **Streit- bzw. Konfliktgesprächen**. Sheldon (1993) stellte bei ihren Analysen von Streit- bzw. Konfliktgesprächen unter 3- bis 4-jährigen Jungen und Mädchen in gleichgeschlechtlicher triadischer Konstellation im Rahmen von Symbolspielen fest, dass die Jungen fast dreimal so häufig wie die Mädchen die Themen wechselten. Dies führt Sheldon darauf zurück, dass Jungen die Konflikte dadurch zu lösen versuchten, dass sie an allgemeine Regeln appellierten oder mit ihrem Weggehen drohten. Die Mädchen dagegen suchten Konfliktlösungen durch Verhandlungen zu erzielen, indem sie die Intentionen zu klären oder einen Kompromiss zu fin-

den suchten. Auch die Studien von Miller et al. (1986) und Holmes-
Lonergan (2003) kamen zu dem Ergebnis, dass Jungen und Mädchen
unterschiedliche Konfliktbearbeitungsstrategien haben. Melanie Killen und Letitia Naigles (1995) konnten jedoch zeigen, dass 4-jährige
Mädchen mehr widersprechende und 4-jährige Jungen mehr kollaborative Äußerungen gebrauchten, wenn sie mit einem Kind des jeweils
anderen Geschlechts interagierten.

Marjorie Goodwin (1990; 2001) hat in ihren Beobachtungsstu-
dien bei Grundschülern verschiedener ethnischer Herkunft sowie 9-
bis 14-jährigen Jungen und Mädchen der schwarzen, amerikanischen
Unterschicht in gleich- sowie gemischtgeschlechtlicher Konstellation
festgestellt, dass Konflikte und deren kommunikative Bearbeitung
(durch Direktiva in Form von Imperativen vs. Bitten) in Jungengruppen von der Rangordnung in der Gruppe bestimmt wird. Unter den
Mädchen gab es diese Bindung des Gebrauchs von Imperativen und
Bitten an die Hierarchieposition in der Gruppe nicht. Mädchen ver-
packten ihre Direktiva generell als Vorschläge für die Zukunft und
schwächen diese häufig ab. Dies heißt jedoch nicht, dass Mädchen
nicht auch in bestimmten Kontexten unverblümt direkte Imperative nutzten. Sie taten dies, wenn sie jemanden vor einem Schaden
bewahren wollten oder wenn sie eine Spielaktivität unterhalten wollten, aber auch wenn sie im symbolischen Spiel Mutter-Kind-Interaktionen oder Familieninteraktionen inszenierten.

Goodwin beobachtete außerdem, dass die Mädchen bei Konflikten miteinander nicht stets harmonisch und unterstützend umgingen.
Die Mädchen stritten miteinander nicht weniger häufig als die Jungen und sie verfügten untereinander und in Gesprächen mit Jungen
über das gleiche Repertoire von Disput-Strategien (Goodwin/Good-
win 1987, 239f.; Goodwin 1990, S. 188). Exklusiv für die Mädchen
ist jedoch die besondere Disput-Strategie, die *he-said-she-said*-Strate-
gie. Bei dieser Strategie wird das Strittige in einen Bericht darüber
gepackt, was er sagte, dass sie gesagt habe. Dies ist nach Goodwin ein
elaboriertes Verharen, »[...] in which participants create and reform
alliances of two against one, a type of social structure typical for the
nonhierarchical girls' group« (Goodwin 1990, S. 223). Jungen dagegen führten ihre Dispute direkt mit dem Beschuldigten und suchten
im gegebenen Moment eine Lösung des Konflikts. Die Disputstruk-
tur der Mädchen ist dagegen eher darauf angelegt, dass Lösungen in
die Zukunft vertagt werden (vgl. Goodwin 1990, S. 278). Darüber
hinaus zeigte Goodwin (2002), dass Mädchen in ihren Konversationen untereinander durchaus auch Machthierarchien aufbauen; diese
Gespräche »[...] demonstrate anything but the cooperative, polite behavior often identified with females« (Goodwin 2002, S. 726).

In ihrer kulturvergleichenden Studie fanden Amy Kyratzis und Jiansheng Guo (2001), dass 5-jährige chinesischen Mädchen ebenso wie amerikanische Jungen in gleichgeschlechtlichen Konfliktgesprächen die direkten Konfliktstrategien gebrauchten, während die chinesischen Jungen sowohl direkte als indirekte Strategien verwendeten und die amerikanischen Mädchen die abgeschwächtesten Formen zeigten. »[...] the conflict strategies of these Mandarin-speaking girls are very direct. They include direct polarity markers, various forms of censure (direct and third-party complaints, rhetorical questions, insulting names), direct commands, threats, and even physical force« (Kyratzis/Guo 2001, S. 59). Diese Strategien werden jedoch nicht immer, sondern situationsabhängig verwendet, wie die Analyse der Konfliktstrategien derselben Kinder in gemischtgeschlechtlicher Konstellation ergab.

Die Ergebnisse der Studien von Goodwin und Kyratzis/Guo bestätigen demnach nicht das Stereotyp, dass Frauen und Mädchen meist auf interpersonelle Harmonie ausgerichtet sind. Statt globaler Generalisierungen zur Organisation des männlichen und weiblichen Sprechens zu postulieren, solle man nach Goodwin »[...] describe in detail the organization of talk within specific activity systems« (Goodwin/ Goodwin 1987, S. 241). Anstatt zu postulieren, dass Dominanz nur in der Interaktion zwischen den Geschlechtern existiere »[...] and remaining silent about the darker side of female interactions of exclusion, researchers need to explore the full complement of behaviors that women are capable of producing« (Goodwin 2002, S. 727).

Im Kontext der **Schule** wurden ebenfalls Tendenzen einer unterschiedlichen kommunikativen Orientierung von Jungen und Mädchen beobachtet. Skinningsrud, die den Gesprächsstil von Mädchen und Jungen in fünf Klassen des 7. und 9. Jahrgangs an einer norwegischen Schule näher untersuchte, fand zwei Klassen, die einen unterschiedlichen Gesprächsstil zeigten: eine von einem männlichen Gesprächsstil dominierte Klasse und eine Klasse, in der ein Mädchenstil vorherrschte (Mädchen waren hier auch in deutlicher Überzahl). Der Stil der Jungen

»[...] war durch häufige Bezugnahme auf sich selbst und die eigenen Erfahrungen charakterisiert. Dabei ging es offensichtlich um Konkurrenz in Bezug auf die Definitionsmacht der Lehrperson, bestimmte Themen und Aufgabenstellungen für die Klasse verbindlich festzulegen« (Enders-Dragässer Fuchs 1989, S. 33).

Bei den Mädchen dagegen

»[...] gab es keine offene Konkurrenz in bezug auf das Können der Schülerinnen oder den Status der Lehrperson. [...] Die Mädchen tendierten eher dazu ihr Nicht-Können zu zeigen, um dadurch die Aufmerksamkeit der Lehrperson auf sich zu ziehen« (ebd., S. 33f.).

Entsprechende Beobachtungen machten Davies (2003) und Baxter (2002a) bei 14- und 15-Jährigen.

> Insgesamt scheinen demnach Kinder wie Schulkinder insbesondere in gleichgeschlechtlicher Interaktion unterschiedliche kommunikative Orientierungen aufzuweisen, die für Mädchen eine stärkere Ausrichtung an dem Partner und an Kooperation und für Jungen eine stärkere Ausrichtung an der Selbstbehauptung beinhalten. Dies sind jedoch keine überdauernden, allein auf entweder biologische oder sozialisatorische Einflüsse zurückführbare, sondern von verschiedenen Faktoren variabel beeinflussbare Einstellungen.

2.4.2.2.5 Die Kommunikation von Gefühlen

Kinder beiderlei Geschlechts zeigen bereits nach der Geburt oder kurze Zeit später die mimischen Ausdrucksweisen für die sog. Grundemotionen wie Neugier/Interesse, Ekel, Freude, Furcht und Ärger. Bezüglich globaler Indikatoren **emotionaler Expressivität** bei Neugeborenen verweisen einige Studien auf eine größere vokale emotionale Expressivität von neugeborenen Jungen insofern hin, als Jungen bei der Geburt irritierbarer, emotional labiler, weniger gut zu trösten sind, sie sich leichter erschrecken und intensiver als Mädchen schreien (Haviland und Malatesta zit. in Brody 1985, S. 119). Allerdings war in den meisten Studien das Geschlecht des Kindes den Beurteilern des Verhaltens bekannt, was die Beurteilung beeinflusst haben könnte. Emotionales Verhalten von Kleinkindern scheint, wie die Studie von John und Sarah Condry (1976) und weitere so genannte Baby-X-Studien (Stern/Karraker 1989) demonstrierten, bei ein und demselben Baby geschlechtsrollenstereotyp unterschiedlich bewertet zu werden, je nachdem ob dieses Baby dem Beurteiler als Mädchen oder Junge präsentiert wurde. Einschränkend ist jedoch mit Bischof-Köhler (2002) zu sagen, dass in diesen Studien die Bewertungen von Personen vorgenommen wurden, die das Kind überhaupt nicht kannten; es ist zu vermuten, dass Eltern, die ihre Kinder gut kennen, zuverlässigere Gefühlsinterpretationen vornehmen.

In den ersten Monaten werden weibliche Babys einer großen Vielzahl intensiver mimischer Emotionsausdrücke seitens der Mutter ausgesetzt (Fivush et al. 2000, S. 235). Mit 7 Monaten zeigen dann weibliche Babys häufiger und vielfältigere **Emotionsausdrücke** (Golom-

bok/Fivush 1994, S. 219). Für das emotionale Ausdrucksverhalten von
Vorschulkindern liegen widersprüchliche Ergebnisse vor, in einigen
Studien wurden keine Geschlechterdifferenzen ermittelt, in anderen
zeigten sich die Mädchen als expressiver (Garner et al. 1997).

Im Grundschulalter erzielten Mädchen bessere **Dekodierleistungen** im PONS-Test als Jungen (Rosenthal et al. 1979). Was das Verständnis der Emotionen Freude, Traurigkeit, Ärger und Furcht anlangt,
stellten Claire Hughes und Judy Dunn (2002) fest, dass Mädchen
und Jungen sich im Alter von 4 Jahren noch nicht unterschieden,
dass im Alter von 7 Jahren aber Mädchen ein insgesamt differenzierteres Emotionsverständnis aufweisen und insbesondere Gründe für
Ärger (des Freundes) differenziert benannten (Hughes/Dunn 2002, S.
530). Cutting/Dunn (1999) und Hughes/Dunn (1999, zit. in Bosa-
cki/Moore 2004, S. 671) stellten ebenfalls eine besseres Emotionsverständnis bei Mädchen fest. Bosacki/Moore 2004 ermittelten zudem,
dass die gut 3-jährigen Mädchen ihrer Studie komplexe Emotionen
wie Stolz und Verlegenheit besser verstanden als die Jungen. Banerjee (1997) ermittelte in seiner Untersuchung an 3-, 4- und 5-Jähri-
gen, dass Mädchen wirklich gefühlte von gezeigten Emotionen besser unterscheiden konnten und sie die Regeln der Gefühlsmaskierung
(*display rules*) besser verstanden; Saarni (1984, zit. in Banerjee 1997, S.
127) fand, dass Mädchen *display rules* häufiger als Jungen gebrauchten.
Bosacki (2000) zeigte, dass Mädchen unabhängig von ihren gemessenen verbalen Fähigkeiten in *theory of mind*-Tests besser abschnei-
den; dies verweist auf eine »[...] superiority among girls in the area of
mental state attribution of psychological mindedness« (Bosacki 2000,
S. 714). Charman et al. (2002) und Cutting/Dunn (1999) fanden
jedoch nur einen schwachen Vorsprung der Mädchen. Selbsteinschätzungen von Kindern bzw. Jugendlichen der 5., 8. und 12. Klasse zeigten nach den Befunden von Polce-Lynch et al. (1998), dass Jungen es
zunehmend schwieriger finden, Emotionen zu äußern.

Bezüglich des sprachlichen Emotionsausdrucks beobachteten Judy
Dunn et al. (1987), dass Mädchen im Alter von 24 Monaten in freier
Interaktion mit ihren Müttern und Geschwistern signifikant häufiger über Gefühle reden als Jungen. Christi Cervantes und Maureen
Callanan (1998) stellten bei 2-, 3- und 4-Jährigen fest, dass schon
die 2-jährigen Mädchen im Gespräch mit der Mutter sehr viel häufiger als Jungen über Gefühle redeten. Fivush (1991), Kuebli/Fivush
(1992) und Fivush et al. 2000) stellten dagegen keine Geschlechterdifferenzen in der Häufigkeit und in der Art der Emotionsausdrücke bei knapp 3- und 4-jährigen Kindern fest. Fivush et al. (2000)
fanden jedoch, dass gut 3-jährige Mädchen bei Reden über Angst
erregende Ereignisse signifikant mehr Emotionswörter gebrauchten;

Hudson et al. (zit. in Fivush et al. 2000, S. 249) ermittelten, dass 4-jährige Jungen in Erzählungen zu den Emotionen Freude, Ärger, Traurigkeit und Furcht eher als Mädchen leugneten, jemals Angst gehabt zu haben. Im Alter von 6 Jahren zeigten die Kinder der Studie von Kuebli/Fivush (1992), dass Mädchen insgesamt häufiger über Gefühle und insbesondere über das Gefühl der Traurigkeit redeten (Adams et al., zit. in Fivush et al. 2000, S. 237). Bosacki/Moore (2004) fanden in ihrer Studie, dass gut 3-jährige Mädchen bessere Leistungen beim Benennen von komplexen Emotionen wie Stolz und Verlegenheit aufwiesen.

> Die bisherigen Studien zeigen, dass Mädchen ab dem Grundschulalter bessere Dekodierleistungen für Emotionen aufweisen, dass sie auch komplexe Emotionen besser verstehen, dass sie ab diesem Alter auch insgesamt mehr über Gefühle reden, sich dabei häufiger auf das Gefühl der Traurigkeit beziehen und auch Furcht erregende Erlebnisse sprachlich elaborieren. Da Mädchen auch in *theory of mind*-Tests besser abschneiden, scheinen sie eine zumindest schneller entwickelte Kompetenz im Verstehen innerer Zustände zu haben.

2.4.2.2.6 Geschlechterdifferenzen in Erzählungen von Kindern

Geschlechterdifferenzen in Erzählungen von Kindern wurden zum einen bezüglich der für Erzählen wichtigen Komponente des Gedächtnisses und zum anderen bezüglich der Fähigkeit untersucht, im Erzählen das Erlebte zu inszenieren, zu evaluieren und sprachlich zu detaillieren. Auch Themenpräferenzen wurden untersucht. **Geschlechterdifferenzen im Erinnern** wurden daraufhin analysiert, ob Kinder geschlechtrollenstereotypkonforme oder nicht konforme Ereignisse besser erinnern. In der Studie von Patricia Bauer (1993) wurden 2-Jährigen zwei für die weibliche (einem Teddybären Windeln anlegen, Frühstück zubereiten), zwei für die männliche Rolle (einen Teddybären rasieren, ein Spielhaus bauen) typische und zwei geschlechtsneutrale Aktivitäten (einen Geburtstag feiern, Schatzsuche spielen) dargeboten, die die Kinder nachmachen sollten. Die Studie kam zu dem Ergebnis, dass die Mädchen ungefähr gleich gut die entsprechenden Aktionen in allen drei Aufgabenkontexten reproduzierten; ihre Erinnerung an die vorgemachten Aktivitäten war nicht davon beeinflusst, ob sie dem weiblichen Stereotyp entsprachen. Jungen dagegen erinnerten die nicht dem männliche Stereotyp entsprechenden Informationen signifikant schlechter, sie zeigten »[...]evidence of differential memory for gender-consistent as compared to gender-inconsistent activities » » (Bauer 1993, S. 292). Entsprechende Befunde haben Melissa Welch-Ross und Constance Schmidt (1996) sowie Lea Conkright et al. (2000) für Kinder von 4, 6 und 8 Jahren ermittelt.

Bezüglich der Struktur und der **Kohärenz von Erzählungen** kamen Robyn Fivush et al. (1995) in ihrer Longitudinalstudie mit Kindern im Alter zwischen 40 und 70 Monaten und Carole Peterson und Marleen Biggs (2001) in ihrer Analyse der Erzählungen von 3-Jährigen zu dem Ergebnis, dass die Mädchen mehr Evaluationen gebrauchten, in denen sie auf innere Zustände referierten (Fivush et al. 1995, S. 42), dass sie häufiger komplexe temporale Konnektoren verwendeten und detailreicher erzählten. »Thus there is some suggestion in the data that girls' personal narratives may be more complex, elaborate and personally significant than are boys'« (ebd., S. 50). Die Unterschiede ließen sich nicht auf eine unterschiedlich weit entwickelte Sprachkompetenz zurückführen. Nach Peterson/Biggs (2002) ist dieser Vorsprung der Mädchen bei den 5- und 8-Jährigen nicht mehr festzustellen.

Richard Ely und Alyssa McCabe (1993) sowie Richard Ely et al. (1995) kamen bei ihren Analysen des **Gebrauchs zitierter Rede** (*reported speech*) in Erzählungen, die Kinder im Alter zwischen 4 und 9 Jahren im Gespräch mit einer Versuchsleiterin produzierten, zu dem Ergebnis, dass Mädchen »[...] used more reported speech than boys, quoted more directly and more summarily, and quoted themselves more than did boys. [...] They [...] used a greater variety of speech verbs than did boys« (Ely/McCabe 1993, S. 681f.).

Dieses Ergebnis wurde in der Tendenz auch für Kinder im Alter von ca. 1 bis 5 Jahren (ebd., S. 686) und auch für spontane Konversationen von Kindern mit ihren Eltern von Ely et al. (1995) bestätigt. Für 14-jährige Mädchen ermittelte Davies ebenfalls einen lebendigeren und zugleich kooperativeren Erzählstil. Kyratzis/Ervin-Tripp (1999) stellten fest, dass 4- bis 7-jährige Mädchen in der Interaktion mit ihrer besten Freundin häufig gemeinsame Phantasiegeschichten produzierten und über längere Zeit aufrecht erhielten, während die Narrative von Jungen im Gespräch mit ihrem bestem Freund häufig kurz waren und in Streitereien endeten. Darüber hinaus wurden Unterschiede in der Themenpräferenz bei Jungen und Mädchen beobachtet, die auf eine starke Ausrichtung der Erzählungen an Geschlechtsrollenstereotypen verweisen (Nicolopoulou 1997).

Die wenigen empirischen Studien zu **Witzerzählungen** und **Humorverhalten** bei Kindern stellten fest, dass sich Geschlechterdifferenzen in der Häufigkeit des Witzerzählens, des Herumalberns, der Clownereien, der Wortspiele ab ungefähr dem 6. Lebensjahr zeigen; Jungen produzieren diese Formen häufiger als Mädchen, sie [...] have already begun to show the pattern of sex differences that characterize adults« (McGhee 1976, S. 210).

Jungen erzählten deutlich häufiger Witze, die die Regeln des Anstandes und der Höflichkeit verletzen (Socha/Kelly 1994, S. 246) oder die einen aggressiv-feindseligen Gehalt haben (McGhee 1976). Chapman et al. (1980) beobachtete als weiteren Unterschied, dass Mädchen in ihrer Reaktion auf Humor eher auf ihren Partner als auf den Inhalt antworten. Mädchen sind nach McGhee mehr darauf ausgerichtet, die gegebene soziale Situation zu teilen (vgl. McGhee 1976, S. 215). Nach McGhee scheint Witzeerzählen mit der weiblichen Geschlechtsrolle weniger gut vereinbar zu sein (vgl. Bierbach 1988, S. 242). Dies trifft wohl vor allem auf aggressive, feindselige Witze, nicht unbedingt auf Witze mit sexuellem Inhalt zu, wie die Beobachtungsstudie von Bierbach (1988) des Witzerzählens von Kindern im Alter von 9 bis 15 Jahren zeigte. Nach Bierbach gibt es ein »[...] Männermonopol auf »schmutzige« Witze [...] auch in unseren Materialien nicht, aber die Mädchen sind weniger direkt und brutal in der Form der Darstellung und verwenden die Tabuthemen weniger für verbale Kraftmeierei denn als amüsante Exploration von verbotenem Terrain« (Bierbach 1988, S. 261).

Insgesamt scheinen die bisherigen empirischen Studien zum Erzählverhalten und zum Humorverhalten unter Kindern den Befunden bei Erwachsenen zu entsprechen.

2.4.3 Geschlechterdifferenzen im Kommunikationsverhalten der Eltern

Die empirischen Studien zu Geschlechterdifferenzen im elterlichen Kommunikationsverhalten haben zum einen die Quantität (2.4.3.1) und zum anderen die Qualität des Kommunikationsverhaltens (2.4.3.2) daraufhin untersucht, ob sich Mütter von Vätern unterscheiden und ob sie sich gegenüber Töchtern anders verhalten als gegenüber Söhnen. Unter dem Gesichtspunkt der Qualität der elterlichen Sprechweise wurden die Anpassung der elterlichen Sprechweise an das Verstehensniveau des Kindes (2.4.3.2.1), der elterliche Kommunikationsstil (2.4.3.2.2), das Reden der Eltern über Gefühle (2.4.3.2.3) und das Erzählverhalten der Eltern (2.4.3.2.4) untersucht. Die Fragestellung all dieser Untersuchungen lässt sich mit Gleason wie folgt formulieren:

»Since by now it is well documented that there are differences in the ways grown men and women speak, it seems reasonable at this point to ask where those differences originate. [...] If children's language development is affected by the kinds of language they hear when interacting with adults, girls and boys may develop different kinds of language because they are spoken to differently« (Gleason 1987, S. 189f.).

2.4.3.1 Die Quantität der elterlichen Kommunikation

Bereits mit Neugeborenen kommunizieren Mütter je nach Geschlecht des Kindes unterschiedlich; mit ihren Töchtern sprechen oder vokalisieren Mütter häufiger als mit ihren Söhnen (Thoman et al. 1972; Winberg/de Chateau 1982; Hwang 1978, zit. in Grant 1994). Nach Lewis/Freedle (1973) und Moss (1967) kommunizieren Müttern mit ihren drei Monate alten Töchtern häufiger als mit ihren Söhnen. Auch Väter kommunizieren häufiger mit ihren Töchtern als mit ihren Söhnen in diesem Alter (Rebelsky/Hanks 1971). Für Kinder im Alter von 13 Monaten wurden die Befunde zum mütterlichen Kommunikationsverhalten von Goldberg/Lewis (1969) bestätigt. Auch Mädchen von zwei Jahren (Cherry/Lewis 1976; Halverson/Waldrop 1970) erhalten von ihren Müttern mehr Kommunikationsangebote. Keine Geschlechterdifferenzen in der Redemenge der Mütter gegenüber ihren 11 bis 13 Monate alten Kindern fanden dagegen Ling/Ling (1974). Flannagan/Perese (1998), die die Konversationen von Müttern mit ihren 4- bis 6-jährigen Söhnen und Töchtern über deren Schulerlebnisse untersuchten, stellten keine Unterschiede fest. Die von Campbell Leaper et al. unternommene Metaanalyse bestätigte, dass Mütter mehr mit ihren Töchtern als ihren Söhnen reden (Leaper et al. 1998, S. 18). Dies zeigte sich insbesondere bei Kindern im Kleinkindalter (ebd.). Es ist nicht auszuschließen, dass dies ein Reflex elterlicher Stereotype ist (Stern/Karraker 1989, S. 514).

Zur Kommunikationshäufigkeit bei Vätern liegen vergleichsweise wenige Studien vor. Dies liegt z.T. daran, dass Väter bis in die 1980er Jahre kaum Gegenstand der wissenschaftlichen Forschung waren (Papousek 1987, S. 29), z.T. auch daran, dass Väter bei der Kinderbetreuung kaum nachhaltig in Erscheinung traten: »Die Zeit, die Väter mit ihren Babys verbringen, [...] ist extrem variabel, zwischen mehreren Stunden und [...] 37 Sekunden am Tag (Rebelsky u. Hanks 1971)« (Papousek 1987, S. 34f.; Renk et al. 2003). Dass Väter in der Regel nur kurze Zeit mit ihren Babys interagieren, wurde für die USA, England und Israel ermittelt (vgl. Lewis/Gregory 1987, S. 202).

Die von Leaper et al. (1998) unternommene Metaanalyse kam zu dem Ergebnis, dass **Mütter mehr reden**, wobei einige Studien keine

Unterschiede zwischen Vätern und Müttern fanden (Golinkoff/Ames 1979; Lewis/Gregory 1987). Der Unterschied in der Redemenge bei Müttern und Vätern wird nach Leaper et al. (1998) jedoch mit steigendem Alter der Kinder geringer und er ist auch dann geringer, wenn die Mütter und Väter im Labor beobachtet wurden und wenn sie mit einem bestimmten Spielzeug mit dem Kind interagieren sollten (vgl. Leaper et al. 1998, S. 10f.)

Da auch heute noch Väter weniger als Mütter in die **Kinderbetreuung** involviert sind (laut Meldung des *Tagesspiegel* vom 17.6.2004 nehmen in Deutschland nur 5% der Väter die Möglichkeit des Erziehungsurlaubs in Anspruch) und sie mit ihren Kindern weniger Zeit verbringen, erhalten die Kinder von den Vätern insgesamt gesehen weniger sprachlichen Input. In der Zeit, in der sie sich mit ihren Kindern beschäftigen, scheinen sie jedoch auch weniger redefreudig als Mütter zu sein. Dies scheint nicht generell, sondern vor allem auf unstrukturierte Situationen im häuslichen Umfeld zuzutreffen.

> Kinder erhalten von ihren Müttern mehr sprachlichen Input. Dies ist vor allem ein Effekt des unterschiedlichen zeitlichen Engagements von Müttern und Vätern bei der Kinderbetreuung.

2.4.3.2 Die Qualität des elterlichen Kommunikationsverhaltens

2.4.3.2.1 Sprachanpassung bei Müttern und Vätern

Mit *motherese*, auch *baby-directed speech* oder Ammensprache genannt, wird ein Sprechstil bezeichnet, mit dem Eltern sich an die zunächst beschränkten kindlichen Informationsverarbeitungskapazitäten anpassen. Dieser Stil ist charakterisiert durch eine erhöhte Stimmlage und ausgeprägte Tonhöhenschwankungen, durch verlangsamtes Sprechtempo und deutliche Rhythmisierung, durch einfachen Satzbau und Wortwahl (Papousek 1987, S. 41f.). Der elterliche Sprechstil verändert sich entsprechend den zunehmenden kognitiven und kommunikativen Fähigkeiten der Kinder.

Mit Blick auf das *motherese* wurde untersucht, ob Väter überhaupt über die Ammensprache verfügen und die gleichen Anpassungsleistungen in ihrer Rede gegenüber ihren Kindern zeigen wie die Mütter. Empirische Studien belegen, dass sich die Väter zur Zeit des Spracherwerbs zwischen dem ersten und vierten Lebensjahr »[...] in ihrer Sprechweise ebenso gut dem jeweiligen Entwicklungsstand an[passen] wie die Mütter [...]« (Papousek 1987, S. 33f.). Dies konnte auch schon für 3 Monate alte Babys belegt werden (Papousek et al. 1987). Nach Papousek kann im späteren Entwicklungsverlauf das elterliche Sprachverhalten auch durch Geschlechtsrollenerwartungen beeinflusst werden (Papousek 1987, S. 46). Anzumerken ist jedoch, dass die Universalität des *motherese* und seine förderliche **Wirkung auf den Spracherwerb** umstritten sind.

Ob sich Väter und Mütter auch in späteren Entwicklungsphasen in gleicher Weise und unabhängig vom Geschlecht ihres Kindes an dessen Entwicklungsniveau anpassen, ist auf Basis der vorliegenden empirischen Studien nicht eindeutig zu entscheiden. Einige Studien konnten keine Unterschiede in der Anpassung des Sprachverhaltens von Vater und Mutter an das Niveau ihrer Kinder im Entwicklungszeitraum zwischen ca. 10 und 39 Monaten ermitteln (Kavanaugh/Jirkovsky 1982; Golinkoff/Ames 1979; Lipscomb/Coon 1983).

Höhere Anpassungsleistungen der Mütter an das sprachliche Entwicklungsniveau der Kinder im Alter von gut 1 bis 3 Jahren stellten dagegen Barry McLaughlin et al. (1983, S. 251) fest: »[...] mothers ›tune‹ their language more to the child's linguistic abilities than fathers do«. Die Haltung der Väter ist nach McLaughlin et al. eher auf ein forderndes Verhalten ausgerichtet. Mütter und Väter bieten, so die These, den Kindern unterschiedliche Erfahrungsmöglichkeiten. Diese These geht auf Jean Berko Gleason zurück und besagt, dass Väter in ihrem weniger fein auf das Kind abgestimmten Sprachverhalten die wichtige Funktion übernehmen eine Brücke zur Außenwelt zu bilden; durch ihr weniger fein abgestimmtes und weniger verständnisvolles Verhalten bereiten Väter das Kind auf die Situation vor, dass es sich auch gegenüber weniger vertrauten Personen oder Fremden verständlich machen muss. Rondal (1980) hat die **Brückenfunktionsthese** in seiner Längsschnittstudie der Sprechweise von Müttern und Vätern gegenüber ihren Söhnen im Alter zwischen anderthalb und 3 Jahren bestätigt gefunden. Die unterschiedliche Ausrichtung in der Anpassung der mütterlichen und väterlichen Sprechweise leistet nach Rondal (1980, S. 368) komplementäre Funktionen.

2.4.3.2.2 Der Kommunikationsstil von Müttern und Vätern

Mütter und Väter interagieren mit ihren Kindern in einem in manchen Aspekten unterschiedlichen kommunikativen Stil, der zudem auch noch nach dem Geschlecht des Kindes verschieden sein kann. So haben Hladek und Edwards (1984, zit. in Barton/Tomasello 1994, S.113f.) beobachtet, dass Väter seltener auf die Äußerungen ihrer gut 2- bis 3-jährigen Kinder respondierten als dies die Mütter taten. Außerdem initiierten die Väter seltener das Gespräch mit ihren Kindern und warteten eher ab, bis die Kinder initiativ wurden. Laflamme et al. (2002) fanden, dass Väter gegenüber ihren 9 Monate alten Kindern seltener vokalisierten und seltener Fragen stellten als Mütter. Malone und Guy (1982, zit. in Barton/Tomasello 1994, S. 114) ermittelten, dass Väter häufiger Imperative und Direktive, aber weniger Konversation elizitierende Fragen benutzten als Mütter.

Bellinger/Gleason (1982) und Gleason (1987) fanden bei der Beobachtung des väterlichen und mütterlichen Verhaltens im häuslichen Kontext, dass Väter doppelt so häufig direkte **Imperative** produzierten, und dies insbesondere gegenüber ihren Söhnen (Gleason 1987, S. 195). Bei der Verhaltensbeobachtung der Eltern im Labor schwächten sich diese Differenzen etwas ab. Auch Ann Berghout Austin und T.J. Braeger (1990) sowie Kornhaber/Marcos (2000) haben festgestellt, dass Mütter weniger Direktiva gebrauchten. Dass Väter häufiger direktive Sprechakte verwenden, hat auch die Metaanalyse von Leaper et al. (1998) ermittelt. Hier wurde zudem festgestellt, dass Mütter häufiger eine unterstützende Redeweise (Zustimmung, Lob, Zusammenarbeit etc.), aber auch mehr negative Sprechakte (Kritik, Nichtübereinstimmen, Zurückweisen etc.) gebrauchten. Gleason et al. (1996) fanden, dass Eltern ihren Söhnen im Alter von 14 und 20 Monaten, nicht aber später im Vorschulalter deutlich häufiger Verbote erteilen als ihren Töchtern.

Väter und Mütter differieren zudem in ihrem **Vokabular**. Bernstein Ratner (1988, zit. in Barton/Tomasello 1994, S. 114) stellte zwar keine signifikanten Unterschiede in dem Verhältnis der verschiedenen Wörter zur Gesamtzahl der Wörter (*Type-Token-Ratio*) zwischen Müttern und Vätern gegenüber ihren 18 Monate alten Kindern fest, aber es zeigte sich, dass Väter einen höheren Anteil von seltenen Wörtern aufwiesen. Masur und Gleason (1980, zit. in Barton/Tomasello 1994, S. 115 und Gleason 1987, S. 196) beobachteten bei Eltern von gut 2- bis 5-jährigen Kindern, dass das Lexikon der Väter im Vergleich zu dem der Mütter differenzierter war.

Außerdem zeigte sich, dass Väter häufiger nach Benennungen, z.B. »was ist das« oder nach Funktionen »wozu ist das« fragten. Die Väter zeigten, so die Deutung von Barton/Tomasello (1994, S. 115) einen **fordernden Stil**. Leaper et al. ermittelten, dass Väter häufiger informierende Sprechakte gebrauchten, d.h. mehr Erklärungen, Meinungskundgaben, deskriptive Feststellungen gaben und auch Fragen häufiger benutzten (Leaper et al. 1998, S. 15, S. 16). Als eine weitere Ausprägung eines »demanding style« der Väter wurde der häufigere Gebrauch von klärenden Nachfragen von Mannle und Tomasello (1987) sowie Tomasello et al. (1990) an Gesprächen zwischen

Vätern und Müttern und deren 1 und 2 Jahre alten Kindern untersucht. Die Analysen zeigten, dass sich im Gespräch mit dem Vater
häufiger *conversational breakdowns* ereigneten, d.h. *turns* oder Episoden, die entweder eine klärende Nachfrage, ein Nicht-Beantwor-
ten einer kindlichen Äußerung oder einen nicht erwartbaren Topik-
Wechsel enthielten. Diese konversationellen Zusammenbrüche kamen
dadurch zustande, dass die Väter mehr klärende Nachfragen gebrauchten und dabei im Unterschied zu den Müttern häufig unspezifisch
fragten. Außerdem bestätigten die Väter die Äußerungen der Kinder weniger häufiger als die Mütter, und sie produzierten doppelt
so viele Nicht-Antworten auf die Beiträge des Kindes wie die Mütter. Wenn es nach den Nicht-Antworten seitens der Väter und Mütter erneute Anläufe des Kindes gab, die Konversation aufrechtzuer-
halten, dann reagierten die Mütter deutlich häufiger, indem sie den
Topik des Kindes aufnahmen.

Nach Barton/Tomasello (1994, S. 117) zeigten die Väter mit den
Topik-Wechseln, den Nicht-Bestätigungen und den unspezifischen
Nachfragen dem Kind an, dass es sich deutlicher verständlich machen
muss, wenn die Konversation weitergehen soll.

Dieses Verhalten von Vätern ist nicht an das biologische Geschlecht
gebunden. Goodz et al. (1987, zit. in Barton/Tomasello 1994, S. 117)
konnten zeigen, dass in bilingualen Familien, in denen die Eltern ihre
jeweilige Muttersprache dem Kind strikt getrennt anbieten, die Väter
in der ersten Phase des Spracherwerbs ebenso feinfühlig und unterstützend mit ihren Kindern kommunizierten. Wenn aber die Kinder
die Zwei- und Dreiwortphase erreicht hatten, waren die Väter nicht
mehr so unterstützend, sondern zeigten häufiger Merkmale des fordernden Stils. Lewis und Gregory (1987) stellten fest, dass Väter und
Mütter in rollentypisch unterschiedlichen Kontexten mit dem Kind
interagierten und dass dadurch die Differenzen im Verhalten der Väter
und Mütter entstanden. Es ist also nicht das Geschlecht an sich, sondern die Präferenz für bestimmte Interaktionskontexte, die die Differenz zwischen Müttern und Vätern begründet.

Das **väterliche Konversationsverhalten** scheint einen Effekt auf
das Konversationsverhalten ihrer Kinder zu haben: Nach den konversationellen Zusammenbrüchen modifizierten die Kinder ihre Äußerungen gegenüber ihren Vätern, sie produzierten ihren Vätern gegenüber ein differenzierteres Vokabular und ihre Äußerungen gegenüber
ihren Vätern wiesen einen höheren MLU-Wert auf als gegenüber ihren
Müttern; Korhaber/Marcos (2000) beobachteten, dass die 2-jährigen
Kinder sich dem direktiven väterlichen Sprechstil anpassten.

Angesichts der wenigen Studien lässt sich nicht sagen, wie weit
der väterliche Gesprächsstil den Spracherwerb befördert, ob Väter

diesen besonderen Stil gleichermaßen gegenüber ihren Söhnen und Töchtern zeigen und wie weit dieser väterliche Stil, aber auch der mütterliche Stil vom Interaktionskontext beeinflusst wird (vgl. Leaper et al. 2000). Nach der Metaanalyse von Leaper et al. (1998) sind die Unterschiede zwischen Vätern und Müttern besonders groß bei einem naturalistischen Beobachtungssetting und bei einer unstrukturierten Interaktionssituation (Leaper et al. 1998, S. 23).

Die wenigen Studien, die untersuchten, ob Mütter, Väter oder andere Erwachsene sich unterschiedlich gegenüber Mädchen im Vergleich zu Jungen verhalten, zeigten, dass Väter häufiger als Mütter ihre 2 bis 5 Jahre alten Kinder unterbrachen, wobei Väter wie Mütter ihre Töchter häufiger als ihre Söhne unterbrachen (Greif 1980, zit. in Gleason 1987, S. 197). Nancy Weitzman et al. (1985), die das Kommunikationsverhalten von traditionellen und nicht-traditionellen Müttern gegenüber mit ihren 2 bis 3 Jahre alten Kindern beobachteten, fanden, dass Mütter beim Geschichtenerzählen gegenüber ihren Söhnen mehr Fragen, mehr Zahlangaben, mehr Aktionsverben gebrauchten und dass die Geschichten genauere Beschreibungen der Bilderszenen enthielten. Weitzman et al. interpretieren ihre Ergebnisse als einen Hinweis darauf, dass Jungen mehr an intellektueller Förderung erfahren als Mädchen. Auch Fagot/Hagan (1991) stellten Unterschiede im Verhalten von Vätern und Müttern gegenüber ihren 18 Monate alten Kindern fest. Wenn die Jungen durch Gesten oder Sprache zu kommunizieren versuchten, erhielten sie von Mutter wie Vater negative Reaktionen. Die Kommunikationsversuche der Mädchen wurden dagegen positiv beantwortet. Positive Reaktionen erhielten Jungen von beiden Eltern häufiger auf aggressive Akte. Die Metaanalyse von Leaper et al. (1998) erbrachte, dass Mütter gegenüber Töchtern häufiger unterstützende Sprechakte gebrauchten und sie insbesondere gegenüber ihren Töchtern im Schulalter häufiger direktive Sprechakte benutzten.

Der Kommunikationsstil von Müttern und Vätern bietet Kindern kommunikativ unterschiedliche Erfahrungswelten. Dabei kann das Geschlecht der Eltern und der Kinder nicht als der allein maßgebliche Faktor angesehen werden. Wieweit die Befunde auch für Angehörige anderer sozialer Schichten und kultureller Hintergründe zutreffen, ist offen.

2.4.3.2.3 Das Reden der Eltern über Gefühle

Nach Judy Dunn et al. (1987) verwenden Mütter gegenüber ihren
Töchtern im Alter von 18 und 24 Monaten signifikant mehr auf
Gefühle bezogene Äußerungen. Jenkins et al. (2003) fanden, dass
Mütter gegenüber ihren 2- und 4-jährigen Kindern häufiger über
mentale Zustände (Gefühle, Bedürfnisse, Gedanken) sprachen. Auch
Väter gebrauchen gegenüber ihren Töchtern insgesamt mehr und
mehr verschiedene Emotionswörter, wie Janet Kuebli und Robyn
Fivush (1992) in ihrer Analyse der Konversationen von Vätern und
Müttern mit ihren 40 Monate alten Söhnen und Töchtern ermittel-
ten; außerdem gebrauchten Mütter und Väter Wörter, die **traurige
Aspekte** der besprochenen Ereignisse ansprachen, deutlich häufiger
gegenüber den Töchtern als den Söhnen. Väter benannten häufiger
Furcht einflößende Aspekte gegenüber den Söhnen. Auch die Attri-
buierung positiver Emotionen wurde gegenüber Töchtern und Söhnen unterschiedlich vorgenommen: Söhnen gegenüber verwendeten
beide Eltern häufiger positive Emotionen in Bezug auf das Kind; bei
Mädchen wurden positive Emotionen häufiger auf andere bezogen.

Fivush (1991) beobachtete zudem, dass Mütter mit Söhnen häufiger über **Ärger** sprachen. Wenn Mütter mit Töchtern über den Ärger
redeten, den die Tochter über eine andere Person empfand, dann versuchten die Mütter die Töchter dazu zu bringen, eine harmonische
Beziehung zu der Person wiederherzustellen, über die sich die Tochter geärgert hatte; Jungen dagegen bestätigten sie eher in ihrem Ärger-
gefühl (Fivush 1991, S. 334f.). Außerdem fokussierten Mütter gegenüber Töchtern interpersonelle Situationen beim Reden über Gefühle,
gegenüber Söhnen fokussierten sie eher äußere Ereignisse oder das
Kind selbst (Fivush 1991, S. 336). Nach den Befunden von Fivush et
al. (2000) trifft dies auch auf Väter zu. Mütter wie Väter sprachen mit
ihren 4-jährigen Töchtern eher über interpersonell situierte emotionale Erfahrungen, mit Söhnen sprachen sie dagegen eher über Emotionen, die aus autonomen Aktivitäten des Kindes resultierten. Dies
fanden auch Cervantes/Callanan (1998) für Mütter, die mit ihren
2- bis 4-jährigen Söhnen bzw. Töchtern gemeinsam Geschichten
konstruierten. Adams et al. (1995, zit. in Fivush et al. 2000, S. 237)
haben diesen Befund für Gespräche der Eltern mit 6-Jährigen repliziert.

Flannagan/Parese (1998) beobachteten an afro-amerikanischen,
mexikanisch-amerikanischen und anglo-amerikanischen Dyaden ebenfalls, dass Mütter mit ihren 4- bis 6-jährigen Töchtern häufiger als
mit ihren Söhnen über Emotionen sprachen und dies vor allem im
Kontext interpersoneller Themen. Dass Mütter und Väter bei Töchtern eher die Emotion der Traurigkeit, bei Jungen eher die Emotion

Ärger fokussieren, geht auch aus Selbsteinschätzungen von Eltern hervor, die Garner et al. (1997) erhoben haben.

Im Gegensatz zu diesen Befunden fanden Gigliana Melzi und
Camila Fernández (2004) in ihrer Analyse von Konversationen peru-
anischer Mütter mit ihren 3- bis 5-jährigen Töchtern und Söhnen,
dass diese Mütter häufiger bei ihren Söhnen als bei ihren Töchtern
auf Emotionen Bezug nahmen und dabei häufiger Wörter für positive Emotionen gebrauchten; mit den positiven Emotionswörtern
ermunterten die Mütter ihre Söhne dazu, die positiven Erlebnisse zu
identifizieren und zu elaborieren (Melzi/Fernández 2004, S. 652).
Die Autorinnen betrachten das mütterliche Verhalten als eine Strategie, die Jungen dazu zu sozialisieren »to be more assertive and deci-
sive than girls« (Melzi/Fernández 2004, S. 652).

> Der konversationelle Kontext, den Eltern beim Reden über
> Gefühle mit ihren Kindern etablieren, scheint Mädchen mehr
> auf den interpersonellen Rahmen und Jungen mehr auf Auto-
> nomie bei Emotionen aufmerksam zu machen.

2.4.3.2.4 Das Erzählverhalten von Müttern und Vätern

Den bisherigen Ergebnissen zu einem unterschiedlichen Erzählstil bei
Mädchen und Jungen entsprechen die Befunde zum Erzählstil von
Müttern und Vätern gegenüber Töchtern und Söhnen.

Eltern unterscheiden sich darin, welchen Erzählrahmen sie ihren
Kindern anbieten. Dabei wurden zwei Typen festgestellt: ein **elaborativer** und ein **repetitiver Stil**. Beim elaborativen Stil wird dem Kind
eine fortlaufende Handlung angeboten und es dazu eingeladen, dazu
Beiträge zu liefern (vgl. Nelson 1993, S. 208). Beim repetitiven Stil
elizitieren die Erwachsenen einzelne Informationen, ohne einen wei-
terführenden Erzählrahmen anzubieten (vgl. Nelson 1993, S. 209).
Nach Ergebnissen der Studien von Engel (1986), Fivush/Fromhoff
(1988, zit. in Nelson 1993), Hudson (1990) und Reese et al. (1993)
beeinflusst ein elaborativer Erzählstil das kindliche Erinnerungsver-
mögen für Episoden positiv.

Bezüglich der Verwendung des elaborativ-narrativen vs. paradig-
matisch-repetitiven Stils stellten Reese et al. (1993), die Narrative
von Kindern im Alter zwischen gut 3 bis knapp 7 Jahren über kürzlich zurückliegende, einmalige Ereignisse untersuchten, fest, dass die
Mütter gegenüber Töchtern nicht aber gegenüber ihren Söhnen im
Alter von gut 3 Jahren einen elaborativen Erzählstil anwendeten; die
Mädchen gaben dann im Alter von knapp 6 und 7 Jahren signifikant

häufiger erinnerungsbezogene Antworten auf die Fragen der Mütter
(vgl. Reese et al. 1993, S. 416). Diese Präferenz eines elaborativen
Stils gegenüber Töchtern zeigen nach Reese und Fivush (1993) nicht
nur Mütter, sondern auch die Töchter. Daher vermuten Fivush/Reese
(1992, S. 125), dass beide Eltern mit Töchtern elaborativer reden als
mit Söhnen, weil sie Töchter als sozial-kommunikativ eher interessiert wahrnehmen. Dadurch geben sie ihnen Gelegenheit, ihre kommunikativen Fähigkeiten weiter zu elaborieren (vgl. Fivush/Reese
1992, S. 125).

In eine ähnliche Richtung verweist auch die Studie von Barbara
Eisenmann (1997), in der die Kommunikation von Müttern mit
ihren Kindern im Alter von 17 bis 36 Monaten über ein bevorste-
hendes Ereignis untersucht wurde. Eisenmann kommt zu dem Ergebnis, dass die Mütter ihren Töchtern gegenüber signifikant häufiger
das bevorstehende Ereignis propositional vollständig und vor dem
Vollzug der Handlung, d.h. in einem für das Kind etablierten Vor-
stellungsraum darbieten.

Die unterschiedlichen Erfahrungen, die Mädchen bei Gesprächen über vergangene und bevorstehende Ereignisse machen, könnten
einen Einfluss auf die Ausbildung des autobiografischen Gedächtnisses haben. Nach Cowan/Davidson (1984, zit. in Fivush/Reese 1992,
S. 126) reicht das autobiografische Gedächtnis von Frauen weiter in
die Kindheit zurück als bei Männern. Frauen haben, so Fivush/Reese
(1992, S. 126), eine stärkere Präferenz über Vergangenes nachzuden-
ken und darüber zu erzählen.

> Mädchen scheinen stärker als Jungen in der Kommunikation
> mit ihren Eltern auf eine mentale, emotionale, kommunika-
> tiv-soziale Sicht auf sich und andere Personen hin sozialisiert
> zu werden. Wieweit dieser Befund generalisierbar ist, muss
> offen bleiben.

2.5 Evaluation der Methoden und theoretischen Annahmen zu Sprache und Geschlecht

Zu Beginn ihrer kritischen Betrachtung der Geschlechterdifferenzen
in der Interaktion stellt Elisabeth Aries fest:

»Across a wide variety of subject populations, interaction settings, and
research methodologies, researchers typically report that men are more likely
than women to emerge as leaders, to be directive and hierarchical, to domi-

nate in groups by talking more and interrupting more, and to be oriented toward solving problems. In contrast, women are found to be more expressive, supportive, facilitative, egalitarian, and cooperative than men, and to focus more on relationships and share more personally with others [...]« (Aries 1998, S. 65).

Diese Tendenz zur **typisierenden Polarisierung** hat John Gray in seinem Bestseller *Men Are From Mars, Women Are From Venus* auf die Spitze getrieben, in dem er behauptet

»[...] men and women differ in all areas of their lives. Not only do men and women communicate differently but they think, feel, perceive, react, respond, love, need, and appreciate differently. They almost seem to be from different planets, speaking different languages and needing different nourishment« (Gray 1990, S. 5).

Wie die in den vorherigen Abschnitten dargelegte nähere Betrachtung der entsprechenden empirischen Analysen zeigte, ist jegliche Art der verallgemeinernden Polarisierung des Verhaltens der Geschlechter angesichts der häufig kontroversen Untersuchungsergebnisse unangemessen. Sie ist zudem auch deshalb unangemessen, weil sie unterschiedslos Ergebnisse empirischer Studien zu einer Tendenz homogenisiert, die ihrerseits in ihren methodischen Grundlagen und latenten theoretischen Annahmen nicht immer zuverlässig sind. Auch in diesem Forschungsbereich ist davon auszugehen: »The questions researchers decide to examine, the way in which they design and conduct their studies, and how they deal with their results – all can affect the types of findings that emerge [...]« (Golombok/Fivush 1994, S. 12). Daher ist eine Evaluation der Methoden der Studien nötig, um beurteilen zu können, wie zuverlässig die Grundlagen entsprechender Diagnosen zu Art und Umfang von Geschlechterdifferenzen sind.

Im Folgenden werden zunächst die methodischen Probleme der empirischen Studien betrachtet (2.5.1), es folgt eine Reflexion ihrer auf die Kategorie ›Geschlecht‹ und das Konzept ›Sprache und Kommunikation‹ bezogenen theoretischen Annahmen (2.5.2), zuletzt (2.5.3) wird das Problem der Einschätzung und Bewertung von Geschlechterdifferenzen erörtert.

2.5.1 Methodische Probleme

Ein grundsätzliches Problem der empirischen Forschung auch im Bereich Sprache und Geschlecht ist, dass die übliche **Publikationspraxis** dazu führt, dass mehr Studien veröffentlicht werden, die Geschlechterdifferenzen feststellen als solche, die keine Unterschiede

finden. Dadurch können die realen Differenzen nicht richtig eingeschätzt werden, was insbesondere bei Metaanalysen negative Wirkung
zeigt, die bestehende Einzelanalysen zu einem statistisch abgesicher-
ten Gesamtbild zusammenführen und die ein wertvolles und zunehmend erprobtes und einflussreiches Verfahren der Übersichtsbildung
in der empirischen Forschung sind. Hinzu kommt, dass schon der
Forschungsprozess darauf ausgerichtet ist, Unterschiede zu finden, was
einen *bias* im Forschungsdesign und den Methoden begünstigen kann.
So stellt Kathryn Dindia polemisch fest: »Not only does sex sell, sex
differences sell; sex similarities do not« (Wood/Dindia 1998, S. 28).

Ein weiteres gravierendes Problem des Forschungsfeldes Sprache
und Geschlecht ist, dass sich die Mehrzahl der Studien auf **studentische Probanden der weißen Mittelschicht** bezieht (Aries 1998, S.
66ff.). Diese Probanden befinden sich in einem Altersspektrum, für
das ein besonders geschlechtsrollenkonformes Verhalten mehrfach
beobachtet wurde. Analysen an älteren Probanden haben in der Tendenz geringere Geschlechterdifferenzen ermittelt.

Außerdem unterscheiden sich Männer und Frauen auch in ihrem
sozioökonomischen Status, in ihrer **ethnischen und kulturellen Zugehörigkeit** und **sexueller Orientierung**, die alle das Verhalten beeinflussen. Wie Studien mit afrikanisch-amerikanischen Probanden zeigten, verhalten sich und kommunizieren diese Frauen nach Maßstäben,
die in der weißen Mittelschicht für männlich gehalten werden (Aries
1998, S. 66). Studien des Gesprächsstils von Männern und Frauen
in anderen als westlichen Kulturen haben zudem darauf aufmerksam
gemacht, dass auch das Stereotyp des indirekten, höflichen Sprechstils
als Merkmal von Frauen nicht immer zutrifft. Keenan (1991) hat in
einer madegassischen Gemeinde einen direkten und unverblümten Stil
bei den Frauen, einen höflichen und indirekten Stil bei den Männern
beobachtet. Studien von Sherzer (1987), Günthner/Kotthoff (1991),
Kuipers (1986) und Hirsch (1991) haben an vielen unterschiedlichen
Kulturen verdeutlicht die »[...] diversity of voices [...] reminding us
of the complexity of language use in different societies around the
world [...]«, die zeigt, »[...] that women's language, women's speech,
and women's verbal activities are not everywhere socially and culturally inferior, domestic, or polite« (Sherzer 1987, S. 120).

Ein weiteres Problem ist, dass in vielen Studien der jeweilige
situative Kontext nicht zureichend berücksichtigt ist (Aries 1998,
S. 69ff.). Dies ist insofern problematisch, als nicht zu erwarten ist,
dass Geschlecht in allen situativen Kontexten gleichermaßen bedeutsam ist, denn:

»Because perceivers, individual selves, and situations all vary in content and
salience of gender-linked expectations, we expect a wide range in observed

female and male behaviors, from virtual identity of the sexes in some circum-
stances to striking differences in others« (Deaux/Major 1987, S. 382).

Ein Aspekt des situativen Kontextes, der nicht immer systematisch
kontrolliert wurde, ist die **Geschlechterkonstellation** der Gespräche.
Anthony Mulac et al. (1988), die Gespräche nur zwischen Frauen und
nur zwischen Männern mit Gesprächen unter Männern und Frauen
verglichen, kamen zu dem Ergebnis »[...] that male/female language differences were smaller in mixed-sex than in same-sex dyads. It
appears that persons in the mixed-sex context reduced their gender-
indicative language use« (Mulac et al. 1988, S. 330). Entsprechend
wurden die gleich- und gemischtgeschlechtlichen Gesprächen in ihrer
Qualität anders bewertet (ebd., S. 331f.).

Ein weiterer Aspekt des situativen Kontextes, der das geschlechtsverbundene Verhalten modifiziert, ist der, ob das jeweilig interessierende
Verhalten von Probanden **in natürlichem Kontext oder im Labor** beobachtet wird (Eagly 1987, S. 106ff.). Wie z.B. die Studien zum elterlichen Kommunikationsverhalten ermittelten, gebrauchen Väter im
häuslichen Kontext deutlich mehr Direktiva gegenüber ihren Kindern
als bei einer Laborbeobachtung. Außerdem wurde festgestellt, dass z.B.
Redemenge und Unterbrechungen bei Erwachsenen geringer ausfielen,
wenn der Kommunikationskontext eine strukturierte Aufgabe enthielt,
als wenn er völlig frei war. Zudem konnte gezeigt werden, dass z.B. das
offene Reden über persönliche Dinge und Gefühle situationsabhängig
ist und nicht unmittelbar vom Geschlecht beeinflusst wird. So wurde
zwar beobachtet, dass Frauen sich gegenüber anderen Frauen offener
darstellen (*self-disclosing*), wenn aber das Sich-Selbst-Offenbaren situativ
legitimiert wurde, zeigten auch Männer dieses Verhalten. »When men
and women were asked to bring a same-sex best friend to the laboratory
to have an intimate conversation and reveal thoughts and feelings, no
gender differences were found in self-disclosure » (Aries 1998, S. 70).

Darüber hinaus wurde festgestellt, dass Geschlechterdifferenzen in
kurzen Interaktionsperioden größer sind als in längeren. Da die meisten empirischen Studien sich auf kurze **Interaktionsepisoden** beziehen,
geben die dort ermittelten Geschlechterdifferenzen nicht die wirkli-
chen Unterschiede wieder (vgl. Aries 1998, S. 70f.).

Ein ebenfalls bedeutsamer situativer Faktor ist, ob die Gesprächspartner einander **bekannt oder unbekannt** sind. So wurde ermittelt,
dass die Geschlechterdifferenzen bei einander unbekannten Interaktionspartnern größer als bei einander bekannten Partnern sind. Freed
und Greenwood (1996) fanden bei ihrer Analyse von Gesprächen unter
Freunden oder Freundinnen, dass Männer wie Frauen im Gespräch
mit ihrem Freund oder ihrer Freundin gleichermaßen einen kooperativen Kommunikationsstil aufwiesen.

Der Einfluss von **Status, sozialer Rolle** aber auch von **geschlechts-rollenstereotypen Erwartungen** wurde in den empirischen Studien nicht immer mitgeprüft (Aries 1998, S. 72f.). Dies ist insofern ein Problem, als Statusgleichheit die Geschlechterdifferenzen z.B. im Unterbrechungsverhalten oder auch in der Redezeit minimiert. »[...] many of the characteristics attributed to women – interpersonal sensitivity, politeness, use of ›women's language‹ (e.g. tag questions, qualifications of speech), and so on – are found more often in low-status than in high-status individuals« (Aries 1998, S. 72). Auch inwieweit die Probanden der jeweiligen Studien eine geschlechtsrollenstereotype oder eine eher flexible Einstellung haben, wurde zu wenig mit kontrolliert. Das stellt eine Schwierigkeit dar, weil Stereotype erwiesenermaßen ein und dasselbe Verhalten von Männern und Frauen unterschiedlich bewerten lassen, was insbesondere dann der Fall ist, wenn außer dem Geschlecht keine weiteren Merkmale der Person bekannt sind; denn dann ist das Geschlecht als externes Statusmerkmal der Faktor, von dem aus Erwartungen über die Person gebildet werden. Diese Situation ist besonders bei Interaktionen einander unbekannter Personen gegeben. Die Verhaltensunterschiede, die in einer solchen Situation ermittelt werden, müssen kein internalisiertes geschlechtsspezifisches Verhalten abbilden, sondern können ein Effekt der Wirksamkeit gängiger Geschlechterstereotype sein. »People do not necessarily perform gender-related behaviors because they are internalized in personality« (Aries 1998, S. 75).

Als problematisch haben sich auch die **Operationalisierungen** geschlechtsverbundenen Gesprächsverhaltens erwiesen. So sind Unterbrechungen, die als Operationalisierung für männliche Dominanz gefasst sind, nicht immer dominante Verhaltensweisen, sie können in bestimmten Kontexten auch unterstützende, kollaborative Funktion haben. Außerdem ist in einigen Studien das Problem des *gender bias* durch den Versuchsleiter oder Interviewer nicht zureichend kontrolliert (Graddol/Swann 1989).

In den meisten Studien wird **Geschlecht als biologische Variable**, d.h. als »marker variable« (Allen 1998) erhoben und es wird postuliert, dass damit ökonomische oder Machtpositionen verbunden sind. Dies wird jedoch nur vorausgesetzt und in den Studien selbst meist nicht geprüft. Daher ist es nach Allen weniger verwunderlich, dass so wenige große Geschlechterunterschiede gefunden wurden, sondern dass überhaupt welche gefunden wurden, denn »The marker variable approach substantially reduces the impact of gender differences« (Allen 1998, S. 430). Einige Studien haben ›Geschlecht‹ im Sinne von psychologischem Geschlecht untersucht (z.B. Hirokawa 2004). Die dabei angewendeten Messverfahren für *gender*, wie sie mit dem

Bem Sex Role Inventory (BSRI) oder dem *Personal Attributes Question-naire* (PAQ) entwickelt wurden, sind ebenfalls, wie Canary und Hause (1993, S. 137f.) darlegen, methodisch problematisch.

Die Studien weisen auch bezüglich der **Interpretation der statis-tischen Ergebnisse** gravierende Probleme auf. So werden Differenzen immer dann als reale Differenzen bewertet, wenn die jeweilige Studie zu signifikanten Unterschieden zwischen den Geschlechtern kam. Da sich bei hinreichend großen Stichproben fast zwangsläufig Signifikan-zen einstellen (vgl. Aries 1998, S. 679), muss auch die **Effektstärke** mit einbezogen werden; diese misst, wie stark sich die Variablenwerte der Geschlechtergruppen überlappen und wie groß der disjunkte Bereich ist. Die Effektstärke wurde jedoch meist nicht berücksich-tigt; die Konzentration auf Signifikanzen hat dazu geführt, dass »[...] our characterizations of men and women are based on many effects that are quite small in magnitude« (Aries 1996, S. 7) und dass wir »[...] have tended to overlook the considerable overlap between the behavior of men and women and to misrepresent small differences as mutually exclusive (Aries 1998, S. 67).

Auch der Anteil der Varianz eines Verhaltens, der durch den Faktor ›Geschlecht‹ aufgeklärt werden kann, ist in den meisten Studien rela-tiv gering: »[...] we find that generally less than 10% of the variance in social behavior is accounted for by gender, and typically less than 5%« (Aries 1996, S. 7). Die Studie von Natale et al. (1979) ermit-telte, dass die Sprechzeit der Partner in einem dyadischen Gespräch 63% der Varianz im Unterbrechungsverhalten aufklärte, während Geschlecht dies nur zu 7% tat. »Thus, to make an accurate prediction of how frequently a person will interrupt, knowledge of a speaker's sex has relatively little predictive value in comparison with other variab-les« (Aries 1998, S. 67). Außerdem werden nur selten Studien repli-ziert, die meisten Studien sind Einzelstudien, aber nur durch Repli-kation kann die Zuverlässigkeit der ermittelten Ergebnisse gesichert werden (Aries 1996, S. 9).

Wie groß und gesichert Geschlechterdifferenzen sind, hängt somit von dem Methodenanspruch ab:

»If we place emphasis on statistical significance, on single studies with-out replication, on the behavior of individuals with extreme scores, we find many gender differences. If we place emphasis on the mag-nitude of results, on the replicability of results, or on the percen-tage of variance in behavior accounted for by sex, gender differences appear to be more minimal and much more variable in their appea-rance« (Aries 1996, S. 11).

2.5.2 Latente theoretische Annahmen zu Geschlecht, Sprache und Kommunikation

Studien, die kommunikatives Verhalten, aber auch Studien, die das Sprachsystem auf die Kategorie ›Geschlecht‹ hin untersuchen, betrachten ›Geschlecht‹ meist als die zentrale Variable, deren Interaktion mit anderen Variablen wie ›Status‹, ›soziale Rolle‹, ›situativen Faktoren‹, ›Stereotypen‹ und ›kulturellen Deutungsmustern‹ selten systematisch einbezogen wird. Hierin drückt sich ein Verständnis von ›Geschlecht‹ als einem überdauernden und stets wirksamen Persönlichkeitsfaktor aus. Diese Sichtweise wird als eine **essentialistische Sicht auf ›Geschlecht‹** bezeichnet, die insofern paradox ist, als ›Geschlecht‹ gerade als sozial imponierte Zuschreibung von Dominanz und Machtlosigkeit gefasst ist, in der empirischen Arbeit aber genau diese soziale Konstruiertheit von ›Geschlecht‹ methodisch nicht eingelöst wird. Die Studien, die ein **konstruktivistisches Verständnis von ›Geschlecht‹** verfolgen, setzen gleichwohl die Kategorie ›Geschlecht‹ exklusiv im Interesse daran, wie ›Geschlecht‹ hergestellt wird; unterstellt wird, dass es in jeder Interaktion und Konversation stets auch um ein *doing gender* gehen muss, auch wenn dies in der Konversation von den Beteiligten zu unterschiedlichen Graden relevant gesetzt werden kann. Wie dieses *doing gender* mit anderen Praktiken verwoben ist, ist in diesen Studien theoretisch nicht geklärt, auch wenn dies mit der Erweiterung des *doing gender* um die des *doing class* und des *doing ethnicity* oder in dem Modell der vielfältigen sozialen Praktiken beansprucht wird. Den kritisierten Methoden der empirischen Studien zu Geschlechterdifferenzen korrespondiert somit ein theoretisch wenig überzeugendes Konzept von Geschlecht. Somit bleibt derzeit für die empirische Forschung nur die Forderung zu realisieren, die besagt »We should return gender to its larger social context, taking into consideration other social forces that shape the expression of gendered behavior« (Aries 1998, S. 77), denn: »Human behavior may be so complex that we cannot predict much of the variance in it by reference to any single variable, including sex or gender« (Wood /Dindia 1998, S. 25). Eine differenziertere Theorie ist nötig um erklären zu können »[...] why there is so much within-gender variability, why the appearance of gender differences in interaction is situationally variable, why no gender differences are found in many contexts, and why people use behaviors associated with the opposite sex in certain roles and contexts« (Aries 1998, S. 77).

Der problematischen Konzeptualisierung von ›Geschlecht‹ in den meisten empirischen Studien korrespondiert auch ein vergleichsweise schlichtes **Verständnis von Sprache, Sprachgebrauch** und **sprachli-**

cher Kommunikation. Was die Analysen des Sprachsystems anlangt, wird häufig unterstellt, dass sprachliche Strukturen unmittelbares Abbild gesellschaftlicher Machtstrukturen sind und eine analytische Trennung von Sprachsystem und Sprachgebrauch obsolet ist. So wird dann das gesamte Deutsche zu einer »Männersprache«. Die damit korrelierende Annahme besagt, dass nur der Mächtige die Sprache in ihrer Struktur bestimmt, die weniger Mächtigen oder gar Ohnmächtigen keinerlei Einfluss nehmen; dies ist eine insgesamt recht einlinige und wenig überzeugende Deutung sprachhistorischer Entwicklungsprozesse, denen sich ein Systemzustand verdankt. Entsprechend einfach ist auch die Sicht auf den Sprachgebrauch und das Gespräch, wenn diese auf nur eine Dimension, nämlich die der Dominanz vs. der interpersonellen Bezogenheit reduziert werden. Wenn mit Karl Bühler der Sprachgebrauch funktional zu bestimmen ist als ein Prozess, in dem einer dem anderen etwas mitteilt über die Welt der Dinge oder mit Wittgenstein als ein Sprachspiel, so sind für Sprachgebrauch und Kommunikation sehr viel mehr Dimensionen relevant als allein das Geschlecht.

> Mit Allen kann man bezüglich der unübersichtlichen Forschungslage zu Geschlechterdifferenzen feststellen: »The current crisis comes from a lack of scientific theory, not from a lack of scientific findings« (Allen 1998, S. 433; vgl. Canary/ Hause 1993, S. 138ff.).

2.5.3 Die Einschätzung und Bewertung von Geschlechterdifferenzen

Die Einschätzung der Art und der Größe von Geschlechterdifferenzen ist nicht nur daran gebunden, möglichst kohärente Ergebnismuster in methodisch gut kontrollierten empirischen Studien vorzufinden. Auch wenn die Befundlage zu Geschlechterdifferenzen in der Kommunikation eindeutiger wäre und die empirischen Studien die beschriebenen methodischen Unzulänglichkeiten nicht aufwiesen, bliebe es ein Problem, wie Differenzen interpretativ einzuschätzen sind.

Wie z.B. der Dialog zwischen Julia Wood und Kathryn Dindia (Wood/Dindia 1998) demonstriert, ist es möglich, dass die Befundlage grundsätzlich verschieden interpretiert wird. Für Wood ergibt sich als Deutung der empirischen Befunde, dass »[...] gender differences are real, persisting, and significant by any measure« (Wood/Dindia 1998. S. 20). Für sie ist die in der entsprechenden Forschungsliteratur häufig gemachte Feststellung von kommunikativen Differenzen zwischen Männern und Frauen eine Gegebenheit (Wood/Dindia 1998, S. 20).

Diese Differenzen betrachtet Wood explizit zwar als eine »difference in degree«, denn »[...] both sexes pursue instrumental and expressive goals, although each sex may emphasize one objective more than the other« (Wood/Dindia 1998, S. 20). Sie sind für Wood aber gleichwohl bedeutsam, weil sie die deutlich verschiedenen Lebensumstände von Männern und Frauen, vor allem die Asymmetrie in der Verteilung von Macht und Status reflektieren und zu deren Aufrechterhaltung beitragen. Die **Bewertung der Kommunikationsstilunterschiede** erfolgt bei Wood demnach auf der Grundlage einer bestimmten Geschlechtertheorie und einer darauf bezogenen politischen Haltung, die Wood wie folgt formuliert: »I align myself more with critical scholarship than with social science research – a position that inclines me to focus on understanding more than description and on social change more than explanation and prediction« (Wood/Dindia 1998, S. 35). Ausgehend von der Grundannahme, dass eine Ungleichverteilung von sozialer Macht bei den Geschlechtern gegeben und dies keine Naturtatsache ist, wird die uneindeutige Forschungslage so bewertet, dass die beobachteten Verhaltensunterschiede Ausdruck der machtlosen weiblichen vs. machtvollen männlichen Position sind.

Kathryn Dindia beurteilt dagegen die Forschungslage deutlich anders. Ihre Perspektive formuliert sie wie folgt:

»I am a minimalist. I believe that differences in women's and men's personality traits and social behaviors are minimal by any measure and that these minimal differences do not warrant labeling men and women as different« (Wood/Dindia 1998, S.23).

Dindia begründet ihre Auffassung damit, dass bislang nur vergleichsweise wenige und dazu noch geringe Differenzen ermittelt wurden. Wenn trotzdem die Differenzen für groß gehalten werden, sei dies auf gängige Stereotype zurückzuführen. Für Dindia stellt sich die Forschungslage insgesamt so dar, dass neben einigen Differenzen auch viele Gemeinsamkeiten zwischen den Geschlechtern aufgewiesen wurden und dass es darum gehe, **Gemeinsamkeiten und Unterschiede** nicht nur zu beschreiben, sondern zu erklären. Diese ausbalancierte Sicht auf die Geschlechter scheint für Dindia ein Beitrag dazu zu sein, Geschlechterungleichheit und Geschlechterdiskriminierung aufzuheben.

Wie die Positionen von Wood und Dindia verdeutlichen, ist die Bewertung von Geschlechterdifferenzen mit bestimmten Wissenschaftsauffassungen, einer bestimmten Geschlechtertheorie und politischen Zielen verbunden. Die Nähe der Forschung zu politischen Zielsetzungen macht auch einen Teil der Unübersichtlichkeit des Forschungsgebiets aus. Daher muss mit Dindia darauf bestanden werden, dass alle in den Wissenschaften entwickelten Methoden der Kontrolle der Rationalität des Forschungsprozesses eingehalten werden und dass die empirische Forschung zunächst primär von Theorie und nicht von Politik geleitet unternommen wird. Auch deshalb muss die Evaluation des Stands der Forschung im Bereich Sprache und Geschlecht eine kritische Revision erklärender Theorien beinhalten.

3. Erklärungsansätze

Geschlechterdifferenzen im Sprachgebrauch Erwachsener und im Spracherwerb bei Jungen und Mädchen sowie Asymmetrien im Sprachsystem und deren Deutung durch Sprachbenutzer werden derzeit durch verschiedene Theorieansätze zu erklären versucht.

– Zum einen gibt es Erklärungskonzepte, in denen die Rolle **sozialisatorischer Einflüsse** der Eltern, der *peers*, der Schule sowie der Medien auf Lern- und Entwicklungsprozesse des Kindes als ausschlaggebend betrachtet werden (3.1);
– andere Konzepte fokussieren den Prozess der individuellen **kognitiven Konzeptualisierung von Geschlecht** in der Ontogenese (3.2) oder
– die **psychosexuelle Entwicklung** von Geschlechtsidentität (3.3).
– Wieder andere Erklärungsansätze machen **gesellschaftliche Rollenerwartungen, Statusunterschiede und Stereotype** als wirksam geltend (3.4).
– Konstruktivistische Ansätze dagegen betonen die **Herstellung von** ›**Geschlecht**‹ und geschlechtsbezogenen Verhaltensweisen **in der aktuellen Interaktion oder in sozialen Praktiken** (3.5).
– Nicht zuletzt werden Geschlechterdifferenzen im Sprachgebrauch und im Spracherwerb auch auf biologische Einflüsse, vor allem **hormonelle Einflüsse** auf die Gehirnorganisation und die Unterschiede in der **Gehirnreifung und Lateralisierung** bezogen.
– Ebenfalls eher biologisch angelegt sind Erklärungsansätze, die die Verhaltensunterschiede der Geschlechter auf das **stammesgeschichtliche Erbe** der Menschen beziehen und annehmen, dass die unterschiedlichen Aufgaben bei der Reproduktion der Gattung zu einer geschlechtsbezogenen Arbeitsteilung geführt haben, die mit einer geschlechtstypischen Dispositioniertheit für bestimmte Verhaltensweisen verbunden ist (3.6).

3.1. Sozialisations- und lerntheoretische Konzepte

3.1.1 Sozialisation durch Eltern, Schule und Medien

Die Grundannahme sozialisations- und lerntheoretischer Konzepte zur Entstehung geschlechtsverbundener Verhaltensweisen ist die, dass Kinder diese Verhaltensweisen von ihren Betreuungspersonen übernehmen. Den Mechanismus der Übernahme sieht die soziale Lerntheorie (Bandura 1986; Bussey/Bandura 1999) darin, dass das Kind durch Verstärkung, d.h. Belohnung und Bestrafung in seinem Verhal-

ten durch die Eltern konditioniert wird. In der **Theorie des instru-**
mentellen Lernens besteht der Lernprozess des Kindes darin, dass
sein auf die Umwelt einwirkendes (operantes) Verhalten nachträglich
durch die Umwelt verstärkt (belohnt) oder nicht verstärkt (bestraft
oder ignoriert) wird. »Entscheidend für das Lernen sind daher die
belohnenden bzw. bestrafenden Konsequenzen, die dem Verhalten folgen« (Tillmann 1996, S. 75). Dabei wird angenommen, dass Eltern
unbewusst oder bewusst bestimmten Vorstellung über erwünschtes
Verhalten folgen und diese Vorstellungen in den täglichen Interaktionen mit dem Kind in Form von Belohnung und Bestrafung realisieren. Durch die Akkumulation von positiv oder negativ verstärkten
Verhaltensweisen bilden sich dann im Verlauf des Sozialisationspro-
zesses Verhaltensmuster heraus. Bei Mädchen werden andere Verhaltensweisen als bei Jungen als erwünscht betrachtet, Belohnung und
Bestrafung werden unterschiedlich verteilt. »Aus der unterschiedlichen
›Konditionierungs-Geschichte‹ [...] von Jungen und Mädchen wird
dann ihr geschlechtsspezifisches Verhalten erklärt« (ebd., S. 77). Das
Konzept des instrumentellen Lernens rekonstruiert somit komplexe,
geschlechtsverbundene Verhaltensmuster aus positiv oder negativ verstärkten Einzelerfahrungen von Jungen und Mädchen.

Das ebenfalls lerntheoretische **Konzept des Modellernens** von
Bussey (1983) und Perry/Bussey (1979) geht demgegenüber davon
aus, dass Kinder nicht einzelne Verhaltenssequenzen via Verstärkung
übernehmen, sondern dass sie die von Modellen (Eltern, aber auch
Popstars) gezeigten signifikanten Verhaltenseigenschaften insgesamt
via Imitation übernehmen; dabei eignen sie sich die Modelleigen-
schaften an, die belohnt werden bzw. die als nützlich und positiv
bewertet werden können, was auch die Motivation beeinflusst (Bus-
sey/Bandura 1999).

Beide Varianten der Lerntheorie müssen als unzureichend betrachtet werden. Dem Konzept des instrumentellen Lernens zufolge müssten die Eltern mit ihrem differentiellen Sozialisationsverhalten einen
durchgängig prägenden Einfluss auf ihre Kinder ausüben und dieser
Einfluss müsste auch empirisch nachweisbar sein. Dieser empirische
Nachweis konnte nicht erbracht werden. Denn Mädchen und Jungen
werden nicht in jeder Hinsicht von ihren Eltern unterschiedlichen
kommunikativen Konditionierungen ausgesetzt. Eltern behandeln
Mädchen in vieler Hinsicht wie Jungen, neben einigen Unterschieden im Kommunikationsangebot an Jungen und Mädchen gibt es
auch viele Gemeinsamkeiten, wie die Metaanalyse von Lytton/Rom-
ney (1991) zeigte. Entsprechend stellt Maccoby fest: »Offenbar sozialisieren Eltern ihre Kinder *nicht* gemäß den häufig vertretenen stereotypen Vorstellungen über geschlechtskonformes Verhalten« (Maccoby

2000, S. 159). Außerdem beschreiben beide Modelle die allgemeine
Verhaltensentwicklung, sagen aber über Kommunikation nichts aus
(Canary/Hause 1993, S. 139).

Weiterhin ist gegen das Konzept des Modellernens kritisch einzuwenden, dass Jungen und Mädchen erst in einem Alter gleichgeschlechtliche Modelle nachahmen, »[...] in dem bereits die Geschlechtsidentität, geschlechtsbezogene Präferenzen und geschlechtstypisches
Verhalten des Individuums vorhanden sind«. Daher kann die Nachah-
mung [...] nicht die Grundlage der ursprünglichen Ausbildung einer
Geschlechtstypisierung sein, sondern ist eher als ein Ergebnis kognitiver Verarbeitungsprozesse anzusehen« (Trautner 1997, S. 382f.).

Darüber hinaus kann das Konzept des Modellernens nicht schlüs-
sig erklären, warum Mädchen die Mutter, Söhne den Vater als Modell
nachahmen. Die zur Erklärung vorgeschlagenen Hypothesen erwiesen sich als unzureichend.

Ebenfalls bezüglich der Aneignungsmechanismen von geschlechts-
differenten Verhaltensweisen wenig plausibel, aber um eine Erklärung
von Unterschieden und Gemeinsamkeiten bemüht, ist das Konzept
der geschlechtsverbundenen **Sozialisation spezifischer Fertigkeiten**
von Kunkel und Burleson (1998). Nach diesem Konzept werden die
Wissensbestände, die in einer Kultur akkumuliert sind, im Prozess
der Sozialisation weitergegeben, wobei einige Elemente des kulturellen Wissens an alle und einige Elemente an spezifische Personengrup-
pen weitergegeben werden. So werden Kindern beiderlei Geschlechts
in der gegenwärtigen amerikanischen Kultur dieselben Kommunikationspraktiken, kulturellen Artefakte und Wertorientierungen durch
die Sozialisationsagenten Eltern, Geschwister, Nachbarn, Lehrer und
Massenmedien übermittelt. Allerdings werden Mädchen und Jungen dabei in unterschiedlichen Fähigkeiten gefördert. Mehr als Jungen werden Mädchen »[...] encouraged to express and manage emotions«. Dies [...] leads women to develop more sophisticated skills
for nurturing, comforting, and providing support« (Kunkel/Burleson
1998, S. 118). Jungen werden dagegen »[...] encouraged to influence
others, direct the activities of others, and amuse others«. Dies »[...]
leads men to develop more sophisticated persuasive, informative, and
narrative skills« (ebd., S. 118). Demnach tendieren die Geschlechter dazu, »[...] to specialize in some skills while having comparative
deficits in other skills. However, what counts as skill in a particular domain (e.g. comforting, persuading) remains the same for both
sexes« (ebd., S. 118).

Dieses Konzept lässt offen, warum bestimmte *skills* bei Mädchen,
andere bei Jungen gefördert werden, es lässt auch offen, warum und
wie diese unterschiedlichen sozialisatorischen Angebote überhaupt von

Kindern in spezifische Fertigkeiten übersetzt werden. Dieses Konzept stimmt außerdem nicht mit dem Befund überein, dass empirische Studien bislang keine eindeutigen Hinweise darauf erbracht haben, dass Eltern ihre Kinder gemäß Stereotypen über geschlechtskonformes Verhalten sozialisieren (Maccoby 2000, S. 159); vielmehr wurde deutlich, dass Versuche von Eltern, ihre Kinder entgegen den gängigen Geschlechterstereotypen zu erziehen, wenig erfolgreich waren (Lippa 2002).

> Da sozialisations- und lerntheoretische Konzepte entweder von zu schlicht konzipierten Aneignungsmechanismen ausgehen oder gänzlich auf deren Explikation verzichten und eine direkte Einflussnahme von Sozialisationsagenten nicht gezeigt werden konnte, sind diese Konzepte für eine Erklärung von Geschlechterdifferenzen im Sprachgebrauch und Kommunikationsverhalten nicht zureichend.

3.1.2 Sozialisation durch Gleichaltrige

Schon mit drei Jahren entwickeln Mädchen eine **Präferenz für das eigene Geschlecht**, Jungen tun dies kurze Zeit später (Maccoby 2000, S. 31); Mädchen wie Jungen beginnen, Freundschaften eher zu Kindern des eigenen Geschlechts zu entwickeln und sich insgesamt an den Normen der gleichgeschlechtlichen *peer-group* zu orientieren. Kulturvergleichende Studien zeigen, »[...] dass es sich bei der Entwicklung gleichgeschlechtlicher Präferenzen in der Kindheit um ein universales und stabiles Phänomen handelt« (ebd., S. 39). Diese Präferenz für das eigene Geschlecht ist nach Maltz/Borker (1991), Tannen (1991) und Wood (1994) von entscheidender Bedeutung für die geschlechtstypische sprachliche Sozialisation von Jungen und Mädchen. Nach Daniel Maltz und Ruth Borker lernen Mädchen und Jungen in den gleichgeschlechtlichen Spiel- und Freundschaftsgruppen eine grundsätzlich andere Art der Rede. Mädchen lernen, Sprache zum Zweck der Beziehungsregulierung, Jungen zum Zweck der Selbstbehauptung einzusetzen (Maltz/Borker 1991, S. 62 und 64). Tannen (1990, S. 18, zit. in Kunkel/Burleson 1998, S. 103) stellt fest: »Boys and girls grow up in what are essentially different cultures, so talk between women and men is cross-cultural communication.«

Aus diesen **unterschiedlichen kommunikativen Orientierungen** von Mädchen und Jungen folgen unterschiedliche Handhabungen und Interpretationen derselben sprachlichen Phänomene. Dies führt in gemischtgeschlechtlichen Gesprächen dann bei Erwachsenen zu Missverständnissen (vgl. Günthner 1992, S. 125f.).

Wäre die These der Sozialisation von Jungen und Mädchen in unterschiedlichen Kulturen richtig, so wären sehr große und bedeutsame Geschlechterdifferenzen im Kommunikationsverhalten in unterschiedlichen Situationen zu erwarten. Die Geschlechterdifferenzen in der Kommunikation sind aber tatsächlich nicht durchgängig und sie sind meist eher gering. Im Bereich der unterschiedlichen kommunikativen Orientierungen finden sich zwar Evidenzen, dass Frauen und Mädchen eher empathisch-sozial auf die Belange anderer ausgerichtet interagieren und Männer und Jungen eher auf Selbstbehauptung und eher instrumental orientiert sind. Diese unterschiedlichen Ausrichtungen sind jedoch nicht in jeder Kommunikationssituation maßgeblich, außerdem scheinen Männer wie Frauen emotional-soziales Verhalten gleichermaßen positiv zu bewerten, wie z.B. Kunkel und Burleson (1998) anhand einer kritischen Überprüfung von Studien zu emotionalem Unterstützungsverhalten zeigten. Dieser Befund widerspricht aber der These, dass Männer und Frauen in völlig unterschiedlichen Kulturen leben und daher interkulturelle Kommunikation betreiben müssen. Außerdem kann dieses Konzept nicht berücksichtigen, »[...] that many of the differences between the styles of men and women are associated with power differences« (Aries 1996, S. 1995) und dass viele den Männern und Frauen als unterschiedlichen Kulturen zugeschriebenen Kommunikations- und Verhaltensweisen nicht auf alle Kulturen, Schichten und ethnischen Gruppen zutrifft (Aries 1996, S. 196; Kyratzis 2001; Kyratzis/Guo 2001; Ervin-Tripp 2001).

Darüber hinaus ist fraglich, ob sich aus unterschiedlichen Verhaltensweisen von Kindern überdauernde und geschlechtsexklusive kommunikative Einstellungen Erwachsener ableiten lassen. Maltz und Borker beziehen diese Deutung aus ihrer Annahme, dass Mädchen und Jungen in den getrennten Welten der weiblichen vs. männlichen *peer-groups* leben und kommunizieren. Diese Annahme ist aber nicht zutreffend. Wie die Studien von Goodwin (1990), Oswald et al. (1986) und Martin/Fabes (2001) zeigen, schließen sich zwar Mädchen und Jungen in gleichgeschlechtlichen Gruppen zusammen, trotzdem aber haben sie Kindern des anderen Geschlechts durchaus Kontakt (vgl. Martin/Fabes (2001, S. 3). Demnach müssten sie »[...] zumindest über passive Kenntnisse des ›anderen Stils‹ verfügen« (Günthner 1992, S. 127).

Gegen die These der ausschließlichen kommunikativen Sozialisation in den *peer-groups* spricht auch der Tatbestand, dass kommunikative Regeln nicht erst in *peer-groups,* sondern schon in den davor liegenden Jahren entwickelt werden (Aries 1996, S. 196). Entsprechend stellt Maccoby, die durchaus davon ausgeht, dass sich in den Mädchen- und Jungengruppen unterschiedliche Kulturen entwickeln (vgl. Maccoby 2000, S. 75), fest »Wir sollten allerdings nicht davon ausgehen, dass die beiden Geschlechter absolut voneinander getrennte Kindheiten erleben« (Maccoby 2000, S. 78; vgl. Bussey/ Bandura 1999). Barrie Thorne (1993) wendet gegen die Theorie der zwei Kulturen ein, dass diese nicht für alle Kinder zutreffe und die Kohärenz der gleichgeschlechtlichen Interaktion übertrieben werde. Ebenfalls problematisch ist, dass die Theorie der zwei Kulturen nicht erklärt, warum Kinder den Normen ihrer *peer-group* folgen, sofern sie das überhaupt in dem angenommenen Umfang tun. Die Annahme, dass Mädchen wie Jungen in der Interaktion mit anderen Jungen und Mädchen den Interaktionsstil lernen, der einen Einfluss auf den Interaktionspartner hat (wie z.B. Martin/Fabes 2001, S. 22 feststellen), erklärt wenig. Auch die Annahme, dass Kinder Interaktionen mit gleichgeschlechtlichen *peers* bevorzugen, weil diese einen ähnlichen Interaktionsstil haben oder weil von ihnen bestehende Geschlechterstereotype bekräftigt werden (vgl. Martin/Fabes 2001), stellt nur fest, dass Kinder unterschiedliche Interaktionsstile oder Geschlechterstereotypen haben, woher diese aber kommen und wie sie in der Interaktion weiter bestätigt werden, wird nicht erklärt.

> Maltz/Borker und die ihnen folgenden Vertreter/innen des Ansatzes der zwei Kulturen scheinen Sozialisation ähnlich schlicht zu betrachten, wie das in lerntheoretischen Konzepten der Fall ist. Auch daher erscheint dieser Erklärungsansatz wenig überzeugend.

3.2 Kognitionspsychologische Konzepte

Kognitionspsychologische Konzepte zur Erklärung geschlechtsverbundener Verhaltensweisen (vgl. Martin 2000) gehen von der Annahme aus,

»[...] daß die fundamentalen sexuellen Attitüden nicht direkt durch biologische Instinkte oder willkürliche kulturelle Normen, sondern durch die kognitive Organisation der sozialen Welt des Kindes in den Dimensionen der Geschlechtsrollen strukturiert werden« (Kohlberg 1974, S. 334).

Die Entwicklung von Geschlechtsidentität und geschlechtsrollenkonformer Verhaltensweisen wird im Gesamtzusammenhang der Kognitionsentwicklung betrachtet.

3.2.1 Das kognitionspsychologische Konzept von Kohlberg

Das kognitionspsychologische Konzept von Lawrence Kohlberg versteht Entwicklung in Anlehnung an Piagets Theorie als einen **konstruktiven Aneignungsprozess**, der durch Prozesse der Akkomodation (d.h. Anpassung bereits vorhandener Schemata des Kindes an die Umwelt) und der Assimilation (d.h. der Anpassung der Umwelt an die kindlichen Schemata) bestimmt wird. In diesem Modell treibt das Kind selbst und aktiv den Entwicklungsprozess voran. Im Prozess der kognitiven Entwicklung wird auch die Geschlechtsidentität aufgebaut. Der **Entwicklungsprozess** besteht in den folgenden Sequenzen:

1. Mit ca. 2,5 Jahren erwerben Kinder **Geschlechtsbezeichnungen**, mit denen sie das Geschlecht anderer und das eigene Geschlecht benennen können und sie verwenden sprachliche Formen, die bezüglich des Geschlechts markiert sind (Mills 1986, S. 63); die Geschlechtsbezeichnungen scheinen sie jedoch wie Eigennamen zu verwenden (Kohlberg 1974, S. 351).

2. Ab dem 3. Lebensjahr entwickeln Kinder ein Verständnis von **Geschlechtsstabilität**, d.h. sie wissen, dass das Geschlecht über die Zeit hinweg konstant ist. »Mit vier Jahren neigen die Kinder dazu, das Geschlecht nach einigen allgemeinen physischen Kriterien zu bezeichnen, vor allem Kleidung und Haartracht« (Kohlberg 1974, S. 352). In diesem Alter glauben die meisten Kinder, dass sie sich von einem Mädchen in einen Jungen – und umgekehrt- verwandeln könnten, wenn sie entsprechende Kleidung und Haartracht trügen.

3. Das intuitive Denken der Kinder dieser Entwicklungsstufe führt auch zur Bildung von **Geschlechtsrollenstereotypen**. Kinder von 4 bis 5 Jahren sind sich der Geschlechtsunterschiede der Erwachsenen in Größe und Körperstärke klar bewusst, die für sie zugleich » soziale und verhaltensmäßige Attribute« sind. »Soziale Macht, so glauben sie, sei Folge körperlicher Kraft [...], welche wiederum von der Körpergröße herrühre« (Kohlberg 1974, S. 363). Kinder erleben Männer als machtvoller; sie entwickeln – aus rein kognitiven Gründen – das Stereotyp männlicher Dominanz. Diese Stereotype entwickeln sich unabhängig vom konkreten Verhalten der Eltern, und sie entwickeln sich, bevor das Kind eine stabile Geschlechtsidentität, d.h. einen Begriff des Geschlechts gebildet hat.

4. Zwischen dem 5. und 7. Lebensjahr bilden Kinder ein Konzept von **Geschlechtskonstanz** aus. Sie kategorisieren sich als Junge oder Mädchen und diese Kategorisierung ist irreversibel. Sobald die Einsicht in die Geschlechtskonstanz gewonnen ist, werden damit zugleich Wertungen verbunden. »Sobald der Knabe sich stabil als männlich kategorisiert hat, wird er jene Objekte und Akte positiv bewerten, die

mit seiner Geschlechtsidentität übereinstimmen« (Kohlberg 1974, S.
344), zugleich eignet sich das Kind zur Stabilisierung seiner Person
auch die Eigenschaften an, die es als männliche oder weibliche Eigenschaften erlebt. Daher nimmt sich der Junge den Vater, das Mädchen
dagegen die Mutter als Vorbild. Das Kind betreibt somit in »[...] akti-
ver Weise seine eigene Sozialisation als Mädchen oder Junge« (Tillmann 1996, S. 95). Es orientiert sich dabei stark an Geschlechtsrollenstereotypen (Blakemore 2003).

Nach Kohlberg verläuft die Übernahme geschlechtsspezifischer Verhaltensmuster bei Jungen klarer und unproblematischer als bei Mädchen, denn die Mädchen sind »[...] verpflichtet, in einer männlichen
Welt eine feminine Rolle zu spielen, während Knaben nicht die Ver-
pflichtung haben, in einer weiblichen Welt eine maskuline Rolle zu
spielen« (Kohlberg 1974, S. 394). Außerdem ist die weibliche Rolle
weniger wertgeschätzt als die männliche, trotzdem übernehmen Mädchen die weibliche Rolle, weil »[...] die weiblichen Erwachsenen-Ste-
reotypen grundsätzlich positiv genug [sind], um die Femininität für
kleine Mädchen attraktiv zu machen (ebd., S. 394).

Gegen diese Theorie sind zahlreiche kritische Einwände vorgebracht worden (vgl. Bussey/Bandura 1999). Maccoby und Jacklin
merken kritisch an, dass Kinder deutlich früher als nach Bildung eines
Geschlechtsidentitätskonzeptes geschlechtsrollenkonformes Verhalten
zeigen. Die Erkenntnis, unabänderlich ein Junge oder ein Mädchen
zu sein, ist offenbar nicht der Grund dafür, dass Jungen und Mädchen Geschlechtsrollenattitüden übernehmen (Martin 2000, S. 95).
O'Brien et al. (2000) zeigten zudem, dass Jungen und Mädchen sich
in der Bezeichnung des Geschlechts und im Wissen um Geschlech-
terrollen deutlich unterscheiden.

Darüber hinaus ist auch die Annahme, Kinder würden aus kognitiven Gründen das, was größer und stärker aussieht, universell auch
für mächtiger und kompetenter ansehen, problematisch, denn hier
wird etwas in die Eigenart des kindlichen Denkens hineinverlagert,
was durchaus ein Stereotyp der Erwachsenen sein kann, nicht Kinder,
sondern Erwachsene zeigten darin Momente intuitiven Denkens (vgl.
Bem 1993, S. 115). Das Konzept ist – da es in Analogie zur Theorie Piagets gebildet ist – ebenso zu kritisieren ist, wie Piaget vielfach
kritisiert wurde (vgl. Sodian 1998).

Wie die kritischen Einschätzungen zeigen, ist Kohlbergs Konzept der kognitiven Konstruktion von Geschlechtsidentität
empirisch nicht bestätigt und theoretisch fragwürdig.

3.2.2 Gender-Schema Theorien

Sandra Bem hat in ihrer *Gende*r-Schema Theorie eine sozial-kognitive
Entwicklungstheorie von Geschlechterdifferenzen entwickelt, die postuliert, dass Kinder ›Geschlecht‹ als wesentliches **kognitives Schema
der Informationsverarbeitung** nutzen. Außer dem inhaltlichen Wissen über Geschlecht, also Wissen über geschlechtsverbundene Verhaltensweisen und Attribute lernt das Kind auch »[...] to invoke this
heterogeneous network of sex-related associations in order to evaluate and assimilate new information« (Bem 1981, S. 355). Dabei wird
ein Schema als eine kognitive Struktur verstanden, die die Wahrnehmung eines Individuums im Sinne einer antizipatorischen und selek-
tiven Struktur organisiert.

Nach der *Gende*r-Schema-Theorie werden Kinder in ihrer Informationsverarbeitung *gender*-schematisch (bzw. *gender*-polarisierend),
weil die meisten Kulturen wie die amerikanische in ihren Diskursen
und sozialen Institutionen geschlechtspolarisierend sind. In diesen
Diskursen lernt das Kind die Inhalte des Geschlechterschemas seiner Gesellschaft und es lernt, welche Attribute mit seinem eigenen
Geschlecht verbunden sind. Diese konstituieren das Geschlechterschema, das dann als Wahrnehmungsfilter wirkt und das das Kind
dann auch auf sein Selbst anwendet, d.h. es greift aus den vielen
Möglichkeiten einer Persönlichkeit die heraus, die auf sein eigenes
Geschlecht anwendbar sind und deshalb für die verschiedenen Inhalte
des Selbst-Konzepts wählbar sind. Dadurch werden die **Selbst-Kon-
zepte** geschlechtstypisiert »[...] and thus do the two sexes become,
in their own eyes, not only different in degree but different in kind«
(ebd.). Zugleich lernt das Kind »[...] to evaluate his or her adequacy
as a person in terms of the gender schema, to match his or her preferences, attitudes, behaviors, and personal attributes against the pro-
totypes stored within it« (ebd.).

Das Geschlechterschema wird so zu einem präskriptiven Standard,
von dem auch die Selbstwertschätzung abhängt, was wiederum die
motivationale Basis dafür abgibt, dass das Kind sein Verhalten entsprechend den kulturellen Definitionen von Männlichkeit und Weiblichkeit reguliert. Durch die Beobachtung des eigenen Verhaltens mit
Blick auf gesellschaftlich gegebene Definitionen wird die geschlechts-
basierte Differenzierung des Selbst-Konzepts weiter befördert. Den
Unterschied zu Kohlbergs Theorie sieht Bem darin, dass »[...] this
alternative account situates the source of the child's motivation for a
match between sex and behavior, not in the mind of the child, but in
the gender polarization of the culture« (Bem 1993, S. 126). Dementsprechend betont Bem, dass die Verhaltensunterschiede der Geschlech-

ter nicht nur auf intrapsychische Prozesse der Selbstwahrnehmung und Selbst-Konstruktion bezogen werden können, denn die Situation und das Verhalten von Frauen und Männern sind

»[...] simultaneously constructed by the androcentric and gender-polarizing social practices of the culture, which continue to situate males and females in different and unequal positions in the social structure throughout their life cycle. There is thus never just a psychological force responsible for the construction of real men and real women; there is always a structural or situational force operating in the same direction« (Bem 1993, S. 159).

Bem hat in empirischen Studien mit Erwachsenen zeigen können, dass das Geschlechterschema tatsächlich als Filter der Wahrnehmung dient. Dies wurde von anderen Studien auch für Aufmerksamkeit und Erinnern dokumentiert (Martin 2000). Wie Kinder diese *Gender*-Schemata als sozial imponierte Klassifikationsprinzipien erwerben und zur Erfahrungsorganisation sowie Selbstkategorisierung nutzen, wird kontrovers diskutiert. Umstritten ist vor allem die Annahme, dass ein geschlechtsschematisches Selbstkonzept des Kindes eine Voraussetzung für sein Verhalten ist. Die Studie von Campbell et al. (2000) konnte keine Beziehung zwischen dem Selbstkonzept und dem Verhalten feststellen. Auch andere Studien ermittelten, dass Kinder früher ihr eigenes Geschlecht bevorzugen (mit 2 Jahren), dass sie ebenfalls schon früher typische Spielzeugpräferenzen haben (mit 14 Monaten und früher) und Mädchen und Jungen sich früher in ihrem Aktivitätsniveau unterscheiden (mit 1 Jahr), als sie andere Personen korrekt als ›männlich‹ oder ›weiblich‹ bezeichnen oder in nonverbalen Tests unterscheiden und sich selbst erkennen können (mit 2 bis 3 Jahren; vgl. Campbell et al. 2000).

Abgesehen davon ist in dieser Theorie nicht geklärt, wie die gesellschaftlichen Diskurse das Kind zur entsprechenden Schemabildung veranlassen. Die nach Bem vermittelnden Institutionen Familie, Schule und Massenmedien spielen dabei eine gewisse Rolle, die jedoch nicht die allein ausschlaggebende sein kann, weil Kinder auch ähnlich und nicht nur geschlechtsexklusiv angesprochen und behandelt werden; ungeklärt bleibt, warum Kinder gerade die geschlechtsexklusiven Botschaften zur Schema-Bildung heranziehen. Darüber hinaus ist die Beziehung zwischen dem als allseits zentral angenommenen Geschlechterschema der Informationsverarbeitung zu anderen kognitiven Schemata der Informationsverarbeitung nicht deutlich. Das Postulat, dass die Ubiquität und hohe Relevanz des Geschlechterschemas in allen Gesellschaften und seine Verankerung in biologischen Gegebenheiten ihm eine Zentralstellung zubilligt (vgl. Bem 1981, S. 362), scheint hier nicht ausreichend zu sein. Nicht zuletzt kann das Konzept nicht zureichend erklären, warum Kinder in der mittleren Kindheit besonders geschlechterschematisch kategorisieren, dies aber mit zunehmendem Alter von einer flexibleren Einstellung abgelöst wird (Bussey/Bandura 1999, S. 678; Katz/Ksansnak 1994).

Martin und Halverson (1981) haben eine **entwicklungsbezogene** *Gender*-Schema-Theorie vorgelegt, die sich von der Bems darin unterscheidet, dass nicht das *gendered self*, sondern allein das *gender labelling* bzw. die Geschlechtsidentität Voraussetzung für die Entwicklung von geschlechtsschematisierten Kognitionen ist. Wenn die Geschlechtsidentität entwickelt ist, erweitert sich dieses Schema und schließt Wissen von geschlechtsbezogenen Aktivitäten, Interessen, sozialen und persönlichen Attributen und Skripte ein. Dieses erweiterte Geschlechterschema wird in Interaktion mit der Umwelt geformt, »[...] but the process by which gender features that constitute the knowledge structure of the schema are abstracted remain unspecified« (Bussey/Bandura 1999, S. 678). Nach Martin/Halverson führt das Geschlechterschema dazu, dass Kinder sich den Geschlechtsrollen entsprechend zu verhalten beginnen, denn sie sind motiviert den Mitgliedern des eigenen Geschlechts ähnlich zu sein. Dies ist nach Bussy/Bandura (1999, S. 679) jedoch eine unzureichende Erklärung. Außerdem haben empirische Studien nicht konsistent nachweisen können, dass *Gender*-Schemata in Bezug zu geschlechtsverbundenem Verhalten stehen.

Martin (2000, S. 106ff.) hat diese Theorie erweitert und analog zu dem Konzept einer naiven biologischen, psychologischen und physikalischen Theorie bei Kindern das Konzept einer **naiven Theorie von Sozialpsychologie und Geschlecht** formuliert. Die Annahme dieses Konzeptes ist, dass Kinder sehr früh allgemeine Theorien über die Geschlechter entwickeln, die sich auf die Gemeinsamkeiten innerhalb einer Geschlechtergruppe und auf die Unterschiede zwischen den Geschlechtergruppen beziehen. Diese Kategorisierung in »gehört zur Gruppe« vs. »gehört nicht zur Gruppe« ist nach Martin die Grundlage der Weltkategorisierung. Eine weitere Dimension dieser naiven Geschlechtertheorie ist, dass Kinder ihr Verhalten auch danach kategorisieren, welche Reaktionen sie darauf von anderen erhalten. Dies sind Erwartungen oder Kognitionen über erwartbare Verhaltensreaktionen anderer. Mit zunehmender kognitiver Entwicklung werden diese naiven Theorien differenzierter und flexibler. Ein Bestandteil der naiven Geschlechtertheorie sind Vorstellungen darüber, worin sich die Geschlechter unterscheiden und woher die Unterschiede stammen.

Martin et al. (1995) haben bei 5-Jährigen zeigen können, dass sie ihre Wahl von Spielzeugen danach treffen, ob dieses Spielzeug im Sinne der Ähnlichkeit innerhalb der Gruppe und der Verschiedenheit zur anderen Gruppe zu ihrem Geschlecht passt oder nicht. Dass die Erwartungen bezüglich der Rektionen von Spielpartnern, Eltern oder Erziehern das Verhalten des Kindes beeinflussen, haben einige Studien gezeigt (vgl. Martin 2000). Ebenfalls empirisch nachgewiesen wurde, dass sich Kinder in ihren Kognitionen über die Genese von Geschlechterdifferenzen unterscheiden und dass hier Entwicklungsunterschiede von einer eher biologistischen zu einer mehr sozialen Deutung beobachtbar sind (vgl. Martin 2000, S. 109). Andere Studien haben dagegen keine direkte Entsprechung zwischen Geschlechterkognitionen und geschlechtsverbundenem Verhalten zeigen können (Bussey/Bandura 1999). Diese Theorie ist wie die ältere Schematheorie empirisch nicht gesichert.

Noch offen ist auch in dieser Theorie, warum Kinder diese naive Geschlechtertheorie ausbilden, wann das der Fall ist und was die Mechanismen ihrer Veränderung und Differenzierung sind. Martin schlägt als Perspektive zur Klärung dieser Fragen vor, die *Gender-Schema-Theorie* im Sinne der dynamischen, systemtheoretischen Entwicklungstheorie von Esther Thelen fortzuentwickeln und von einem multidimensionalen und multifaktoriellen Konzept von Geschlecht in seiner Genese und Wirkung auszugehen.

> Gegen die verschiedenen Varianten von Gender-Schema-Theorien spricht, dass sie die Voraussetzungen, die Sequenzen und die Mechanismen der Entwicklung geschlechterdifferenter Verhaltensweisen nicht zureichend erfassen.

3.3   Psychoanalytische Konzepte

In der Psychoanalyse und in psychoanalytisch inspirierten Sozialisationstheorien wurden unterschiedliche Varianten der Erklärung von Geschlechtsidentität und damit verbundenen geschlechtstypischen Verhaltensweisen entwickelt. So unterschiedlich diese Konzepte auch sind, so teilen sie die Annahme, dass Geschlechtsidentität Resultat psychosexueller Entwicklungsprozesse ist. Dabei wird die psychosexuelle Entwicklung als ein Prozess verstanden, in dem die entwicklungsbestimmt unterschiedlichen kindlichen Bedürfnisse als Motivatoren seiner Handlungen auf Gegebenheiten der Realität treffen; in dieser Konfrontation kommt es dazu, dass affektive Engramme gebildet und psychische Strukturen entwickelt werden. Im Unterschied zu lerntheoretischen oder kognitionspsychologischen Konzepten ist es Anliegen psychoanalytischer Entwicklungskonzeptionen, die affektive, auf das Körpererleben und körperliche Bedürfnisse bezogene Dimension der Genese psychischer Strukturen zu erhellen.

Gemäß klassischer, Freudscher Ansicht, ist die psychische Entwicklung des Menschen triebbestimmt und besteht darin, das ursprünglich nur auf Lustgewinn ausgerichtete Streben in ein realitätsgerechtes Handeln zu transformieren. Die ontogenetische Entwicklung beschreibt Freud (1942/1968) als einen stufenförmigen Prozess der Herausbildung psychischer Strukturen gemäß der **sexuellen Entwicklungsprogression**, in der das Kind seinen Körper und dessen lustspendende Organe erlebt. Dementsprechend unterscheidet Freud eine orale, eine anale und eine phallische Entwicklungsphase. In der phallischen Entwicklungsphase entdecken Mädchen wie Jungen ihre Genitalien als Zentrum des Lustgewinns. Das Kind entwickelt nun den Wunsch, seine sexuellen Strebungen mit dem gegengeschlechtlichen Elternteil auszuleben. Damit steht das Kind in der so genannten ödipalen Situation, die für Jungen wie Mädchen verschieden ist. Der Junge richtet seine sexuellen Wünsche auf seine Mutter und scheint Strafandrohungen, namentlich der Kastrationsdrohung zunächst keinen Glauben zu schenken. Nach Entdecken der Penislosigkeit von Frauen beginnt der Junge, der Kastrationsdrohung Glauben zu schenken und von seinen ödipalen Strebungen abzulassen. Dies führt zur Identifikation des Jungen mit dem Vater und der Ausbildung einer männlichen Geschlechtsidentität.

Die Entwicklung des Mädchens ist nach Freud daran gebunden, dass es sein Geschlecht als penislos bemerkt und sich daher als minderwertig, kastriert empfindet. Da das Mädchen die Mutter ebenfalls als kastriert betrachtet, beginnt es sich von der vormals geliebten Mutter ab- und dem Vater zuzuwenden in dem Wunsch, als Ersatz für den unerfüllbaren Peniswunsch ein Kind zu bekommen. »Weil das Mädchen für den Vater als Liebesobjekt attraktiv sein will, identifiziert es sich mit der Mutter; denn es will die Eigenschaften einer erwachsenen Frau besitzen« (Tillmann 1996, 65). Diese Identifikation bedeutet, dass das Mädchen nun eine weibliche Geschlechtsidentität erworben hat.

Diese Theorie war schon zu Zeiten Freuds durchaus umstritten. Karen Horney und Ernest Jones vertraten »[...] die Ansicht, dass Femininität und Maskulinität sich vor der phallischen Phase und unabhängig voneinander aus angeborenen Neigungen entwickelten« (Person/Ovesey 1993, S. 506). Stoller (1968) geht dagegen von einer **primären Femininität** aus. Nach Stoller leben Jungen wie Mädchen zunächst in einer symbiotischen Beziehung zu ihrer Mutter und für beide besteht die Aufgabe, sich aus dieser Beziehung zu lösen. Die Aufgabe ist für den Jungen schwieriger, da der Junge die Identifikation mit der Mutter aufgeben und sich dem Vater zuwenden muss. Das Mädchen muss einen derartigen Wechsel nicht vollziehen.

Anders sieht Nancy Chodorow die Entwicklung der Geschlechtsidentität. Auch sie betont die präödipale Bindung an die Mutter, auch sie bestimmt als wesentliche Aufgabe des Erwerbs von Geschlechtsidentität die **Lösung des Kindes aus der primären Mutterbindung**. Diese hat aber für Chodorow bei Jungen eine andere Qualität als bei Mädchen. Mütter von Mädchen empfinden eine stärkere Einheit mit ihren Töchtern, da sie selbst Töchter waren und ein weibliches Geschlecht besitzen (Chodorow 1994, S. 143; Benenson et al. 1998). Mädchen wie Jungen erleben die Mütter in der präödipalen Phase als allmächtig und aktiv, denn sie sind es, die das Geschäft des »Mutterns« unterhalten. Die Ablösung des Jungen von dieser allmächtigen Mutter ist, da die Beziehung zu ihr eher auf Differenz aufbaut, weniger problematisch. Indem der Junge seine Differenz zum Weiblichen betont, gelingt ihm die Ablösung von der Mutter und die Hinwendung zum Vater. Das Mädchen dagegen besitzt nichts von der Mutter in vergleichbarer Weise Verschiedenes, das es zu seiner Befreiung von ihr nutzen könnte. Deshalb wendet sich das Mädchen dem Vater zu, weil es in ihm den Befreier aus der symbiotischen Einheit mit der Mutter sieht (Chodorow 1994, S. 159). Weibliche und männliche Geschlechtsidentität ist nach Chodorow das Ergebnis des Ablösungsprozesses von der Mutter und nicht das Ergebnis der Auflösung des Ödipuskomplexes (ebd., 196f.).

Bei aller Unterschiedlichkeit im Einzelnen verbindet die skizzierten psychoanalytischen Theorien der Entwicklung der Geschlechtsidentität die Annahme, dass sie eine in der Mutter-Vater-Kind-Beziehung erworbene psychische Gewissheit der sexuellen Selbstkategorisierung ist, wobei die von den Eltern wie vom Kind vorgenommenen Wahrnehmungen und Bewertungen seiner Genitalität von ausschlaggebender Bedeutung sind. Geschlechtsidentität stellt sich somit dar als **psychischer Niederschlag elterlicher und eigener Empfindungen und Deutungen des Körpers**, insbesondere seiner Genitalien. In dieser Theorie ist, um einen Titel von Judith Butler aufzunehmen, der Körper durchaus »von Gewicht«, aber nicht als bloßes biologisches Faktum, sondern als die materiale Matrix psychodynamischer Selbst- und sozial vermittelter Fremddeutungen. Diese Gemeinsamkeit psychoanalytischer Konzepte ist als Programm, als theoretischer Anspruch zu verstehen, der plausibel erscheint. Die beschriebenen unterschiedlichen Versuche der Einlösung dieses Programms sind jedoch durchaus kritisch einzuschätzen (vgl. Bussey/Bandura 1999).

Das klassische Freudsche Konzept der Erklärung von Geschlechtsidentität ist offenkundig, gerade was die Entwicklung des Mädchens anlangt, wenig plausibel und wurde innerhalb der feministisch inspirierten psychoanalytischen Diskussion heftig kritisiert (vgl. Rohde-

Dachser 1991). Die von Horney und Jones vertretene Auffassung, dass
es biologisch verankerte heterosexuelle Strebungen gebe, die zu einer
männlichen vs. weiblichen Identität führen, hielt der Tatsache nicht
stand, dass Menschen auch unabhängig von ihrer chromosomalen
Beschaffenheit eine stabile männliche oder weibliche Geschlechtsidentität ausbilden können. Chodorows Annahme, dass die Geschlechts-
identitätsbildung durch die Lösung aus der symbiotischen Beziehung
vollzogen wird, erwies sich insofern als problematisch, als die These
der Symbiose von neueren Befunden (z.B. Stern 1992) nicht bestätigt wird, denen zu Folge das Kind von Anfang an recht gut zwischen
sich und dem anderen unterscheiden kann.

> Zentrale Annahmen der verschiedenen psychoanalytischen The-
> orien zur Ausbildung von Geschlechtsidentität haben sich als
> problematisch erwiesen. Weiterhin ist in diesen Theorien nicht
> spezifiziert, wie die Geschlechtsidentität das konkrete Verhalten
> und damit den Sprachgebrauch beeinflusst und wie sich die
> Geschlechtsidentität zu anderen Identitäten (z.B. soziale Iden-
> tität) und zu kognitiven Konzeptualisierungen verhält.

3.4   Sozialpsychologische Erklärungskonzepte

Unter der Bezeichnung »sozialpsychologische Erklärungskonzepte«
lassen sich all die Ansätze fassen, die sich um eine Erklärung der
Transmission makrosoziologischer Faktoren von Gesellschaften in
psychische Strukturen im Individuum, die verhaltenswirksam sind,
bemühen. Dies sind die Theorie der sozialen Rollen (3.4.1) und die
Status-Erwartungs-Theorie (3.4.2)

3.4.1 Die Theorie der soziale Rollen

Die Grundannahme der von Alice Eagly in Anknüpfung an die Rollentheorie von Talcott Parsons formulierten Theorie der sozialen Rollen besagt, dass die im Verhalten der Geschlechter beobachtbaren
Differenzen Ergebnisse eines komplexen Anpassungsprozesses der
Gesellschaftsmitglieder an die ihnen im Rahmen der fundamentalen geschlechtsbezogenen Arbeitsteilung zugewiesenen sozialen Rollen sind: »[...] our theory assumes that gender roles reflect a society's
distribution of men and women into breadwinner and homemaker

roles and into occupations« (Eagly et al. 2000, S. 125). Diese Rollen und Berufspositionen sind mit unterschiedlicher Macht und unterschiedlichem Status ausgestattet, Frauen und Männer sind in einer Geschlechterhierarchie positioniert. »From a social structural perspective, these features of social organization, in particular the sexual division of labor and gender hierarchy, are at the root cause of sex-differentiated behavior« (Eagly et al. 2000, S. 126).

Der Vermittlungsmechanismus zwischen sozial-struktureller Organisation und individuellem Verhalten ist in dieser Theorie die soziale Rolle und die damit verbundenen gesellschaftlichen Erwartungen. Männern und Frauen stehen entsprechend der Geschlechterhierarchie und Arbeitsteilung typische soziale Rollen offen, mit denen jeweils typische Erwartungen an das angemessene Verhalten von Frauen und Männern assoziiert sind; diese Erwartungen bilden sich in dem Maße aus, wie das Verhalten zum erfolgreichen Erfüllen der jeweiligen sozialen Rolle typisch wird. Diese Erwartungen werden so zu Stereotypen, die den Individuen als Geschlechtsrollenerwartungen entgegengebracht werden (Larrow/Wiener 1992).

Die gesellschaftlichen Stereotype befördern geschlechtsdifferentes Verhalten, indem sie unangemessenes Verhalten gesellschaftlich oder individuell sanktionieren, angemessenes Verhalten dagegen unterstützen. Der Prozess der Rollenübernahme besteht dann darin, dass Frauen und Männer die für ihre Rolle typischen Fertigkeiten und Fähigkeiten erwerben. Die Rollenanpassung der Frau »[...] fosters a pattern of interpersonally facilitative and friendly behaviors that can be termed communal« (Eagly et al. 2000, S. 126) und sie befördert »[...] the acquisition of superior interpersonal skills and the ability to communicate nonverbally« (ebd.). Die Rollenanpassung des Mannes dagegen führt zu »[...] a pattern of relatively assertive and independent behaviors that can be termed agentic [...]« (ebd.).

Die zentrale Annahme der Theorie, dass die Verhaltensunterschiede der Geschlechter, vermittelt durch soziale Rollen, damit verbundene Erwartungen und Selbsteinschätzungen, auf der geschlechtsbezogenen Arbeitsteilung basieren, wird mit physischen Unterschieden zwischen Frauen und Männern begründet. Die **Aufgaben der Frauen bei der Reproduktion** (Schwangerschaft und Stillperiode) limitieren ihren Aktivitätsradius (Eagly et al. 2000, S. 129). Dies gilt vor allem in Gesellschaften, in denen es keine Versorgung von kleinen Kindern durch andere gibt, in denen das Stillen üblich ist und die Geburtsraten hoch sind. Die **physischen Eigenschaften von Männern**, die sie für bestimmte Aktivitäten besonders befähigen, sind nach Eagly (außer der in der Regel geringen Beteiligung bei der Kinderaufzucht) die größere körperliche Stärke und Körperlänge. Diese Differenzen

führen erst dann zu einer Geschlechterhierarchie, wenn zu den physischen Differenzen ökonomische und technologische Entwicklungen
hinzutreten, die die Macht und den Status von Männern befördern.
In zunehmend komplexeren Gesellschaften »[...] men typically spe-
cialized in activities (e.g. warfare, herding) that yielded greater status,
wealth and power [...]« (Eagly/Wood 1999, S. 412). In postmoder-
nen Gesellschaften spielen die physischen Unterschiede aufgrund des
hohen Technisierungsgrades keine so entscheidende Rolle mehr. In
dem Maße, in dem die Berufspositionen in diesen Gesellschaften für
Frauen und Männer gleicher werden, verändern sich auch die sozialen Rollen, die damit verbundenen Stereotype und das Verhalten, wie
Eagly/Wood (1999) und Williams/Best (1990b) zeigen konnten.

Solange aber wie die geschlechtsbezogene Arbeitsteilung herrscht,
wird sie von den mit den entsprechenden sozialen Rollen verbundenen
Stereotypen durch das Verhalten der Gesellschaftsmitglieder aufrecht-
erhalten. Diese Stereotype sind internalisierte kognitive Deutungsmus-
ter, die auch unbewusst aktiviert werden können. Der grundlegende
psychologische Prozess der Ausbildung der Stereotype ist nach Eagly
et al. (2000, S. 137) darin zu sehen, dass in der Regel eine Korrespon-
denz zwischen dem beobachtbaren Verhalten einer Person und ihren
inneren Dispositionen angenommen wird. Diesen Mechanismus nennen Eagly et al. die **Korrespondenzinferenz**. So wird z.B. das bemut-
ternde Verhalten von Frauen nicht auf deren Rollenverpflichtungen als
Hausfrau und Mutter zurückgeführt, sondern auf eine innere Disposition von Mütterlichkeit. Entsprechend werden die mit den derzeit
typischen männlichen Berufsrollen verbundenen Verhaltensanforde-
rungen als Disposition von Männern für Leitungsfunktionen, instrumentelles Handeln und Durchsetzungsvermögen gedeutet.

In einer Reihe empirischer Studien konnte gezeigt werden, dass die
Zuschreibung von Eigenschaften im Sinne innerer Dispositionen tatsächlich ein wirkungsvoller Mechanismus ist. Dies hat z.B. die Studie
von Riggs (1998, zit. in Eagly et al. 2000, S. 138) demonstriert. Hier
sollten Probanden Personen, die entweder freiwillig oder unfreiwillig
zu Hause blieben um eine Kind zu betreuen oder die einen Job aufnahmen, beurteilen. Es zeigte sich, dass unabhängig davon, ob die zu
beurteilende Person freiwillig oder unfreiwillig zu Hause blieb, diese
als eher »communal« und weniger »agentic« eingeschätzt wurde.

Diese Inferenzen über Dispositionen von Männern und Frauen
sind nach Eagly et al. gemeinsam geteilte Aspekte der Kultur, die das
Verhalten und auch das Selbstkonzept der Geschlechter beeinflussen.
Die Mechanismen, die diesen Einfluss vermitteln, sind zum einen »the
behavioral confirmation of others' gender-stereotypic expectancies« und
zum anderen die »self-regulation of behavior based on gender-stereo-

typic self-construals« (Eagly et al. 2000, S. 144). Dass geschlechtsstereotype Erwartungen das Verhalten bestimmen, hat eine Reihe von Studien nachgewiesen. Wenn z.B. Probanden glauben, mit einer Frau in einem Kommunikationsexperiment zu interagieren, schreiben sie ihrem Partner eher weibliche Präferenzen zu; wenn sie glauben, mit einem Mann zu interagieren, weisen sie ihm eher männliche Präferenzen zu. Sabine Koch (2004) zeigte in ihrer Studie, dass ein und derselben Person je nachdem, ob sie den Probanden als männliche oder als weibliche Leitungsperson vorgestellt wurde, andere Erwartungen entgegengebracht wurden (vgl. Eagly/Karau 2002). Außerdem dokumentiert die positive oder negative Sanktionierung der Gesellschaft von konformem oder abweichendem Verhalten die Relevanz geschlechtsstereotyper Erwartungen. Zudem haben auch die Selbstkonzepte einen geschlechtsstereotypen Inhalt (Ayers-Nachamkin 1992; Williams/Best 1990b). Die Selbstkonzepte von Frauen sind

»[...] oriented toward interdependence in the sense that they treat representations of others as part of their selves and that men's construals of themselves are oriented toward independence and separation in the sense that they treat representations of others as separate from the self« (Eagly et al. 2000, S. 149).

Kernaussage der sozialen Rollentheorie ist, dass »Sex differences in behavior thus reflect contemporaneous social conditions« (ebd.). **Unterschiede im Kommunikationsverhalten** der Geschlechter sind nach dieser Theorie auf gegenwärtige soziale Bedingungen zurückzuführen; sie entspringen Inferenzen von beobachtbarem Rollenverhalten auf innere Dispositionen.

Kritische Einschätzungen dieser Theorie bestreiten, dass beobachtbares Verhalten keinerlei Verhaltensneigungen der Geschlechter entspricht, die mit den unterschiedlichen Aufgaben z.B. bei der Reproduktion verbunden sind. Diese Kritik wird vor allem von der evolutionären Psychologie (Buss 1999) vorgetragen. Bischof-Köhler geht davon aus, dass angeborene Neigungen in dem Sinne bestehen, dass es Dinge gibt, die man lieber und leichter tun kann als andere und dass der rationale Kern von Stereotypen sich genau hierauf bezieht, »[...] die meisten Gesellschaften dürften bevorzugt diejenigen Verhaltensmuster zu Kristallisationskernen ihrer Stereotypbildung machen, die den natürlichen Dispositionen der Mehrzahl ihrer Mitglieder am bequemsten entgegenkommen« (Bischof-Köhler 2002, S. 28). Hierfür sprechen auch die Übereinstimmungen der Geschlechterstereotype in verschiedenen Kulturen (Williams/Best 1990a, S. 229), die allerdings durch das ökonomische und das Bildungsniveau in ihrer Ausprägung modifiziert sind (Williams/Best 1990b, S. 29).

Die soziale Rollentheorie nimmt an, dass Geschlechtsrollenstereotype als Verhaltensregulativ durch die Selbstkategorisierung (Geschlechtsidentität) gemäß gesellschaftlich vorgegebenen Kategorisierungssche-
mata und das gesellschaftliche Sanktionssystem vermittelt sind. Dabei
ist unklar, wie kulturell vorgegebene geschlechtstypische Kategori-
sierungsmuster vom Individuum zur Selbstkategorisierung genutzt
werden. Ein Verweis auf Sozialisationsprozesse ist unzureichend, da
Eltern z.b. ihre Kinder nicht durchgängig geschlechtsrollenstereotyp
erziehen und Kinder sich sehr viel früher geschlechterdifferent verhalten, als dies durch Sozialisationsprozesse erklärlich ist. Die Möglichkeit unterschiedlicher Verhaltensdispositionen, die nicht durch die
gegenwärtige gesellschaftliche Arbeitsteilung erklärt werden können,
bleibt ein in der Theorie unaufgeklärter Rest. Ebenso ungeklärt sind
in dieser Konzeption die kognitiven und affektiven Aneignungspro-
zesse von Geschlechtsidentität. Unterspezifiziert ist, wie soziale Rollen das konkrete kommunikative Verhalten bestimmen.

> In dieser Konzeption wird zwar die Geschlechterrolle auch in
> Beziehung zu andern sozialen Rollen gesehen, die Geschlech-
> terrolle wird aber als die auch für andere soziale Rollen mit-
> prägende Rolle betrachtet. Insofern muss diese Theorie von
> relativ durchgängigen und bedeutsamen Geschlechterdifferen-
> zen ausgehen. Dies aber entspricht nicht dem Befund, dass die
> Geschlechter sich in vieler Hinsicht gleichen und dass die bis-
> lang ermittelten Geschlechterdifferenzen eher gering, wenig
> zahlreich und von vielfältigen Faktoren moderiert sind. Die
> Kernaussagen der Theorie, dass sich soziale Disparitäten in Ver-
> haltensungleichheit niederschlagen, scheint somit nicht bestä-
> tigt (vgl. Wagner/Berger 1997, S. 2).

3.4.2 Die Statuserwartungstheorie

Die Statuserwartungstheorie, die von Joseph Berger und Mitarbeitern entwickelt wurde, versucht, Geschlechterdifferenzen im Verhalten aus den stereotypen Erwartungen abzuleiten, die Menschen in
der interpersonellen Situation mit dem Status einer Person verbinden.
Gemäß der Status-Erwartungstheorie wird jede Interaktion vom Status der Interaktionsteilnehmer bestimmt. Der Status bestimmt sich
nach **Statuscharakteristika**. »A status characteristic is any characteristic around which expectations and belief about actors come to be
organized« (Wagner/Berger 1997, S. 3f.). Diese Statuscharakteristika

können spezifische Merkmale (z.B. lesen können) oder unspezifische Statuscharakteristika sein. »Gender, race, ethnicity, educational attainment, and physical attractiveness all sometimes serve as diffuse status characteristics (Wagner/Berger 1997, S. 4). Mit den Statuscharakteristika sind bestimmte Erwartungen verbunden, die sich im Falle von Geschlecht auf eine unterschiedliche Bewertung der Fähigkeiten der Geschlechter beziehen. Wie zahlreiche Studien zu Stereotypen zeigten, werden auch die kommunikativen Fähigkeiten und Verhaltensweisen der Geschlechter stereotyp wahrgenommen (vgl. z.B. Popp et al. 2003; Aries 1996; Williams/Best 1990a).

Nach der Status-Erwartungstheorie ist ›Geschlecht‹ eines unter mehreren Statuscharakteristika. ›Geschlecht‹ ist nicht immer eine wichtige Statuscharakteristik, sondern nur dann, wenn es von den Teilnehmern der Interaktion als Statuscharakteristik akzeptiert wird. Das ist dann gegeben, wenn ›Geschlecht‹ für eine zu leistende Aufgabe relevant ist oder wenn es in der sozialen Interaktion die Basis für die Unterscheidung der Mitglieder einer Gruppe ist (z.B. in gemischtgeschlechtlichen Gruppen). Sofern aber eine diffuse Statuscharakteristik nicht von der jeweiligen Aufgabe dissoziiert wird, verhalten sich die Interaktionspartner so, als wäre sie für die Aufgabenbewältigung relevant. Die Status-Informationen einer Person, die sich zu einer positiven Erwartung bezüglich ihres Verhaltens aufsummieren, bezeichnen dessen Erwartungsvorteil, der dann die tatsächliche Macht- und Prestigeposition dieser Person in der Gruppe ausmacht. Diese Position wiederum bestimmt die »[...] distribution of opportunities to contribute to the group's task, actual performances at the task, evaluations (positive and negative) of those performances, and successful attempts to influence others on the task« (Wagner/Berger 1997, S. 5). Auch Unterschiede im Gebrauch nonverbaler und verbaler Verhaltensweisen werden auf diese Status-Erwartungen bezogen. Die Erwartungen, die mit dem Status verbunden werden, wirken so im Sinne einer *self-fulfilling prophecy*, indem z.B. demjenigen, dem per Status mehr Kompetenz zugeschrieben wird, mehr Gelegenheit gegeben wird, Kompetenz zu zeigen.

›Geschlecht‹ wirkt in dieser Theorie nicht als *master*-Variable, denn »[...] differences in male and female behavior emerge as a result of the salience of gender as a diffuse status characteristic« und d.h. »these differences are only situationally operative« (Wagner/Berger 1997, S. 6). Wenn also Männer und Frauen in hohen Statuspositionen sind, wird sich dies in ihrem Verhalten gleichermaßen ausdrücken.

Tatsächlich haben einige Studien zeigen können, dass zahlreiche geschlechtsbezogene Verhaltensweisen auf Statusunterschiede zurückgeführt werden können. So konnte demonstriert werden, dass bei

Änderung des sozialen Status einer Frau oder eines Mannes deren
Verhalten in Abhängigkeit von ihrem Status anders bewertet wurde
und dass der Status des Geschlechts von anderen Statusinformatio-
nen (wie spezifische Aufgabenkompetenz in einem Bereich) umge-
wertet werden kann. Diese Studien zeigen:

»The traditional attribution of dominating traits to men and expressive traits
to women depends on the high status position generally accorded males in our
culture. However, when women hold high status positions [...], dominating
traits are attributed to them; and when men are in low status positions [...],
expressive traits are attributed to them« (Wagner/Berger 1997, S. 12).

Nach Wagner/Berger kann auch ein geringer Status dazu führen, dass
Verhaltensweisen aktiviert werden, mit denen trotz des geringen Status Einfluss auf die Gruppe genommen wird. Den als typisch weiblich unterstellten Verhaltensweisen wie der kooperativen, kommunal
orientierten Kommunikation unterliegt eine derartige Strategie.

»If women are to exert influence in groups where their influence is low, they
may have to accomplish this by justifying their effort in terms of concern for
the group as a whole. If women attempt to exert influence in such groups
while displaying self orientation, that effort is likely to be less effective« (Wag-
ner/Berger 1997, S. 19).

Der Vorzug der Statuserwartungstheorie ist, dass sie die in den empirischen Studien immer wieder gefundene moderierende Wirkung situativer Faktoren auf den Faktor ›Geschlecht‹ in den Blick nimmt. Positiv
zu bewerten ist auch, dass andere Statuscharakteristika als ›Geschlecht‹
wie z.B. ›Alter‹ einbezogen werden können. Ein weiterer Vorteil ist,
dass die Theorie versucht, makrosoziologisch bestimmte gesellschaftliche Machtverhältnisse als mikrosoziologisch wirksame Statusdiffe-
renzen, die sich in unterschiedlichen Interaktionserwartungen mani-
festieren, zu fassen. Wenig klar ist in diesem Konzept, unter welchen
Bedingungen ›Geschlecht‹ als Statuscharakteristik relevant und wann
es irrelevant ist. Unzureichend spezifiziert ist zudem, wie Erwartungen in konkretes Verhalten umgesetzt werden. Ebenfalls unklar ist,
warum die weibliche Position fast ubiquitär mit einem geringeren
sozialen Status verbunden ist.

Neben diesen Kritikpunkten nennen Wagner/Berger (1997) selbst
weitere, in ihrer Theorie noch nicht zureichend geklärte Aspekte: Nach
der Status-Erwartungstheorie sollte das Verhalten in geschlechtshomogenen Gruppen weniger geschlechterdifferent sein als in geschlechtshe-
terogenen Gruppen. Diese Vorhersage der Theorie ist jedoch empirisch
nicht bestätigt; vielmehr scheinen gerade in geschlechtshomogenen
Gruppen die Verhaltensweisen stärker geschlechtertypisiert zu sein.
Ebenso kann die Theorie den Befund nicht erklären, dass Frauen stär-

ker als Männer von Statuserwartungen betroffen sind. Zudem wurde
festgestellt, dass für Frauen der höhere Status in einer bestimmten
Situation noch nicht ausreichend ist, entsprechende Verhaltensweisen
an den Tag zu legen; sie tun dies erst dann, wenn die mit dem Status
assoziierten Verhaltensweisen explizit legitimiert sind.

> Auch diese Theorie ist problematisch, weil sie die Vielfalt der
> verursachenden Faktoren geschlechterdifferenten Verhaltens
> nicht erfassen kann. Wagner/Berger (1997, S. 23) selbst gehen
> davon aus: »In all likelihood a combination of these principles
> and those from other approaches will be needed.«

3.5   Interaktive Modelle

Ein gemeinsames Charakteristikum der hier »interaktive Modelle«
genannten Erklärungsansätze ist die Annahme, dass ›Geschlecht‹
keine überdauernde, in allen Situationen und Konstellationen relevante Kategorie ist, sondern eine Größe, die in konkreten Interaktionen ihre spezifische Relevanz durch die Interaktionspraktiken erhält.
Diese Modelle fokussieren zudem eher das *display* geschlechtsverbundenen Verhaltens, als dass sie deren Erwerb betrachten. Als interaktive Modelle werden das sozialpsychologisch angelegte Interaktions-
modell von Deaux und Major (3.5.1), das konversationsanalytische
Modell des *doing gender* (3.5.2) und das Modell der multiplen sozialen Praktiken (3.5.3) vorgestellt.

3.5.1 Das interaktive Modell von Kay Deaux
und Brenda Major

In dem Modell von Deaux/Major wird ›Geschlecht‹ aufgefasst als
»[...] a component of ongoing social interactions in which perceivers emit expectancies, targets (selves) negotiate their own identities, and the context in which interaction occurs shapes the resul-
tant behavior« (Deaux/Major 1987, S. 369). Das variable Auftreten
von Geschlechterdifferenzen wird zurückgeführt auf »[...] a variety
of immediate influences on behavior, such as expectancies conveyed
by perceivers, activation of gender-related self-schemata, and situational pressures« (ebd., S. 370).
     Grundannahme der Theorie ist, dass das »enactment of gen-
der« (ebd.) primär im Kontext der sozialen Interaktion stattfindet,

in dem die Interaktionspartner zugleich Betrachter des anderen, Ziel der Betrachtungen des anderen und Betrachter von sich selbst sind; hierdurch wird ein Prozess der Verhandlung von Identität betrieben, in dem die Interaktionspartner ihre Interaktionsziele zu erreichen suchen. Beide Interaktionspartner richten ihr Verhalten auf die unmittelbar gegebene Situation ein; sie können demnach je nach Situation verschiedene Identitäten annehmen. Diese Variabilität findet jedoch ihre Grenze in dem Bestreben der Interaktionspartner, ihr Verhalten zu routinisieren und ihre Kognitionen mit gegebenen Konzeptualisierungen und Verhaltensmustern in Übereinstimmung zu bringen. Demnach steht jede Interaktion in der Spannung zwischen routinisiertem Verhalten und etablierten Kognitionen und Erwartungen einerseits und der Notwendigkeit das Verhalten und die Kognitionen den unmittelbaren Situationsanforderungen und Interaktionszielen anzupassen. Wie diese Spannung interaktiv bearbeitet wird, versucht das Modell zu erfassen.

Das Modell beschreibt den **Prozess der Interaktion** zwischen einem sog. *perceiver* und einem *self* in einzelnen Schritten. Dabei bestehen die ersten Schritte in einer Aktivierung der Erwartungen und Vorstellungen des *perceiver* über das *self*, die durch eine Vielzahl von Faktoren wie Merkmalen der Situation, physischen Charakteristika des *self* oder vorgängigen Erfahrungen mit ihm erfolgt. Aufgrund dieser aktivierten Vorstellungen und der spezifischen Interaktionsziele agiert der *perceiver* dann gegenüber dem *self*.

Aus dem Blickwinkel des *self* betrachtet, tritt dieses *self* in die Situation ein mit einer Menge von Vorstellungen über sich selbst; diese werden als *Selbst-Schemata* gefasst, die die Erfahrungen strukturieren und die für das Selbst relevante Informationsverarbeitung unterstützen (Deaux/Major 1987, S. 375). Diese Schemata sind nicht bei allen gleich und Geschlecht ist nicht in gleicher Weise Bestandteil des Selbst-Schemas »[...] we view masculinity and femininity as self schemata that are idiosyncratic and multidimensional« (ebd.). Diese Selbst-Schemata werden in ihren *gende*r-Aspekten in der Situation in dem Maße aktiviert wie

»[...] (a) gender is a central, well differentiated component of the self-concept, (b) the target's working self-concept with respect to gender has been recently activated or activated frequently in the past, (c) immediate situational cues make gender-schemata salient, or (d) a perceiver's actions make gender schemata salient (Deaux/Major 1987, S. 375f.).

Je nach den situativen Gegebenheiten wählt das *self* dann eine Aktion in Übereinstimmung mit seinen Interaktionszielen aus, nachdem es die Aktion des *perceivers* auf dem Hintergrund des Selbstschemas interpretiert hat. Diese Aktion kann dann die Vorstellungen des *perceivers* bestätigen oder ihnen widersprechen.

Diese Interaktionssequenz wird von zwei Bedingungen modifiziert: Zum einen davon, dass die Vorstellungen und Erwartungen variieren können nach der sozialen Erwünschtheit des Verhaltens, der Stärke der Erwartungen und dem konkreten situativen Kontext; zum anderen wird die Interaktionssequenz modifiziert dadurch, dass die Selbstvorstellungen variieren können und sich dadurch unterschiedliche Übereinstimmungen mit den Erwartungen ergeben können. Je nachdem wie diese Vorstellungen und Erwartungen ausgeprägt und situativ aktiviert sind, kann das Interaktionsverhalten maximal oder minimal geschlechterdifferent sein.

Das Modell versucht demnach zu zeigen, wie durch situative Aktivierung von Vorstellungen und Selbstkonzepten die Aktion und Interpretation in Interaktionsprozessen konkret ausgeformt werden und hierdurch Geschlechterdifferenzen ebenso wie Gemeinsamkeiten im Verhalten erzeugt werden. Positiv an dem Modell ist zu bewerten, dass es die situative und interindividuelle Variabilität von geschlechterdifferentem Verhalten erfassen kann und insofern auch auf unterschiedliche soziale Gruppen und unterschiedliche Kulturen angewendet werden kann. Eine Limitierung des Modells ist darin zu sehen, dass es nicht erklärt, wie es zu den individuell und geschlechtsbezogen unterschiedlichen Vorstellungen und Selbstbildern kommt. Diese Aspekte will das Modell auch erklärtermaßen nicht erfassen; es setzt seinen Schwerpunkt bei den interaktiven Prozessen und soll nach Deaux/Major als Komplement zu rollentheoretischen und entwicklungspsychologischen Modellen betrachtet werden (Deaux/Major 1987, S. 384). Wie diese Komplementarität aber theoretisch eingelöst werden soll, wird von Deaux/Major nicht näher erläutert.

Grundprobleme dieses Modells sind, dass in ihm die Rolle von Macht, Status und sozialer Rollenerwartungen bezüglich des Geschlechts nicht zureichend einbezogen ist (Aries 1996, S. 203), dass geschlechtsbezogenes Verhalten allein in geschlechtsstereotypen Vorstellungen begründet gesehen wird und dass dieses Modell nicht für die Analyse kommunikativer Prozesse ausdifferenziert und empirisch überprüft wurde (Canary/Hause 1993, S. 140).

3.5.2 Das *doing gender*-Modell

Das *doing gender*-Modell (West/Zimmerman 1987), in seiner neueren Version als *doing difference*-Modell bezeichnet (West/Fenstermaker 1995; 2002) versteht ›Geschlecht‹ ebenso wie die anderen sozialen Kategorisierungen wie *race* und *class* nicht als eine Kategorie, die der konkreten Interaktion in Form von vorgängigen Erwartungen oder institutionellen Regelungen vorausgesetzt ist. ›Geschlecht‹ ist wie andere soziale Kategorisierungen das **Resultat konkreter Interaktionen**, in denen die Interaktionspartner durch ihr Verhalten ›Geschlecht‹ selbst konstruieren (Hopper/LeBaron 1998). Dieses Modell ist in der ethnomethodologischen Konversationsanalyse begründet, der zufolge es nicht ausreicht, »[…] referring to someone as ›woman‹ just because she is, in fact, a woman – because she is, by the same token, a Californian, Jewish, a mediator, a former weaver, my wife, and many others« (Schegloff 1997, S. 165). Vielmehr müsse sich die Analyse darauf richten zu zeigen, in welcher Weise soziale Kategorisierungen wie ›Geschlecht‹ von den Interaktanten selbst relevant gesetzt werden.
   Dementsprechend wird Geschlecht im *doing gender* Modell gesehen als

»[...] a routine, methodical, and recurring accomplishment. We contend that the »doing« of gender is undertaken by women and men whose competence as members of society is hostage to its production. Doing gender involves a complex of socially guided perceptual, interactional, and micropolitical activities that cast particular pursuits as expressions of masculine and feminine ›natures‹« (West/Zimmerman 1987, S. 126).

In Erweiterung dieses Modells stellen West/Fenstermaker (1995; 2002) fest, »[…] that the doing of gender, race and class consists of the management of conduct in relation to normative conceptions of appropriate attitudes and activities for particular sex category, race category and class category members […]« (West/Fenstermaker 2002, S. 540f.). Anknüpfend an Heritages Konzept der *accountability* gehen West/Fenstermaker davon aus, dass Interaktionspartner in der Konversation eigene Aktivitäten und die des Partners mit Blick auf sozial routinisierte Verhaltenskategorisierungen wahrnehmen, ihr eigenes Verhalten in Antizipation dieser Zuschreibungen ausrichten und so *gender, race, class* als »ongoing situated accomplishments« (ebd., S. 541) herstellen. Dementsprechend geht es auch nicht darum, zu behaupten, »[…] that women talk ›like this‹ and men ›like that‹ as markers of their pre-existing identities«, sondern darum zu erforschen, »[…] how ways of talking actively produce speakers as males or females« (Kitzinger 2000, S. 170).

Gegen dieses Modell hat Hagemann-White (1995) den methodischen Einwand vorgebracht, dass ›Geschlecht‹ in der Interaktion schwerlich erforscht werden kann, wenn man sich nicht davon inspirieren lässt, dass es mögliche Geschlechterdifferenzen gibt. Ähnlich haben Billig (1999a) und Wetherell (1998) in ihrer Kritik an der Konversationsanalyse die Ablehnung vorgängiger Theorien und Annahmen und die Konzentration auf die Interaktantenperspektive als unzureichend zurückgewiesen. Wetherell fordert eine kritische soziale Theorie ein, Billig unterstellt der Konversationsanalyse einen »essentially non-critical view of the social world« (Billig 1999a, S. 552); ähnlich haben (Flader/v. Trotha 1991) die Konversationsanalyse des Positivismus bezichtigt. Billig bemängelt zudem, dass die Konversationsanalyse »[...] the operation of unequal gender power between men and women [...]« nur in den Fällen erfassen kann, in denen »[...] the participants themselves can be heard to ›orient‹ to gender issues [...]« (ebd., S. 545); er schließt aus, dass sie auf Interaktionen wie Vergewaltigung überhaupt anwendbar ist.

Ehrlich (2002) wendet gegen die exklusive konversationsanalytische Orientierung an der Relevantsetzung von Geschlecht durch die Interaktanten ein, dass *gender*, auch wenn Partizipanten in der Interaktion sich nicht explizit daran orientieren, gleichwohl wirksam sein kann. Baxter (2002a) kritisiert auf dem Hintergrund der poststrukturalistischen Diskursanalyse an der Konversationsanalyse, aber auch an der von Billig vertretenen Kritischen Diskursanalyse, dass beide die Fundierung menschlicher Interaktion in fundamentalen Machtzusammenhängen (im Sinne Foucaults) und die Vielfalt der Positionen und Stimmen eines Subjekts in ihnen nicht erfassen und somit die soziale Wirklichkeit unzutreffend analysieren. Als wesentliche Differenz zur Kritischen Diskursanalyse, die einem emanzipatorischen Ideal folgt, benennt Baxter die »deconstruction of emancipatory positions«, denn emanzipatorische Positionen implizierten nach Foucault einen »will to truth« und damit einen »will to power« und würden damit im Laufe der Zeit notwendig zu »imperialist« Positionen (Baxter 2002a, S. 830).

Wie die Debatten zwischen Billig und Schegloff (1999a; 1999b) sowie Baxter (2002b) und West (2002) zeigen, ist dieser Positionsstreit nicht entschieden. Die die jeweilige Verteidigung der Ansätze unterstützenden empirischen Analysen (Baxter 2002a; Tanaka/Fukushima 2002; Weatherell 2002; Kitzinger 2000; Kitzinger/Frith 1999) bieten keine Entscheidungshilfe in der Frage, wie das Problem der Relevanz (West/Fenstermaker 2002, S. 556) sozialer Kategorien wie ›Geschlecht‹ in der Interaktion überzeugend gelöst werden kann.

Die Abstinenz der Konversationsanalyse gegenüber jeglicher Form von Theoriebindung der empirischen Forschung ist eines ihrer Hauptprobleme; sie beruht letztlich auf dem Selbstmissverständnis, theorielos und ohne Voreinstellungen der Welt und somit den Konversationen begegnen zu können. Wie die Stereotypenforschung jedoch gezeigt hat, spielen Erwartungen, auch unbewusste Erwartungen eine wesentliche Rolle bei der Interpretation von Verhalten.

3.5.3 Das Modell der vielfältigen sozialen Praktiken

Ähnlich wie das *doing gender*-Konzept geht auch das Modell der vielfältigen sozialen Praktiken von Eckert/McConnell-Ginet (1998) nicht davon aus, dass es »dichotomies separated by clear boundaries« (Bing/Bergvall 1998, S. 506) gibt. In dem Modell wird ›Geschlecht‹ als einer unter mehreren Faktoren, die das Verhalten bestimmen, betrachtet. Gemäß diesem Modell wird ›Geschlecht‹ produziert in »[...] differential membership in communities of practice«, wobei »**community of practice**« verstanden wird als »[...] an aggregate of people who come together around mutual engagement in some common endeavor« (Eckert/McConnell-Ginet 1998, S. 490), wobei diese Menschen »[…] develop and share ways of doing things, ways of talking, beliefs, and values […]« (Eckert/McConnell-Ginet 1999, S. 186). Sprechen wird in diesem Modell verstanden als »[...] a complex articulation of the individual forms of participation in that community with participation in other communities that are salient at the time« (Eckert/McConnell-Ginet 1998, S. 492).

Ebenso wie das *doing gender*-Modell werden in diesem Konzept ›Geschlecht‹ und ›Sprache‹ als sozial und lokal produzierte Interaktionskonstrukte aufgefasst. »It is what people are DOING which gives their interactions real bite, and which constructs language and gender« (Eckert/McConnell-Ginet 1999, S. 190). Im Unterschied zum *doing gender*-Konzept wird hier die Partizipation in gemeinschaftlichen sozialen Praktiken, die bestehen aus »[…] mutual engagement, […] a joint negotiated enterprise, […] a shared repertoire of negotiable resources accumulated over time« (Wenger 1998, zit. in Holmes/Meyerhoff 1999, S. 175) betont. ›Geschlecht‹ ist dabei ein Moment von Diversität.

Was jedoch genau unter vielfältigen sozialen Praktiken zu verstehen ist, ist noch nicht hinreichend spezifiziert, ebenso, wie in diesen Praktiken ›Geschlecht‹ mit anderen sozialen Kategorien zusammenwirkt und es analytisch aus der Beobachtung der Praktiken gewonnen und nicht schon als vorgängige Erwartung an die Daten herangetragen wird. Ebenfalls offen ist, wie die Einzelbeschreibungen von *communities of practice* (z.b. dokumentiert in Heft 28 von *Language in Society*) zu einem allgemeineren Bild zusammengefügt werden können. Bergvall stellt als eine weitere Unklarheit dieses Ansatzes heraus, dass nicht deutlich sei »[…] how one moves from individual communities to larger-scale practices (Bergvall 1999, S. 280); daher sei offen, wie im Rahmen dieses Ansatzes Geschlechterstereotype und deren Transmission durch Medien und die Wissenschaft zu erklären ist.

> Auch dieser Ansatz ist unzureichend, denn es fehlen Perspektiven »[…] that extend beyond local communities of practice: There are forces larger than local communities, where influences go beyond mutual engagement in the shaping of public opinions and ideas« (ebd., S. 288).

3.6 Biologische Erklärungsansätze

Als biologische Erklärungsansätze lassen sich die Konzepte zusammenfassen, die geschlechterdifferentes Sprach- und Kommunikationsverhalten entweder auf evolutionsbiologisch herausgebildete stabile Verhaltensdispositionen von Männern und Frauen (3.6.1), auf genetisch regulierte, hormonell bedingte Verhaltensunterschiede der Geschlechter (3.6.2) oder auf geschlechterdifferente Gehirnentwicklung und neurokognitive Verarbeitungsmechanismen (3.6.3) beziehen.

3.6.1 Evolutionsbiologische Erklärungsansätze

Evolutionsbiologische, soziobiologische und evolutionspsychologische Erklärungsansätze (Wilson 1978; 1998; Buss 1999; Geary 1998; 2002) betrachten die menschliche Physis und das menschliche Verhalten als Ergebnis eines evolutionsbiologischen Entwicklungsprozesses. Nach Darwin gibt es mehr Organismen als natürliche Ressourcen zu ihrem Überleben und ihrer Reproduktion. Die evolutionäre Entwicklung ist daher notwendig auf natürliche Selektion angelegt. D.h. es werden die vererbbaren Eigenschaften an die nächste Generation weitergegeben, die einen **Überlebens- und Reproduktionsvorteil** bieten. Wenn z.B. in einer Umgebung die primäre Futterquelle Nüsse sind und es in dieser Umgebung einige Arten von Vögeln mit Schnäbeln gibt, die aufgrund dieser Schnäbel besonders gut diese Nüsse knacken können, werden mehr von diesen Vögeln als andere überleben, da sie besseren Zugang zum Futter haben (vgl. Buss 1999, S. 7). Dieser Vorteil ist kurzlebig, wenn er nicht an die nächste Generation weitergegeben werden kann. Die Weitergabe an die nächste Generation ist vom Erfolg bei der Reproduktion abhängig. Der Reproduktionserfolg ist daran gebunden, dass es einem Organismus gelingt, sich fortzupflanzen. Hierfür gelten unterschiedliche Bedingungen.

Die zentrale Bedingung beim Menschen ist die **innere geschlechtliche Befruchtung**. Das bedeutet, dass ein Organismus Produzent der größeren, unbeweglicheren Eizellen und Empfänger und Träger des keimenden Lebens ist; das ist bekanntlich die Frau; der andere Organismus, also der Mann, ist Träger der schnellen und kleinen Samenzellen. Verbunden damit ist, dass Frauen nicht nur neun Monate lang das keimende Leben tragen, sondern auch danach durch Stillen und Pflege mit dem Kind intensiv beschäftigt sind. Die notwendigen Aktivitäten der Männer bei der Reproduktion sind damit verglichen relativ kurzfristig. Aus dieser unterschiedlichen Aufgabenverteilung bei der Reproduktion ergeben sich erhebliche Konsequenzen.

Zum einen ist die Anzahl der Nachkommen, die eine Frau bekommen kann, im Verhältnis zu der der Männer erheblich geringer. Bezüglich der Investition in die Nachkommen hatten Frauen (wie Weibchen generell) nach Sarah Hrdy (1999) die Wahl, entweder viele Kinder zu produzieren und in sie wenig zu investieren oder wenig Kinder zu bekommen und in sie viel zu investieren. Welche Strategie sie wählen, hängt nach Hrdy von den Umweltbedingungen ab. Dass Frauen immer die Option des *nurturing behavior* wählen, ist nach Hrdy ein Mythos. »›Real-life‹ mothers were just as much strategic planners and decision-makers, opportunists and deal-makers, manipulators and allies as they were nurturers« (Hrdy 1999, S. 29).

Die Tatsache, dass Frauen ihre im Verhältnis zu Männern geringe Anzahl von Nachkommen möglichst erfolgreich zur Reproduktionsreife bringen wollen, führt dazu, dass sie sich bei der Partnerwahl davon leiten lassen, ob der Partner Gewähr bietet, sie bei der Kinderaufzucht zu unterstützen, indem er vor allem die materiellen Lebensbedingungen sicherstellt. Das Interesse der Männer dagegen ist ein anderes: Sie haben eine eher quantitative Reproduktionsstrategie, d.h. sie suchen sich häufig und vor allem junge und fertile Partnerinnen, um so ihre Gene in großer Zahl weitergeben zu können. 83% der Kulturen weisen Polygynie, nur 0,5% dagegen Polyandrie auf. Da die Menge der verfügbaren fertilen und nicht bereits schwangeren Weibchen begrenzt ist, befinden sich Männer in beständigem Konkurrenzkampf mit anderen Männern um die besten Frauen. Die

Notwendigkeit, mit anderen Männern um Frauen zu konkurrieren, hat bei Männern ein höheres Aggressionspotential begünstigt, dies aber vor allem der assertiven Art, d.h. es geht nicht um die Beschädigung des Gegners, sondern um seine Vertreibung oder auch nur um seine Unterwerfung (vgl. Bischof-Köhler 2002, S. 122; Hrdy 1999; Lippa 2002).

Die Art der menschlichen Reproduktion scheint mit den Jäger- und Sammlergesellschaften zu einer **geschlechtsbezogenen Arbeitsteilung** geführt zu haben. Diese Arbeitsteilung hat nach Auffassung der Soziobiologie und Evolutionspsychologie wiederum bestimmte Verhaltensdispositionen befördert (Bischof-Köhler 2002, S. 161). Da Frauen aufgrund von Schwangerschaften und Kinderaufzucht an den häuslichen Nahbereich gebunden waren, Männern die Aufgabe des Jagens und die damit verbundenen weiten Exkursionen in andere Territorien oblagen, haben Frauen und Männer unterschiedliche Fähigkeiten der **Raumkognition** entwickelt, die auch heute noch gelten, denn »[...] genetically we are pretty much like our Stone Age ancestors« (Andersen 1998, S. 93; vgl. Kimura 2000, S. 15).

Auch die im Bereich des **nonverbalen Verhaltens** und der **kommunikativen Orientierungen** festgestellten Unterschiede werden evolutionsbiologisch erklärt:

»Women spent their time close to the group interacting with the sick, aphasics with head injuries, and preverbal children. Many adults experienced head injuries and were nonlinguistic aphasics. Women were leaders of the domestic group and had to develop superior social skills, particularly nonverbal communication skills, or the primary group failed and no genes survived to be passed along to later generations« (Andersen 1998, S. 97).

David Geary (2002) zieht zur Erklärung die Tatsache heran, dass bei Menschen und allen andren *great apes* das männliche das philopatrische Geschlecht ist, d.h. dass die Männer in ihrer Gruppe verbleiben und die Frauen in andere Gruppen auswandern. Da die Frauen sich in fremde Gruppen begaben, mussten sie die sozialen, kognitiven und emotionalen Mechanismen entwickeln, die zur **Aufrechterhaltung der Beziehung zu Nicht-Verwandten** erforderlich waren. Daher dürften Frauen sich von Männern in den entsprechenden sozial-kognitiven Kompetenzen wie Sprache, Verarbeitung von Signalen des Gesichtsausdrucks und anderen nonverbalen Signalen sowie einer *theory of mind* unterscheiden (Geary 2002, S. 40). Außerdem waren Frauen evolutionsbiologisch eher gezwungen soziokognitive Fähigkeiten zu entwickeln, weil sie aufgrund der polygynen Struktur in **Kompetition mit den Mitfrauen** oder im Wettkampf um die besseren Männer relationale, beziehungsorientierte Aggression entwickelten und hier-

bei die Dekodierung der nonverbalen Botschaften der Gegnerin von
Vorteil gewesen sein dürfte (Geary 1998, S. 295f.). Außerdem wird
der Vorsprung in sozial-kommunikativen Fähigkeiten darauf zurückgeführt, dass Frauen **Gegenstrategien gegen die männliche Kontrolle**
entwickeln mussten (ebd., S. 296f.).

Evolutionsbiologische und evolutionspsychologische Konzepte der
Erklärung von Geschlechterdifferenzen im Verhalten werden in der
Regel, wenn sie sich auf Geschlechterdifferenzen beziehen, sehr skep-
tisch betrachtet. Ein wesentlicher Grund ist, dass biologische Erklärungen von Geschlechterdifferenzen als Votum für deren Unverän-
derlichkeit betrachtet werden (Halpern 2000, S. 28). Dieser Skepsis
begegnen Proponenten biologischer Ansätze mit dem Hinweis: »Biological sex differences create behavioral tendencies – they do not deter-
mine individuals' behavior« (Andersen 1998, S. 98).

Einen weiteren Kritikpunkt hat Diane Halpern formuliert. Nach
ihrer Meinung seien diese Theorien

> »[...] untestable, and they ignore large bodies of data that do not confirm to
> these explanatory frameworks. Virtually any finding can be ›explained‹ post
> hoc by hypothesizing how it might have been andvantageous to hunter-gathe-
> rers« (Halpern 2000, S. 15).

Außerdem ignorierten diese evolutionären Theorien »[...] the fact that
women have always engaged in spatial tasks and that they often had
to travel long distances to gather food« (ebd.). Es gebe auch archäo-
logische Evidenzen dafür, »[...] that women played significant roles in
hunting and warfare [...]« (ebd.). Ein weiterer Kritikpunkt ist der, dass
evolutionäre Theorien des menschlichen Verhaltens »[...] heavily rely
on dubious analogies from other animal species to make their point«
(ebd.). Mit dieser Kritik will Halpern die Grundannahme der evolutionären Theorie, dass viele menschliche Verhaltenszüge in der Evolution herausgebildet wurden, nicht negieren. »However, we are still
a long way from systematically relating evolutionary forces to con-
temporary sex differences in cognition (Halpern 2000, S. 16). Eagly
und Wood (1999) merken kritisch an, dass die Annahmen über die
Jäger-und-Sammlergesellschaften der Vorzeit auf nicht immer eindeutigen paläontologischen und paläoanthropologischen Befunden
beruhen, dass sie von Beobachtungen moderner Jäger- und Sammlergesellschaften nicht gestützt werden, da diese eine größere Variabilität in der sozialen Organisation aufweisen, als dies für die vorzeitli-
chen Jäger- und Sammlergesellschaften geltend gemacht wurde (vgl.
Bussey/Bandura 1999).

Außerdem könne diese Theorie nicht zureichend unterscheiden,
welche Verhaltensweisen einer erfolgreichen Anpassung nicht durch

Vererbung, sondern durch kulturelles Lernen tradiert wurden (Eagly/ Wood 1999, S. 411). Eagly/Wood haben zudem zeigen können, dass die Frauen gesellschaftlich zuerkannten Möglichkeiten z.b. an Bildung und Berufstätigkeit auch ein angeblich evolutionär festgelegtes Verhalten wie die Partnerwahl beeinflussen (ebd., S. 418).

> Die Einwände gegen evolutionsbiologische Konzepte weisen nicht zwingend die Hypothese zurück, dass evolutionär angelegte Verhaltenstendenzen der Geschlechter ein Moment in der Ausbildung geschlechterdifferenten Verhaltens sein können.

3.6.2 Genetisch regulierte, hormonell bedingte Verhaltensunterschiede der Geschlechter

In Tierexperimenten mit verschiedenen Tierarten, z.B. mit Ratten, mit subhumanen Primaten und mit Vögeln wurde gezeigt, dass das Hormon Testosteron, das wichtigste unter den Androgenen, einen Einfluss auf das Wachstum, die Verteilung sowie die Konnektivität von Nervenzellen des Gehirns nimmt und dass das Hormon auch das Verhalten, insbesondere das Sexualverhalten und darauf bezogene Verhaltensweisen wie z.b. den Gesang von Zebrafinken, beeinflussen (Collaer/Hines 1995; Dabbs 2000). Wenn weibliche Exemplare dem männlichen Hormon ausgesetzt wurden oder den männlichen Exemplaren das Testosteron entzogen wurde, veränderten sich die typischen männlichen oder weiblichen Verhaltensweisen in die entgegengesetzte Tendenz (Bischof-Köhler 2002, S. 201).

Da derartige Experimente bei Menschen nicht unternommen werden, ist die Wirkung von Hormonen auf die Gehirnentwicklung und das Verhalten vor allem an Fällen untersucht, bei denen aufgrund einer Störungen der Normalentwicklung der Effekt von Hormonen beobachtbar wird.

Ein derartiger Fall liegt bei dem **androgenital Syndrom** (AGS) vor (Bischof-Köhler 2002, S. 202ff.; im Englischen *congenital adrenal hyperplasia* = CAH; Lippa 2002, S. 103f.). Das AGS ist ein genetischer Defekt der Nebennierenrinde, durch den die Föten, obwohl genetisch weiblich (XX), pränatal einem hohen Androgenspiegel ausgesetzt werden. Dies führt zu einer Maskulinisierung der Genitalien in unterschiedlichem Ausmaß. Diese Mädchen entwickeln eine weibliche Geschlechtsidentität, haben aber Neigungen zu maskulinen Verhaltensweisen, d.h. sie präferieren als Kinder Jungenspielzeug, sind sportlich aktiv, ziehen eher Jungenkleider an und legen später mehr

Gewicht auf die berufliche Karriere als auf eine Eheschließung; an Säuglingen und Kleinkinder zeigen sie geringes Interesse (Maestripieri/Pelka 2002, S. 328; Berenbaum 1999; Hines/Kaufman 1994). Diese eher männlichen Verhaltensweisen sind unabhängig vom Grad der Maskulinisierung ihrer Genitalien. Daher kann das Verhalten der genetisch weiblichen Kinder nicht darauf zurückgeführt werden, dass die Eltern diese Kinder wie Jungen behandeln.

Ein zweiter Fall sind Jungen mit einer **Androgen-Insensitivität** (Lippa 2002, S. 104f.). Hier bestehen keine Androgenrezeptoren in den Zellen, so dass die produzierten männlichen Hormone nicht wirksam werden können. Diese genetischen Jungen, die innere Testes besitzen, entwickeln einen äußerlich weiblichen Körper und eine weibliche Geschlechtsidentität. In ihren kognitiven Fähigkeiten weisen sie ein eher weibliches Muster auf, d.h. bessere verbale, dagegen schlechtere räumlich-visuelle Fähigkeiten. Diese Fälle zeigen, dass Testosteron für die normale männliche Entwicklung entscheidend ist und nicht allein die XY-Chromosomen.

Ein dritter Fall sind Individuen mit **Reduktase-Defizienz** (Lippa 2002, S. 105f.). Reduktase ist ein Enzym, das das Testosteron in ein anderes Hormon konvertiert, das für die Maskulinisierung der externen Geschlechtsorgane verantwortlich ist. Babys mit diesem genetischen Defekt erhalten pränatal die für die männliche Entwicklung erforderliche Testosteronmenge und damit erfahren sie vermutlich eine Maskulinisierung ihres Gehirns; aber sie werden mit weiblichen oder ambig aussehenden Genitalien geboren; in der Pubertät setzt dann eine Maskulinisierung der Genitalien ein; die meisten Individuen, die erst als Mädchen erzogen wurden, wechseln nach der Pubertät ihre Geschlechtsidentität von weiblich nach männlich und zeigen das entsprechende Verhalten. Diese Fälle belegen, dass die Erziehung offenbar keinen allein wesentlichen Einfluss hat.

Ein weiterer Fall sind Mädchen, deren Mütter während der Schwangerschaft **künstliche Östrogengaben** erhielten (Bischof-Köhler 2002, S. 202f.). Diese Mädchen entwickeln später eher homosexuelle Neigungen, ihr Körper aber ist nicht maskulinisiert, das Verhalten und ihre kognitiven Fähigkeiten sind nicht vermännlicht (Lippa 2002, S. 106f.). Bei Jungen zeigen sich kaum Effekte des Östrogens. Östrogen scheint keinen vergleichbaren Effekt zu haben wie erhöhtes oder fehlendes pränatales Testosteron.

Einen vollständigen Mangel an Östrogen haben Mädchen mit **Turner-Syndrom** (Lippa 2002, S. 107f.). Dieses Syndrom betrifft nur Frauen und besteht im Fehlen des zweiten X-Chromosoms. Diese Mädchen werden ohne Eierstöcke und Uterus geboren, daher produzieren sie auch kein Östrogen. Diese Mädchen entwickeln trotzdem eine starke weibliche Geschlechtsidentität, in verbalen Tests schneiden sie normal ab, in visuell räumlichen und quantitativen Fähigkeiten dagegen schlechter, sie zeigen also ein weibliches Muster. Mädchen mit Turner-Syndrom können aber die für Frauen typischen sozialen Fähigkeiten fehlen und sie können Schwierigkeiten bei der Beurteilung von Gesichtsausdrücken haben. Außerdem scheint das Gehirn dieser Mädchen weniger lateralisiert zu sein als das unauffälliger Frauen. Diese Fälle verweisen darauf, dass eine gewisse Menge an Östrogenen für eine normale weibliche Entwicklung (Fitch/Bimonte 2002) und weibliche Verhaltensweisen (Taylor et al. 2000) nötig ist.

Ebenfalls aufschlussreich für die Wirkung pränataler Hormone sind die Wirkungen bei **Geschlechtsumwandlung.** Es gibt Jungen, die an einem genetischen Defekt leiden, der dazu führt, dass sie mit Hoden, aber ohne Penis geboren werden. Diese Kinder werden meist als Mädchen umoperiert und erzogen; aber die meisten dieser Kinder lehnten die weibliche Identität ebenso ab, wie Kinder, die nach Penisverlust eine Umoperation erfuhren (Lippa 2002, S. 114).

Die **Wirkung von Testosteron auf das Verhalten** wurde zudem anhand der Korrelationen unterschiedlich hoher Levels von Testosteron bei Erwachsenen mit bestimmten Verhaltensparametern aufgezeigt. Ein hohes Testosteronniveau korreliert bei Menschen wie Tieren mit erhöhter Neigung zu aggressivem und asozialem Verhalten; Personen mit einem erhöhten Testosteronspiegel lächeln weniger und erscheinen grobschlächtiger und härter, ihre Stimme ist meist tiefer. Untersuchungen an Frauen mit hohem Testosteron-Spiegel zeigen, dass sie impulsiver, unternehmungslustiger, dominanter und weniger freundlich als Frauen mit niedrigem Testosteronspiegel sind. Außerdem neigen sie eher zu schweren Straftaten

Diese Hormonstudien haben den Spiegel bei Erwachsenen gemessen, entscheidend scheint aber der pränatale Hormonspiegel zu sein. Eine Studie von Udry (2000) zeigte, dass Mädchen, die intrauterin einem hohen Testosteronspiegel ausgesetzt waren, als Erwachsene mehr für Männer typische Verhaltensweisen aufweisen und auf der Instrumentalitätsskala höher, auf der Expressivitäts-Skala niedriger rangierten. Außerdem konnte gezeigt werden, dass der Vorsprung von Mädchen im Lexikonerwerb (Lutchmaya et al. 2002a) und ihre früher ausgeprägte Fähigkeit zum Blickkontakt (Lutchmaya et al. 2002b) mit dem fötalen Testosteronniveau korreliert. McHale et al. (2004) stellten für unauffällige Mädchen im Alter von ca. 8 Jahren einen korrelativen Zusammenhang zwischen niedrigem Testosteronniveau und einer Präferenz für feminine Aktivitäten fest.

Weiterhin wiesen entsprechende empirische Studien auf, dass das Verhalten von Männern und Frauen vom Hormonzyklus beeinflusst wird, wobei »[...] variations in estrogen across women's menstrual cycle are related to changes in spatial, verbal fluency, and articulatory motor skills [...]«; die Hormonveränderung bei Männern im Tagesverlauf oder im Verlauf der Jahreszeiten »[...] has been found to relate only to changes in spatial ability« (Kimura 2000, S. 121.)

Diese Befunde zur Wirkung von Hormonen auf das Verhalten lassen darauf schließen, dass biologische Faktoren an der Ausbildung geschlechtsdifferenter Verhaltensweisen mit beteiligt sind (vgl. Kimura 2000, S. 179; vgl. Halpern 2000, S. 180). Allerdings ergeben die bisherigen Kenntnisse über die Wirkung von Geschlechtshormonen auf das Gehirn ein sehr komplexes Bild und dies macht die Interpretation schwierig: »This leads to a picture of neurobiological sex differences that are so complex as to cast doubt on any simple interpretation of observed sex differences in performance of cognitive tasks (Fitch/Bimonte 2002, S. 77; vgl. Halpern 2000, S. 164).

> Die Befunde zur Wirkung der Geschlechtshormone auf die Gehirnentwicklung und auf das Verhalten zeigen, dass biologische Faktoren wichtig sind; sie sind jedoch nicht allein entscheidend, denn sie »[...] cannot operate in a vacuum and environments must have a genetic code to work on« (Kimura 2000, S. 4). So ist z.B. die Menge und Ausprägung der Geschlechtshormone abhängig von »[...] other prenatal influences present – stress, general health, nutrition, and so forth« (Kimura 2000, S. 4; vgl. Collaer/Hines 1995, S. 60).

3.6.3 Geschlechterdifferenzen in der Anatomie, der Entwicklung und in den neurokognitiven Verarbeitungsmechanismen des Gehirns

Das männliche und das weibliche Gehirn weisen anatomische Unterschiede auf. Ein Unterschied besteht in der **Größe** und im **Gewicht des Gehirns**. Das männliche Gehirn ist um 10 bis 15% größer und schwerer als das weibliche und es hat einen um 2% größeren Umfang (Halpern 2000, S. 195). Wenn man allerdings die Größe des Gehirns ins Verhältnis zur Körpergröße setzt, verschwindet diese Differenz. Vergleicht man wie Ankney (1992) allerdings Männer und Frauen gleicher Größe, dann haben Männer ein um 100 Gramm schwereres Gehirn. Pakkenberg und Gundersen (1997, zit. in Kimura 2000, S. 128) stellten fest, dass die Männer in ihrer Stichprobe vier Billionen kortikale Zellen mehr hätten als Frauen und zwar unabhängig von der Körpergröße. Die Studie von Luders et al. (2004) erbrachte dagegen, dass vor allem die oberen Frontal- und Scheitellappen des weiblichen Gehirns eine größere kortikale Komplexität (stärkere Faltung) aufweisen. Luders et al. vermuten, dass diese Differenzen in der kortikalen Komplexität »[...] might be associated with differential function, given that cortical folding patterns are influenced by the underlying cytoarchitecture and reflect neural connectivity« (Luders et al. 2004, S. 2), sie vermuten zudem, dass diese geschlechterdifferente kortikale Komplexität

»[...] may thus contribute to gender-specific abilities and/or behavioral differences, and increased complexities in females may also compensate for their smaller brain volumes or constitute part of the anatomical substrate that supports some of the cognitive skills in which women tend to outperform men« (ebd.).

Diese Vermutungen sind allerdings derzeit ebenso wenig bestätigt, wie die These von Ankney, dass der Größenunterschied des Gehirns den Vorsprung von Männern in räumlichen Tests erklären könnte. Auch der Befund von Gur/Gur (1990, zit. in Halpern 2000, S. 197), dass Frauen einen schnelleren Blutfluss pro Einheit des Gehirngewichts haben als Männer, wenn beide dieselben kognitiven Aufgaben vollziehen, kann nicht ohne weiteres als Kompensation für das geringere weibliche Gehirnvolumen interpretiert werden, denn der Blutfluss ist nur ein Indikator für die Aktivierung des entsprechenden Gehirnareals und sagt per se noch nichts über die zelluläre Organisation und die biochemischen Prozesse aus. Gazzaniga et al. (1998, S. 327) weisen darauf hin, dass noch zu wenige Studien vorliegen, die die zugrundeliegenden mikroanatomischen Schaltkreise in ihrem Beitrag zu spezialisierten Funktionen der kortikalen Regionen untersucht haben.

Wenngleich die Gehirngröße alleine noch kein zuverlässig diskriminierendes Maß ist, wurde getestet, ob Gehirngröße und **Intelligenzleistungen** korrelieren. Dabei zeigte sich in einigen Studien, dass Gehirngröße sowohl bei Frauen wie bei Männern in einem positiven Zusammenhang zu gemessenen Intelligenzleistungen steht. Richard Lynn (1994) stellte fest, dass der am häufigsten verwendete Intelligenztest, die *Wechsler Adult Intelligence Scale*, einen leichten Vorsprung für Männer zeige und zwar trotz der Tatsache, dass die meisten geschlechtssensitiven Komponenten des Tests schon aus der Testbatterien herausgenommen wurden. Alexopoulos (1996) fand ein ähnliches Muster. Flynn (1998), Jensen (1998, zit. in Halpern 2000, S. 84) und Geary (1998, S. 309f.) ermittelten dagegen keine Unterschiede. Der Befund eines Intelligenzvorsprungs von Männern hat heftige Kontroversen ausgelöst (Lynn 1998; Mackintosh 1998), obwohl es nur um einen durchschnittlichen Vorteil von 2-4 IQ-Punkten geht, der Vorsprung von der Art des Tests abhängig ist und die Aussagekraft testförmiger Intelligenzmessungen für intelligentes Verhalten im Alltagsleben fraglich ist.

Neben diesem Größenunterschied wurden noch weitere Unterschiede in der Anatomie von bestimmten Gehirnbereichen festgestellt. So wurden bei Tieren und Menschen Größenunterschiede in den Subregionen des Hypothalamus festgestellt und vermutet, dass diese in Beziehung zu Sexualverhalten bzw. sexuellen Präferenzen stehen. Bei Tieren wurden auch im **Hippocampus-Komplex** Größenunterschiede ermittelt. Für Ratten und polygyne Spezies der Wühlmäuse (*voles*) zeigte sich, dass der Hippocampus-Komplex bei den Männchen größer als bei den Weibchen ist. Bei diesen Tieren scheint der größere Hippocampus-Komplex sowohl der Funktion des Auffindens von Futter wie der Navigation in größeren Territorien bei polygynen Männchen zu dienen. Für Menschen wurde bislang keine eindeutigen Größendifferenzen ermittelt, eine MRI-Studie an Kindern von Lucas et al. (1996) konnte ebenso wie die Untersuchung von Gur et al. (2002) an Erwachsenen keine Unterschiede feststellen. Da im Hippocampus-Komplex bei Menschen generelle Gedächtnisfunktionen vermittelt werden und nicht nur spezifische räumliche Gedächtnisleistungen, in denen sich aber gerade Männer (Vorsprung bei der Navigation in größeren Räumen) und Frauen (Vorsprung im Wiederfinden von Objekten) zu unterscheiden scheinen, sind nach Kimura auch keine Unterschiede zu erwarten. Einen Volumenunterschied zu Gunsten von Frauen fanden Gur et al. (2002) für den **orbito-frontalen Kortex**, der die Emotionsmodulation leistet. Killgore et al. (2001) stellten eine mit zunehmendem Alter stärkere Aktivierung des präfrontalen Kortex beim Betrachten von ängstlichen mimischen Displays für weibliche Jugendliche und Kinder im Unterschied zu Jungen fest.

Eine weitere Geschlechterdifferenz betrifft das *corpus callosum*, den Balken, der die Hauptverbindung zwischen den beiden Gehirnhälften herstellt. Hier haben einige Studien ermittelt, dass Frauen ein größeres und stärker gewölbtes *corpus callosum* haben (Kimura 2000, S. 133) und dass dies mit besseren verbalen Leistungen korreliert (Hines et al. 1992). Dieser Größenunterschied ist jedoch nicht durchgängig bestätigt (Driesen/Raz 1995). Ebenso wurde für das kleinere Verbindungssystem, die anteriore Kommissur, und die *massa intermedia*, das Verbindungssystem zwischen den beiden Hälften des Thalamus, festgestellt, dass diese bei Frauen größer sind. Allerdings wurden für den Isthmus, den Teil des *corpus callosum*, der die mit Sprachverarbeitung befassten Gehirnregionen verbindet, keine geschlechtsbezogenen Differenzen festgestellt (Fausto-Sterling 2000, S. 141).

Insgesamt scheinen die Aussagen zu Größenunterschieden des *corpus callosum* aufgrund der messtechnischen Schwierigkeiten eher fragwürdig zu sein (Fausto-Sterling 2000; Driesen/Raz 1995). Hinzu kommt, dass nicht geklärt ist, ob die größere Konnektivität zwischen den Hemisphären ein Vorteil oder auch ein Nachteil ist. Nach Kimura hängt dies von den jeweiligen kognitiven Fähigkeiten ab. Derzeit gibt es keine eindeutigen Evidenzen»[...] that any cognitive skill is better (or worse) in women than in men, as a result of differing commissural pathways« (Kimura 2000, S. 134).

Eine weitere Geschlechterdifferenz wird für die **Asymmetrie** und **Spezialisierung der Gehirnhälften** postuliert (Hellige 1993; Beaton 1997; Jäncke 2000). So scheint das *planum temporale* der linken Hemisphäre, das für die Wahrnehmung von Sprachlauten wichtig ist, bei Männern geringfügig stärker als bei Frauen ausgeprägt zu sein; auch das *planum parietale* der rechten Hemisphäre, das räumliche Fähigkeiten vermittelt, scheint bei (rechtshändigen) Männern stärker ausgebildet zu sein als bei Frauen. Gazzaniga et al. (1998, S. 326) weisen allerdings darauf hin, dass die Asymmetrie des *planum temporale* bei Messung mit den neuen, dreidimensionalen bildgebenden Verfahren vernachlässigbar gering ist.

Des Weiteren wird postuliert, dass die **Lateralisierung der Hemisphären**, d.h. die Spezialisierung der Gehirnhälften für bestimmte Funktionen bei Frauen weniger stark ausgeprägt ist als bei Männern. Werden z.B. Frauen verschiedene Wörter gleichzeitig präsentiert, so zeigen sie einen geringeren Wahrnehmungsvorteil für das rechts gegenüber dem links präsentierte Wort, als dies bei Männern der Fall ist (vgl. Kimura 2000, S. 138ff.). Dieser Befund kann aber auch auf eine bessere Konnektivität der Hemisphären zurückgeführt werden. Die Befunde zu kognitiven Leistungen bei Gehirnläsionen sprechen nicht eindeutig dafür, dass bei Frauen eine geringere Lateralisierung der Gehirnfunktionen vorliegt. Wäre dies der Fall, dann müssten insbesondere rechtshemisphärische Läsionen bei Frauen zu Aphasie führen, was aber nicht der Fall ist. Nach Kimura sind die grundlegenden Sprachfähigkeiten bei Frauen ebenso wie bei Männern linkshemisphärische verankert; dabei sind die Sprachregionen in der linken Hemisphäre bei Männern diffuser und bei Frauen fokussierter organisiert (Kimura 2000, S. 156; Halpern 2000, S. 216). Abstraktere Sprachfähigkeiten wie z.B. Wörter zu definieren, die Worteinfallgeschwindigkeit (*verbal fluency*) und das verbale Gedächtnis (*verbal memory*) scheinen bei Frauen eher bilateral angelegt zu sein als bei Männern (Kimura 2000, S. 146), da diese sowohl von rechts- wie von linkshemisphärischer Läsion betroffen werden.

Leistungen in räumlichen Aufgaben scheinen dagegen sowohl bei Männern wie Frauen rechtshemisphärisch spezialisiert zu sein (Kimura

2000, S. 153). Gazzaniga et al. (1998, S. 366) berichten dagegen von
dem Befund, dass bei Frauen, nicht aber bei Männern eine linkshemisphärische Läsion zu verringerten Leistungen sowohl der verbalen
wie der räumlichen Fähigkeiten führte. Dies muss aber nicht auf eine
unterschiedliche Hemisphärenspezialisierung bei Frauen zurückgeführt
werden, denn die schlechteren Leistungen auch bei der Lösung räum-
licher Aufgaben mag daher rühren, dass die Frauen zur Aufgabenlö-
sung eine verbale Strategie benutzt haben (Annett 1985).

Sowohl die These der bilateralen Sprachorganisation bei Frauen und
die Gegenthese einer unterschiedlichen linkshemisphärischen Organisation von Sprache bei Männern und Frauen wird auch von neueren
Studien, die die modernen bildgebenden Verfahren einsetzen, bestätigt
(Shaywitz et al. 1995; Frost et al. 1999; Kansaku et al. 2000; Rossel
et al. 2002; Coney 2002; Baxter et al. 2003). Somit ist ungeklärt, ob
Lateralisierungsunterschiede vorliegen und zur Erklärung geschlech-
terdifferenten Verhaltens herangezogen werden können.

Ein weiterer Versuch, Geschlechterdifferenzen im Verhalten auf
biologische Unterschiede zurückzuführen ist in der These zu sehen,
dass Jungen und Mädchen in ihrer Entwicklung ein **unterschiedliches
Reifungstempo** aufweisen, Mädchen ungefähr ein bis zwei Jahre früher als Jungen in die Pubertät kommen (Waber 1976, zit. in Halpern
2000, S. 214) und die frühe Entwicklung die verbalen Fähigkeiten,
die spätere Reifung dagegen die räumlichen Fähigkeiten begünstigt.
Dies konnte empirisch nicht bestätigt werden.

Geschwind und Galaburda (1987) vertreten die These, dass aufgrund der unterschiedlichen hormonellen Einflüsse vor allem die
Gehirnentwicklung und Hemisphärenspezialisierung von Jungen
und Mädchen unterschiedlich schnell voranschreitet; aufgrund des
Testosteroneinflusses entwickelt sich bei Jungen die rechte Hemisphäre schneller als die linke. Daher haben Jungen einen Vorteil bei
räumlichen, rechts lateralisierten Aufgaben, dagegen eher Nachteile
oder pathologische Defizite aufgrund der verzögerten und störanfäl-
ligeren Entwicklung der linken Hemisphäre. Die generelle Tendenz
dieser Theorie wurde zwar bestätigt, sie erwies sich jedoch insgesamt
als zu unspezifisch (Mann et al. 1990).

Die berichteten Befunde zeigen, dass zwar mit einer Beteiligung biologischer Faktoren, allem voran der Hormone in ihrer
Wirkung auf die Gehirnentwicklung, an der Entstehung von
Geschlechterdifferenzen zu rechnen ist, dass es aber noch weiterer Forschung bedarf, um den Weg vom Gehirn zum Verhalten genauer beschreiben zu können. Denn: »[...] the bur-
geoning area of cognitive neuroscience is still in its own perinatal

period, which means that inferences about the brain bases of cognition are extremely fragile and likely to change as the field develops« (Halpern 2000, S. XI). Zu einer genaueren Beschreibung des Weges vom Gehirn zum Verhalten gehört, die Interaktion von Umwelteinflüssen und geschlechtsbezogenen biologischen Mechanismen im Blick zu behalten. Denn »Nature and nurture are inextricably intertwined. Biology responds to environment. And people adjust and select their environment to make it compatible with their biological propensities« (Halpern 2000, S. 16). Dies bedeutet insbesondere für die neurokognitiven Grundlagen des Verhaltens: »Brain alternations result from different life experiences and different genetic propensities, and they affect future behavior, which, in turn, influences further brain development« (Halpern 2000, S. 17).

3.7 Evaluation der Erklärungsansätze

Wie der Bericht des Stands der Forschung zu geschlechtsbezogenem Sprachverhalten zeigte, ist ›Geschlecht‹ nicht der einzige Faktor, sondern wirkt nur in einer Vielzahl anderer Faktoren. Als **relevante weitere Faktoren** haben sich erwiesen: die Situation, soziale Schicht, Kulturzugehörigkeit, Status und Macht, Alter, Stereotype, soziale Rolle, Ausprägung von Maskulinität und Femininität, die Biologie der Reproduktion, neuroanatomische Grundlagen von Kognition und Sprache, früh vorhandene Neigungen, sozialisatorische Einflüsse von Elternhaus, Gleichaltrigen, Schule und Medien. Deutlich wurde zudem, dass Sprachgebrauch und nonverbales Verhalten nicht nur die Geschlechter als Gruppen unterscheidet, wobei die Unterschiede meist eher gering sind, sondern dass auch innerhalb der Geschlechtergruppen Unterschiede bestehen können und dass die Geschlechtergruppen in vieler Hinsicht große Ähnlichkeiten aufweisen. Die Vielfalt der moderierenden Variablen, die interindividuelle Variation innerhalb der Geschlechtergruppen und auch die zahlreichen Gemeinsamkeiten zwischen den Geschlechtergruppen verweisen darauf, dass die Differenzen zwischen den Geschlechtern nicht mit Modellen erklärt werden können, die sich alleine auf das Geschlecht als erklärende Variable beziehen. Da die interessierenden moderierenden Variablen sich auf unterschiedliche Dimensionen, auf Faktoren innerhalb des Individuums und auf Faktoren in der Umwelt des Individuums beziehen, diese aber unweigerlich als interdependent zu betrachten sind, folgt, dass nur ein **multifaktorielles Modell** der Komplexität der Verhältnisse gerecht werden kann (Halpern 2000, S. 262).

Es ist offenkundig, dass keines der derzeit in der einschlägigen Literatur vorgestellten Modelle diesem Anspruch gerecht wird. Entwicklungsbezogene Modelle wie die Lerntheorie, die kognitive Entwicklungstheorie oder Sozialisationstheorien erfassen jeweils einige Aspekte bezogen auf den Entwicklungsprozess. Diesen Modellen zufolge sedimentieren sich in der Entwicklung geschlechtsbezogene Selbst- und Weltkonzepte, die für konkretes Verhalten bestimmend sind. Derartigen Modellen wird kritisch entgegengehalten, dass sie die situative Variabilität, vor allem aber die Prozesshaftigkeit und Interaktivität menschlichen Verhaltens und Handelns nicht erfassen können, dass sie in der Gefahr stehen, ›Geschlecht‹ als essentielle Größe zu konzipieren und somit der gesellschaftlichen Verfasstheit und der Veränderbarkeit von geschlechtsbezogenem Verhalten und Geschlechterpositionen in der Gesellschaft nicht gerecht werden. Diejenigen Theorien, die ausschließlich die soziale Konstruiertheit von ›Geschlecht‹ fokussieren, setzen sich dem Vorwurf aus, Menschen als geschichtslose Wesen, als Interaktionsmarionetten ohne jegliche biographische Voraussetzungen und entsprechende Erwartungen zu inszenieren und somit psychologisch unrealistische Modellvorstellungen zu propagieren. Hinzu kommt, dass alle die Theorien, die ›Geschlecht‹ ausschließlich in gesellschaftlich verankerten, im Prinzip aber veränderlichen Rollensystemen verorten, nicht erfassen können, dass Menschen auch durch ihre Biologie Grenzen der Plastizität und der Anpassung gesetzt sind.

Aus diesen kritischen Einschätzungen vorliegender Theorieansätze folgt, dass ein **umfassenderes Modell** benötigt wird. Dies müsste erfassen, wie auf Basis individueller körperlicher Gegebenheiten und vorhandener Neigungen sich im individuellen Entwicklungsprozess die sozial und in der spezifischen Umwelt des Individuums erforderlichen Anpassungsleistungen vollziehen und dabei derart flexible Selbst- und Weltbilder erworben werden, dass sie in variablen Situationen und Kontexten gemäß Rollenerfordernissen und konkreten Interaktionsbedingungen im Interesse der Handlungsziele des Individuums wirksam werden können. Dabei müsste auch die Wirksamkeit von Stereotypen einbezogen werden.

Das Kaskadenmodell von Richard Lippa (2002, S. 196) kann als ein Versuch in diese Richtung verstanden werden. In diesem Modell werden sieben Ebenen der Entwicklung unterschieden, nämlich 1. biologische/genetische Faktoren, 2. Familieneinflüsse, 3. Einflüsse der Gleichaltrigen, 4. Sozio-kulturelle Faktoren, 5. Kognition, 6. Emotionen und Attitüden und 7. Verhalten. Diese Ebenen interagieren untereinander in komplexer Weise, wobei das Ergebnis der Interaktion der Ebenen jeweils den Systemzustand ändert und somit weitere Entwicklungskaskaden erzeugt.

Auch das allgemeine Entwicklungsmodell von Thelen/Smith (1994) lässt sich in dieser Richtung ausdeuten. Das **systemtheoretische Modell** von Thelen/Smith bietet zudem prinzipiell die Möglichkeit, die aktuelle Funktionsweise des Systems auf der Grundlage seiner Genese und der aktuellen Funktionsbedingungen in den Umweltsystemen aufeinander zu beziehen. Denn in diesem Modell sind Entwicklungsprozesse multikausal, nicht-linear und komplex. Sie sind Ergebnis des Zusammenwirkens von Elementen, die zueinander in spezifischer Beziehung stehen. Dies sind zum einen die Komponenten des individuellen Systems und zugleich die des Umweltsystems, die als Kontrollparameter für die Entwicklungsprozesse wirken. Wie jedoch die inneren, im Individuum gegebenen Kontrollparameter mit den äußeren, in der Umwelt gegebenen Kontrollparametern genau zusammenwirken, wäre zu spezifizieren.

Anne Fausto-Sterling hat ihre Vision eines systemtheoretisch begründeten, **integrativen Modells** im Bild der ineinander geschachtelten russischen Puppen illustriert.

»Using the Russian nesting dolls as a framework suggests that history, culture, relationships, psyche, organism, and cell are each appropriate locations from which to study the formation and meaning of sexuality and gender. Developmental systems theory, whether applied to the assembled doll or to its subunits, provides the scaffolding for thought and experiment (Fausto-Sterling 2000, S. 254).

Integrative Modelle haben zwar den Vorteil, die relevanten Dimensionen aufeinander zu beziehen; sie haben aber gegenwärtig den Nachteil der zu großen Allgemeinheit und Unspezifik bezüglich der relevanten Komponenten und der interaktiven Vermittlungsmechanismen zwischen ihnen. Daher kann ein multidimensionales, integratives Modell geschlechtsbezogenen Verhaltens derzeit nur als ein vorläufiger Rahmen verstanden werden, auf den sich die arbeitsteilig spezialisierte Forschung in den beteiligten Disziplinen bezieht.

4. Wirkungen: Sprachpolitik und Sprachwandel

Die feministische Analyse des Sprachsystems und der Sprachgebrauchs-weisen war und ist darauf gerichtet, die sprachstrukturellen Asymme-trien insbesondere bei den Personen- und Berufsbezeichnungen und Formen der männlichen Dominanz im Sprachgebrauch durch sprach-politische Maßnahmen zu verändern, wobei von der Richtigkeit und Zuverlässigkeit der Analysen des Sexismus des Sprachsystems und der Sprachgebrauchsweisen ausgegangen wird (z.B. Wodak et al. 1987; Müller/Fuchs 1993). Der Schritt von der Analyse zur Sprachpolitik wird wie folgt formuliert:

»Eine feministische Analyse sprachlicher Diskriminierung kann nicht bei der Beschreibung von Ursachen, Erscheinungsformen und Wirkungen dieses Phä-nomens stehen bleiben. Sie wird darüber hinaus den unmittelbaren Bezug zur gesellschaftlichen Praxis suchen und Vorschläge zum Abbau der sprachlichen Diskriminierung von Frauen machen« (Hellinger 1990, S. 123).

Dabei folgt die feministische Sprachpolitik der Annahme, »[...] daß die gesellschaftlichen Zustände über ein verändertes Sprechen und über eine veränderte Sprache geändert werden können« (Samel 1995, S. 131), da Sprachveränderungen auch Veränderungen von Denkgewohn-heiten mit sich bringen. Diese Annahme ist darin begründet, dass

»[...] language does not merely reflect the way we think: it also shapes our thinking. If words and expressions that imply that women are inferior to men are constantly used, that assumption of inferiority tends to become part of our mindset« (Desprez-Bouanchaud et al. 1999).

Die propagierte Gegenstrategie ist:

»Da es im öffentlichen und beruflichen Leben immer mehr Frauen gibt und geben soll, ist es höchste Zeit, sie auch zu benennen, sie sprachlich sicht-bar zu machen. Einmal vorhanden und verankert, können Frauen weder sprachlich noch »in natura« wieder so leicht verdrängt werden« (Wodak et al. 1987, S. 9).

Die sprachpolitischen Maßnahmen wurden zunächst in allgemeinen Richtlinien und Empfehlungen zur Vermeidung sexistischen Sprach-gebrauchs artikuliert. Ein erstes Dokument in der Bundesrepublik sind die *Richtlinien zur Vermeidung sexistischen Sprachgebrauchs* von Guentherodt et al. 1980 vorgelegt. Ein neueres Dokument ist der von

Friederike Braun im Jahr 2000 im Auftrag des Ministeriums für Justiz, Frauen, Jugend und Familie des Landes Schleswig-Holstein verfasste Leitfaden zur geschlechtergerechten Formulierung mit dem Titel *Mehr Frauen in die Sprache.* Eine sehr ausführliche Darstellung bietet das von Sigrid Müller und Claudia Fuchs im Auftrag des Magistrats der Stadt Frankfurt am Main verfasste *Handbuch zur nichtsexistischen Sprachverwendung in öffentlichen Texten* (Müller/Fuchs 1993).

Sowohl in Deutschland wie in Österreich (Wodak et al. 1987) und der Schweiz (Häberlin/Schmid/Wyss 1992) wurden weitere Richtlinien bzw. Empfehlungen (z.T. in ministeriellem Auftrag) vorgelegt. So wurden am 17. September 1992 Richtlinien der Erziehungsdirektorenkonferenz der deutsch- und gemischtsprachigen Kantone der Schweiz und des Fürstentums Liechtenstein zur sprachlichen Gleichbehandlung von Frau und Mann erlassen. 1996 wurde von der Schweizerischen Bundeskanzlei ein *Leitfaden zur sprachlichen Gleichbehandlung im Deutschen* veröffentlicht, der im August 1995 vom Bundesrat zur Kenntnis genommen worden war. In Frankreich wurde von der Ministerin für die Rechte der Frau, Yvette Roudy, 1984 eine Kommission für die Formulierung frauengerechter Berufs- und Funktionsbezeichnungen eingesetzt, die Vorschläge zu weiblichen Formen von Funktions- und Berufsbezeichnungen sowie Titeln und Dienstgraden machte, die 1986 vom Premierminister den entsprechenden Dienststellen zur Beachtung zugeleitet wurden (vgl. Burr 2001).

In den USA, Großbritannien, Kanada, Australien und Neuseeland wurden bereits in den 1970er Jahren Richtlinien von den großen Verlagen, Berufsverbänden, Gewerkschaftsverbänden, Institutionen und Behörden formuliert (Hellinger 1990; Wattman Frank 1985; Wodak et al. 1987) und auch Handbücher für nicht-sexistischen Sprachgebrauch vorgelegt (z.B. Miller/Swift 1980). Von der UNESCO wurden 1999 *Guidlines on Gender-Neutral Language* herausgegeben, die dritte Ausgabe des 1987 unter dem Titel *Guide to Non-Sexist Language* erschienenen Leitfadens (Desprez-Bouanchaud et al. 1999). Von der Deutschen UNESCO Kommission herausgegeben wurden die von Marlis Hellinger und Christine Bierbach 1993 verfassten Richtlinien *Eine Sprache für beide Geschlechter. Richtlinien für einen nichtsexistischen Sprachgebrauch.* Das Ministerkomitee des Europarats hat am 21. Februar 1990 eine Empfehlung *On the Elimination of Sexism from Language* (R (90,4) verabschiedet, die beinhaltet

»[...] 1. encouraging the use, as far as possible, of non-sexist language to take account of the presence, status and role of women in society as current linguistic practice does for men; 2. bring the terminology used in legal drafting, public administration and education into line with the principle of sex equality; 3. encourage the use of non-sexist language in the media.«

International, europaweit und in Deutschland haben diese
Richtlinien bzw. Leitfäden die öffentliche Diskussion maßgeblich beeinflusst (Hellinger 1985; Hellinger 2000) und politische
sowie juristische Institutionen zur Sprachreform veranlasst; dies
hat zu einem Sprachwandel des Deutschen beigetragen.

4.1 Empfehlungen zur Vermeidung sexistischen Sprachgebrauchs

Das Ziel der Richtlinien zur Vermeidung sexistischen Sprachgebrauchs ist, »[...] sexistische Sprache zu identifizieren und alternative Gebrauchsweisen anzubieten, die nicht frauenfeindlich und diskriminierend sind« (Trömel-Plötz et al. 1982, S. 84). Sprache wird
dann als sexistisch betrachtet

»[...] wenn sie Frauen und ihre Leistung ignoriert, wenn sie Frauen nur in
Abhängigkeit von und Unterordnung zu Männern beschreibt, wenn sie Frauen
nur in stereotypen Rollen zeigt und ihnen so über das Stereotyp hinausge-
hende Interessen und Fähigkeiten abspricht, und wenn sie Frauen durch her-
ablassende Sprache demütigt und lächerlich macht« (ebd.).

Zielgruppe der Richtlinien waren alle, »[...] die professionell und offi-
ziell geschriebene und gesprochene Sprache produzieren, [...] die –
ob im Kindergarten, an der Schule oder an der Universität – Sprache lehren und [...] die, die in den Medien, in der Verlagsarbeit und
anderswo Sprache verbreiten« (ebd.). Ähnliche Formulierungen enthalten auch die *guidelines* und Handbücher zur Vermeidung sexistischen Sprachgebrauchs im anglo-amerikanischen Raum (vgl. Hellinger 1990).
     Guentherodt et al. (1980) bzw. Trömel-Plötz et al. (1982) benen-
nen **vier Bereiche sexistischen Sprachgebrauchs:**
     1. Dieser Bereich enthält die sprachlichen Formen (Titel, Berufs-,
Funktionsbezeichnungen), in denen Frauen nicht explizit benannt,
sondern nur mitgemeint sind, d.h. generische Maskulina (»der Arzt
von heute«). Sie sollen durch alternative Formen ersetzt werden, in
denen entweder eine explizite Geschlechtsnennung oder eine Neutralisierung erfolgt (»Ärzte betrachten den Therapeuten allenfalls als Tröster für ihre Patienten« → »Ärztinnen und Ärzte räumen dem therapeutischen Beruf allenfalls eine tröstende Funktion ein« Trömel-Plötz
et al. 1982, S. 86). Luise Pusch (1984) hat für diesen Bereich eine
konsequente Geschlechtsabstraktion durch Verwendung des Neutrum
(»das Arzt«) und eine Genus-Geschlechtsspezifikion unter Tilgung

des Motionssuffixes –in (»die Professor«, »der Professor«) vorgeschlagen. In einer späteren Arbeit hat sie für »[...] die Totale Feminisierung,
d.h. die Ersetzung des generischen Maskulinums durch ein generisches Femininum« (Pusch 1990, S. 93) votiert. Eine weitere Alterna-
tivform zur Beidnennung (in Vollform, in Schrägstrichkurzform, in
Klammerkurzform) ist das Binnen-I (die MinsterIn), das allerdings
nur in der Schriftsprache Unterscheidungswert hat und nicht in allen
Textsorten angemessen ist (vgl. Braun 1996; Häberlin et al. 1992, S.
93ff). Bei Berufsbezeichnungen wurde das Suffix *-frau* anstelle von
–mann in z.b. Kauffrau eingeführt. Die analog zum Indefinitprono-
men *man/jederman* vorgeschlagene Form *frau/jedefrau* hat wenig Ver-
breitung gefunden (Homberger 1993). Braun wie auch andere (z.b.
Wodak et al. 1987, S. 13) schlagen zur geschlechtergerechten Ersetzung der generischen Formen sowohl eine Feminisierungs- (»die Studentinnen und Studenten«) wie eine Neutralisierungsstrategie (die Studierenden) vor, »[...] da einerseits Feminisierung in einem Text mit
gehäuften Personenbezeichnungen nicht problemlos durchgehalten
werden kann und andererseits nicht für jede Personenbezeichnung
neutralisierte Varianten bereitstehen« (Braun 2000b, S. 10). Für das
Englische werden Neutralisierungsstrategien favorisiert.

2. Als einen weiteren Bereich sexistischen Sprachgebrauchs benennen die Richtlinien sprachlichen Formen, in denen »[...] die Frauen
immer in Abhängigkeit vom Mann« dargestellt werden, was sich in
der »[...] asymmetrischen Benützung von Namen und Titeln und in
der festgelegten Anordnung, in der Männer immer zuerst genannt
werden« (Trömel-Plötz et al. 1982, S. 87) zeige. Beispiele hierfür sind
Fräulein, *Bundespräsident Scheel und Ehefrau Mildred*, *Mann und Frau*;
sie sollen durch die Formen *Bundespräsident Scheel und seine Frau*,
Dr. Scheel bzw. *Frau und Mann* ersetzt werden.

3. Ebenfalls sexistisch ist eine Sprache »[...] die Frauen nur in den
traditionellen Rollen mit den so genannten weiblichen Eigenschaften und Verhaltenweisen darstellt [...]« (ebd. S. 88). Als Beispiel hierfür wird genannt »Otto baut ein Vogelhaus, Anna hilft ihm dabei«;
diese Formulierung soll ersetzt werden durch »Anna und Otto bauen
gemeinsam ein Vogelhaus« (ebd., S. 89).

4. Auch »Abwertende Sprache, durch die Frauen herablassend
behandelt oder degradiert werden [...]« (ebd. S. 89) ist sexistisch, was
z.B. in den Formen das *schwache Geschlecht, Karrierefrau, Milchmäd-
chenrechnung* etc. gegeben ist.

So berechtigt die Anliegen der auch sprachlichen Sichtbarmachung
und Anerkennung von Frauen sind, lassen sich diese – vor allem bei
den generischen Maskulina – nicht immer problemlos umsetzen. So
liegt nach Meinung von Braun (2000b, S. 11) die

»[...] Hauptschwierigkeit beim geschlechtergerechten Formulieren [...] vor allem darin, einen geschlechtergerechten und trotzdem lesbaren Text zu verfassen. Oft scheint es aussichtslos, einen Sachverhalt verständlich auszudrücken, wenn die Sätze von *Antragstellerinnen und Antragstellern, Mitarbeiterinnen und Mitarbeitern* wimmeln.«

Braun gibt zwar zahlreiche Hinweise, mit welchen Strategien dieses Problem entschärft werden kann, eine immer zufriedenstellende Lösung ist jedoch nicht erwartbar. Denn eine weitere Problematik liegt darin, dass bei der »Geschlechtergerechtigkeit« der Formulierungen das Geschlecht gegenüber anderen möglichen und berechtigten Ausdrucksbedürfnissen Vorrang erhält und Ausdrucksnuancen verschwinden wie in dem Beispiel der Umformulierung von »Ärzte betrachten den Therapeuten allenfalls als Tröster für ihre Patienten« zu »Ärztinnen und Ärzte räumen dem therapeutischen Beruf allenfalls eine tröstende Funktion ein«, denn hier wird der konkrete Gehalt der Äußerung (Therapeut als Tröster) einer geschlechtergerechten, aber wenig lebendigen und konkreten Darstellungsweise (therapeutischer Beruf, tröstende Funktion) geopfert. Nicht zuletzt ist zu erwähnen, dass die Geschlechtergerechtigkeit der Sprache die Relevanz von Geschlecht als sozialer Kategorisierung, die aber fragwürdig ist, weiter bekräftigt. Dies zeigt sich z.B. in der nach Häberlin et al. (1992, S. 64) zwar nicht zwingenden, aber als möglich erachteten konsequenten Anwendung der Kongruenzregel auch bei Sachbezeichnungen, die zu Sätzen führt wie »Die Polizei, deine Freundin und Helferin«. Ein weiteres Beispiel aus den Empfehlungen von Häberlin et al. (1992, S. 50) ist der Vorschlag, Substantivableitungen aus Personenbezeichnungen wie z.B. Nachbar – Nachbarschaft zu feminisieren wie in »Für nichtberufstätige Frauen spielt die Nachbarinnenschaft eine wichtige Rolle für soziale Kontakte« oder »Sie spielt ihr Instrument meisterinnenhaft«.

Das Problem der Vorschläge zur Sprachreform besteht darin, dass sie »[...] neben der Schwerverständlichkeit der Texte den Nachteil [hat], daß Doppelausdrücke wie *Minister* bzw. *Ministerin, Täterin* bzw. *Täter, Beamtinnen und Beamte* [...] eine betonte Geschlechtskennzeichnung [bewirken]« (Stickel 1988, S. 350).

4.2 Auswirkungen in der Legislative, in der Administration, in den Medien, Bildungsinstitutionen und in der Politik

Die in den Richtlinien fokussierten sprachlichen Formen betreffen im Deutschen vornehmlich Anredeformen, Amts-, Dienst- und Funktions- bzw. Berufsbezeichnungen, Titel sowie Pronomina. Diese Formen können in spezifischen Kontexten der direkten Personenbezeichnung bzw. –anrede oder in generalisierenden Kontexten vorkommen. Ziel der Richtlinien ist, in beiden Arten von Kontexten die Geschlechtersymmetrie zu Gunsten des Sichtbarmachens und der Anerkennung von Frauen sprachlich zu markieren und zwar sowohl in der Normen- bzw. Vorschriftensprache der Gesetzgebung, in der Amtssprache der Verwaltungen als auch in der Sprache der Medien, der Politik und der Bildungsinstitutionen und Unternehmungen. Dieses Ziel zu erreichen, stellt in den unterschiedlichen Anwendungsbereichen unterschiedliche Anforderungen, die entsprechend auch unterschiedlich beantwortet wurden.

Was die Formen der **direkten Anrede** anlangt, so ist es wohl in allen Bereichen des öffentlichen Lebens, der Politik, der Bildungsinstitutionen und Unternehmungen in der BRD mittlerweile üblich geworden, Schülerinnen und Schüler, Studentinnen und Studenten oder Studierende, Mitbürgerinnen und Mitbürger anzusprechen. Die Dresdner Bank wendet sich in einer Annonce vom 22.10. 1991 an »Wertpapierexpertinnen und -experten« (vgl. Grabrucker 1993, S.165). Nachdem 1980 aufgrund der Anpassungsnotwendigkeit an die 1976 vom Ministerrat der Europäischen Wirtschaftsgemeinschaft erlassenen Richtlinie *Zur Verwirklichung des Grundsatzes der Gleichbehandlung von Männern und Frauen hinsichtlich des Zugangs zur Beschäftigung, Berufsbildung und zum beruflichen Aufstieg sowie in Bezug auf die Arbeitsbedingungen* (Richtlinie 76/207 des Rates vom 9. Februar 1976) das Bürgerliche Gesetzbuch der Bundesrepublik Deutschland im § 611a und b sowie § 612 neu gestaltet wurde und eine Gleichbehandlung von Frauen und Männern bei Arbeitsverträgen, bei Stellenausschreibungen und der Vergütung verbindlich wurde, werden sämtliche öffentlichen **Stellenausschreibungen** gemäß § 611b »Der Arbeitgeber darf einen Arbeitsplatz weder öffentlich noch innerhalb des Betriebs nur für Männer oder nur für Frauen ausschreiben [...]« (Schönfelder 2004) in geschlechtsspezifischer Form ausgeschrieben. Entsprechend wurde in der Berufsbildungsverordnung ab 1989 neben der männlichen auch die weibliche Form des Ausbildungsberufs angeführt (BAnzeiger Nr. 218a vom 18. November 1989; Grabrucker 1993, S. 263).

Auch der von der interministeriellen **Arbeitsgruppe Rechtssprache** 1990 vorgelegte Bericht *Maskuline und feminine Personenbezeichnungen in der Rechtssprache* (Deutscher Bundestag, Drucksache 12/1041), der u.a. 1992 vom Ausschuss für Frauen und Jugend des Deutschen Bundestages dem Bundestag zur Beschlussfassung vorgelegt wurde, hat insbesondere im **Bereich der Amtssprache** zu weiteren Veränderungen beigetragen. Diese Beschlussempfehlung enthält als Punkt 5:

Der Deutsche Bundestag empfiehlt,
– in bezug auf konkrete Personen in der Amtssprache die voll ausgeschriebene Parallelformulierung als die sinnvollste Lösung anzusehen;
– auf die Verwendung des generischen Maskulinums in der Amtssprache ganz, in der Vorschriftensprache so weit wie möglich zu verzichten, wenn Gründe der Lesbarkeit und Verständlichkeit dem nicht entgegenstehen;
– statt dessen so weitgehend wie möglich Pluralformen substantivierter Partizipien und Adjektive, andere Satzgestaltungen und geschlechtsindifferente Substantive zu verwenden [...], und
– Kurzformen wie Schrägstrich- oder Klammerausdrücke und das große Binnen-I nicht zu verwenden (Deutscher Bundestag, Drucksache 12/2775 vom 6.2. 1992).

Diese Empfehlung wurde am 15. Januar 1993 vom Bundestag beschlossen (vgl. Grabrucker 1993, S. 268f.; Schmidt 2004, Schewe-Gerigk 2004). Auf Länderebene wurde eine Vielzahl weiterer Empfehlungen und Beschlüsse zur sprachlichen Gleichbehandlung gefasst (vgl. Grabrucker 1993, S. 269ff.).

Die Veränderungen der Gesetzgebung zusammen mit Beschlüssen auf Bundes- und Landesebene haben zur Geschlechterspezifizierung bzw. Neutralisierung bei den Berufsbezeichnungen, aber auch Amts- und Dienstbezeichnungen (*Richter, Richterin; Ministerium* statt *Minister*) sowie Titeln (*Magister/Magistra*) beigetragen und unterstützt, dass auch in anderen Kontexten geschlechtsspezifische Berufsbezeichnungen zunehmend häufiger verwendet werden. Äußerungen wie »Sie ist Professor«, die in der alten BRD und in der DDR nicht ungewöhnlich waren, werden zunehmend seltener gebraucht. Auch die damals übliche Anrede unverheirateter weiblicher Personen mit *Fräulein* ist durch die in der Amts- und Verwaltungssprache sowie umgangssprachlich durchgängig gebräuchliche Form *Frau* abgelöst (vgl. Grabrucker 1993; Wodak et al. 1987, S. 21; Hellinger 2004). Weitere Änderungen in den Anredeformen brachte die Familienrechtsreform 1976, die u.a. die Festsetzung, dass alleine der Name des Mannes der eheliche Name zu sein hatte, abschaffte und den Frauen den Doppelnamen konzedierte (Guentherodt 1980). Als im Februar 1991 das Bundesverfassungsgericht entschied, dass die Vorrangstellung des Mannesnamens als Familienname verfassungswidrig sei (Grabrucker 1993, S. 31, S. 201), wurde es möglich, dass auch der Name der Frau der Familienname sein und der Mann einen Doppelnamen annehmen konnte.

Die Reformvorschläge zur **Gesetzessprache**, die anders als die Amts- und Verwaltungssprache nicht nur unmittelbar personale Referenten kennt (vgl. Deutscher Bundestag 1990, Drucksache 12/1041, S. 12, S. 29f.), unterscheiden zwischen Bezeichnungen für natürliche und juristische Personen; die Bezeichnungen, die sich auf juristische Personen beziehen, werden nicht in den »[...] Kreis der reformbedürftigen Worte mit einbezogen [...]« (Grabrucker 1993, S. 229). Bei Bezeichnungen, die sich sowohl auf natürliche Personen wie auf juristische Personen beziehen (»der Eigentümer«, »der Arbeitgeber«), wird eine neutrale Formulierung (»der Patentinhaber« – die Person, die ein Patent inne hat) als ausreichend vorgeschlagen. Eine nicht repräsentative Umfrage der Gesellschaft für deutsche Sprache zur Wahrnehmung generischer vs. neutraler und Paarformbenennung von Personen im Pflegeversicherungsgesetz zeigte, dass die Befragten nur noch zu einem sehr geringen Anteil die generischen Formen als auf beide Geschlechter bezogen interpretieren (Frank-Cyrus/Dietrich 1997) und stützt insofern das Argument von Grabrucker (1993), dass durch die generischen Formen eine Referenzunsicherheit in den Texten gegeben sei. Die Bezeichnungen in Gesetzestexten, die sich auf natürliche Personen beziehen, sollen dagegen wegen ihres hohen politischen Durchsetzungs- und Symbolwertes in Paarformeln verwendet werden. Denn

»Die Verwendung der Paarformel ›Bürgerinnen und Bürger‹ z.B. in einer neuen Verfassung, ›Richterinnen und Richter‹ im Bundesverfassungsgerichtsgesetz oder ›Arbeitnehmerinnen und Arbeitnehmer‹ im Arbeitsrecht hat einen anderen gesellschaftlichen Stellenwert, an Art. 3 GG gemessen, als z.B. ›der Hersteller‹ und ›der Einführer‹ nach §5 Abs. 1 des Sprengstoffgesetzes« (Grabrucker 1993, S. 234).

Dieser Einschätzung der symbolischen Wertigkeit von Personenbezeichnungen in Gesetzestexten entsprechend wurde 1992 von der ›Kommission Verfassungsreform‹ eine geschlechtergerechte Umformulierung des Grundgesetzes folgenden Inhaltes vorgeschlagen:

»Es soll versucht werden, das Grundgesetz vor dem Hintergrund des Beschlusses des Bundesrates vom 29. November 1991 in Drucksache 469/91 (Beschluß) (Stellungnahme zum Bericht der Arbeitsgruppe Rechtssprache vom 17. Januar 1990 über ›Maskuline und feminine Personenbezeichnungen in der Rechtssprache‹) so umzuformulieren, daß die Verwendung maskuliner Bezeichnungen auch für Frauen grundsätzlich vermieden wird, so weit wie möglich geschlechts-

neutrale Personen- und Funktionsbezeichnungen verwendet und im übrigen
feminine und maskuline Bezeichnungen in voll ausgeschriebener Form benutzt
werden« (Bundesrat, Drucksache 360/92, Randnummer 112).

In der Begründung heißt es:

»Die hergebrachten Sprachgewohnheiten – wie die Benutzung des generischen
Masculinum im Grundgesetz – wird von vielen Frauen nicht als sprachliche
Notwendigkeit, sondern als Verschweigen und Ausgrenzung ihrer Existenz
interpretiert. Eine Verfassung ist ›auch Ausdruck eines kulturellen Entwick-
lungszustandes, Mittel der kulturellen Selbstdarstellung des Volkes, Spiegel
seines kulturellen Erbes und Fundament seiner Hoffnung‹ (P. Häberle). Da
Frauen mindestens hälftigen Anteil an diesem kulturellen Entwicklungszu-
stand haben, soll versucht werden, das Grundgesetz so zu formulieren, daß
dies nicht übersehen werden kann« (ebd., Randnummer 113).

Dieser Vorschlag wurde nicht angenommen (Samel 1993, S. 192).
    Die Richtlinien zur Vermeidung sexistischen Sprachverhaltens und
die entsprechende öffentliche Diskussion führten nicht nur in der
Amts- und Verwaltungssprache zu deutlichen Veränderungen (Hellinger 2004). Sie haben auch mitbeeinflusst, dass von den Kultusmi-
nisterien der Länder bei dem Genehmigungsverfahren für Schulbücher Kriterien der Gleichstellung miteinbezogen wurden (Homberger
1993); ob dies allerdings zu einer Veränderung der Sprache und einer
entsprechenden Einstellungsveränderung der Lehrenden und der
Schüler und Schülerinnen geführt hat, ist offen. Während in den
staatlich beeinflussbaren Bereichen die Richtlinien Wirkung gezeitigt
haben, kann dies für die meisten Printmedien nicht gesagt werden.
So stellte Bettina Stuckard in ihrer Analyse von Frauen- und Män-
nerzeitschriften fest: »Auch sprachlich wird die Leserin in ihren traditionellen Bezügen gehalten, findet sie sich von Männern abgeleitet und unter männliche Sprachformen subsumiert« (Stuckard 2000,
S. 230). Diese traditionelle sprachliche Ausdrucksweise reagiert vermutlich auf die Gewohnheiten der Leserinnen der Frauenzeitschriften, denn in ihrer Umfrage bei den Redaktionen von über einhun-
dert deutschsprachigen Frauenzeitschriften kam Stuckard zu dem
Ergebnis, dass »[...] etwa die Hälfte der Redaktionen [erkennt], dass
es Unausgewogenheiten im Sprachsystem gibt, auch, dass diese eine
diskriminierende Realitätswahrnehmung nach sich ziehen können
[...]« (Stuckard 2000, S. 239).
    Dass die Einstellung zu Sprache und der eigene Sprachgebrauch
erheblich differieren können, machte auch die Befragung von Frauen
und Männern zu geschlechtergerechter Sprache, die Hellinger bereits
1981 unternahm, deutlich. Hier zeigte sich, dass 70% der befragten
Frauen und 57% der befragten Männer eine Übernahme der Richt-

linien von Guentherodt et al. (1980) in den öffentlichen Sprachgebrauch befürworten, dass aber nur 10-15% der Befragten dazu
bereit waren »[...] die Richtlinien ohne Einschränkung in den eigenen Sprachgebrauch zu übernehmen« (Hellinger/Schräpel 1993, S.
60). Auch Studierende scheinen heute nicht mehr so vehement wie
noch in den 1980er und 1990er Jahren das Anliegen der geschlechtergerechten Sprache zu verfolgen, die auch an Universitäten in den
Titeln, Anredeformen und bei Personenbezeichnungen in universitätsöffentlichen Texten umgesetzt wurde. Studentinnen von heute meinen, sie hätten gegen ihre Bezeichnung als »Student« nichts einzuwenden, sie wüssten ja, dass auch sie gemeint seien, weil sich ja nun
die Situation der Frauen deutlich verändert habe.

Ob mit den neuen Generationen der durch die Richtlinien
und ihre Wirkungen eingesetzte Sprachwandel fortgeführt
wird, bleibt abzuwarten. Zu konstatieren ist derzeit, dass die
sprachpolitischen Forderungen der Feministinnen eine öffentliche Diskussion provozierten und politische Maßnahmen beförderten, die zu einem markanten Sprachwandel des Deutschen
innerhalb nur weniger Jahrzehnte beigetragen haben.

4.3 Empfehlungen zur Veränderung des Kommunikationsstils

Anders als die meisten Richtlinien bzw. Empfehlungen zur Vermeidung sexistischen Sprachgebrauchs beziehen Häberlin et al. (1992) in
ihre Empfehlungen auch den Bereich des Gesprächsverhaltens explizit ein. Häberlin et al. (1992, S. 80) stellen zwar fest, dass »Gespräche [...] durch vielfältige Faktoren beeinflusst« werden und konzedieren, dass es schwierig sei, »[...] bei Untersuchungen den Faktor
›Geschlecht‹ zu isolieren« (ebd., S. 81), gehen aber gleichwohl davon
aus, dass der Befund unumstritten sei, dass Frauen in Gesprächen
geringere Sachkompetenz unterstellt wird, dass Männer Frauen in
Gesprächen durch Beanspruchung von Redezeit, Unterbrechungen, geringe Minimalreaktionen und Themenkontrolle dominieren, während Frauen einen kooperativen Gesprächsstil an den Tag
legen. Dies werde schon durch das unterschiedliche Gesprächsverhalten von Lehrern und Lehrerinnen in der Schule befördert. Bezogen auf diese Diagnose des Gesprächs zwischen den Geschlechtern
empfehlen Häberlin et al. Gegenstrategien; sie bestehen darin, dass
Frauen sich zu sexistischem Gesprächsverhalten äußern »[...] indem

sie explizit auf die Unterbrechung oder den Themenwechsel reagieren« (Häberlin et al. 1992, S. 84) oder sie eine Unterbrechung »[...] ignorieren und sich das Rederecht und die Gesprächszeit nehmen« (ebd.) oder sie können den Partner auffordern, die Unterbrechungen zu unterlassen. »Schließlich können Frauen inhaltlich auf die Unterbrechung eingehen und den Unterbrecher auf Grund ihrer Sachkompetenz in seine Schranken weisen« (ebd.). Außerdem sollen Frauen durch direkte Namenennung, durch Blickkontakt, durch Referenz auf deren Gesprächsbeiträge oder durch Rückmeldungen aktiv unterstützt werden, wobei die Autorinnen allerdings offen lassen, wer dies tun soll. Für den Bereich der Schule empfehlen die Autorinnen als Gegenstrategie, dass Mädchen besser gefördert und direkt angesprochen werden sollen und Jungen zeitweise zurückgesetzt werden müssen. »Mit Jugendlichen können LehrerInnen über ihr Gesprächsverhalten diskutieren und sie auf geschlechtsspezifische Unterschiede aufmerksam machen« (ebd., S. 85).

Ebenfalls auf Veränderung des Kommunikationsstils mittels kritischen Befragens des männlichen Stils und der aktiven Einflussnahme auf die Kommunikationsnormen (*netiquette*) des Internet sind die Empfehlungen von Susan Herring ausgerichtet: »Women must not let themselves be driven by flame throwers away from mainstream, mixed-sex fora, but rather should actively seek to gain influence there, individually and collectively, especially in fora where metadiscourse about the net itself takes place« (Herring 1994, S. 8). Bezogen auf sexuelle Belästigung wird den Frauen empfohlen, ihre Position durch eindeutige sprachliche und kommunikative Signale der Verweigerung zu markieren (Kidder et al. 1983; Muehlenhard et al. 1989; Kitzinger 2000). Für das Durchsetzen im Beruf empfehlen die zahllosen Kommunikationsratgeber und -seminare auf Selbstbehauptung und Kompetition ausgerichtete Kommunikationsweisen.

Trömel-Plötz (1996) dagegen betrachtet die Sprech- und Kommunikationsweise von Frauen als ideale, der sie »heilende« Wirkung zuschreibt. Ähnlich spricht Janet Holmes (1996) von der interaktionellen Reife von Frauen, die sich in ihrer unterstützenden Gesprächsweise ausdrückt. Diese Umbewertung dient dem Ziel, Frauen das Zutrauen in ihre Kompetenzen zu geben, die sie benötigen, wenn sie aus dem Frauen gesteckten Rahmen heraustreten wollen (Trömel-Plötz 1996, S. 24f.). Das Vertrauen in die eigene Kompetenz scheint nach Trömel-Plötz der Weg zum Kommunikationserfolg zu sein. Damit verfolgt sie eine andere, auf Selbstwertgefühl-Stärkung basierende Strategie als die in den unzähligen Kommunikationsratgebern empfohlene assertive Strategie, die weithin auf eine Anpassung an männlich typisierte Kommunikationsstile hinausläuft. Ulrike Gräßel dagegen betrachtet gerade den »typisch weiblichen Kommunikationsstil« als »eine Chance« (Gräßel 2004, S. 67).

Welche Strategie aber auch immer verwendet wird, angesichts der vielfältigen Bestimmungsmomente für Kommunikation dürfte es keine in unterschiedlichen Situationen gleich wirksame und erfolgreich anwendbare Strategie geben. Zwar lassen sich Kommunikationstechniken bis zu einem gewissen Grade erlernen, die Durchsetzungskraft wird jedoch in jedem Fall an die Authentizität in der Kommunikation gebunden sein, die auch eine Qualität der Persönlichkeit ist. Insofern scheinen die wirksamsten Kommunikationsstrategien für Frauen die zu sein, die im Rahmen persönlicher Beziehungen z.B. in Mentoring-Programmen vermittelt werden können.

5. Literaturverzeichnis

5.1 Einführende Literatur

Aries, Elizabeth J. 1996. Men and women in interaction: Reconsidering the differences. New York.

Baron-Cohen, Simon 2004. Vom ersten Tag an anders. Das weibliche und das männliche Gehirn. Düsseldorf.

Becker-Schmidt, Regine, Knapp, Gudrun A. 2001. Feministische Theorien zur Einführung. Hamburg.

Bischof-Köhler, Doris. 2002. Von Natur aus anders. Die Psychologie der Geschlechtsunterschiede. Stuttgart.

Canary, Daniel J., Hause, Kimberley S. 1993. Is there any reason to research sex differences in communication? In: Communication Quarterly 41, S. 129-144.

Eichhoff-Cyrus, Karin M. (Hg.) 2004. Adam, Eva und die Sprache. Beiträge zur Geschlechterforschung. Mannheim etc.

Enders-Dragässer, Uta, Fuchs, Claudia 1989. Interaktionen der Geschlechter. Sexismus-Strukturen in der Schule. München.

Fausto-Sterling, Anne 2000. Sexing the body: Gender politics and the construction of sexuality. New York.

Fischer, Agneta H. (Hg.) 2000. Gender and emotion: Social psychological perspectives. Cambridge.

Frank, Karsta 1992. Sprachgewalt: Die sprachliche Reproduktion der Geschlechterhierarchie. Elemente einer feministischen Linguistik im Kontext sozialwissenschaftlicher Frauenforschung. Tübingen.

Gazzaniga, Michael S., Ivry, Richard B., Mangun, George R. 1998. Cognitive neuroscience: The biology of the mind. New York.

Grabrucker, Marianne 1993. Vater Staat hat keine Muttersprache. Frankfurt/Main.

Graddol, David, Swann, Joan 1989. Gender voices. Cambridge.

Gräßel, Ulrike 1991. Sprachverhalten und Geschlecht. Eine empirische Studie zu geschlechtsspezifischem Sprachverhalten in Fernsehdiskussionen. Pfaffenweiler.

Günthner, Susanne, Kotthoff, Helga (Hgg.) 1991. Von fremden Stimmen: Weibliches und männliches Sprechen im Kulturvergleich. Frankfurt/Main.

Halpern, Diane F. 2000. Sex Differences in cognitive abilities. 3. Aufl. Mahwah, NJ.

Günthner, Susanne, Kotthoff, Helga (Hgg.). Die Geschlechter im Gespräch: Kommunikation in Institutionen. Stuttgart.

Hellinger, Marlis (Hg.) 1985. Sprachwandel und feministische Sprachpolitik. Internationale Perspektiven. Opladen.

Hellinger, Marlis 1990. Kontrastive feministische Linguistik. Mechanismen sprachlicher Diskriminierung im Englischen und Deutschen. Ismaning.

Hellinger, Marlis, Bußmann, Hadumod (Hgg.) 2001. Gender across languages. The linguistic representation of women and men. Amsterdam/Philadelphia.

Henley, Nancy M. 1977. Body politics: Power, sex, and nonverbal communication. Englewood Cliffs, NJ.

Hrdy, Sarah 1999. Mother nature: A history of mothers, infants and natural selection. New York.

Köpcke, Klaus-Michael 1982. Untersuchungen zum Genussystem der deutschen Gegenwartssprache. Tübingen.

Labov, William 2001. Principles of linguistic change. Vol. 2. Social factors. Malden, MA, Oxford.

Lakoff, Robin 1975. Language and women's place. New York.

Lippa, Richard A. 2002. Gender, Nature, Nurture. Mahwah, NJ.

Maccoby, Eleanor E. 2000. Psychologie der Geschlechter. Sexuelle Identität in den verschiedenen Lebensphasen. Stuttgart.

McGillicuddy-de Lisi, Ann (Hg.) 2001. Biology, society, and behavior: The development of sex differences in cognition. Westport, London.

Pasero, Ursula, Braun, Friederike (Hgg.) 1999. Wahrnehmung und Herstellung von Geschlecht. Opladen, Wiesbaden.

Pusch, Luise F. 1984. Das Deutsche als Männersprache. Frankfurt/Main.

Pusch, Luise F. 1990. Alle Menschen werden Schwestern. Frankfurt/Main.

Rosenthal, Robert, Hall, Judith A., DiMatteo, M. Robin, Rogers, Peter L., Archer, Dane 1979. Sensitivity to nonverbal communication: The PONS test. Baltimore, MD.

Schmidt, Claudia 1988. Typisch weiblich – typisch männlich. Geschlechtstypisches Kommunikationsverhalten in studentischen Kleingruppen. Tübingen.

Tannen, Deborah 1991. Du kannst mich einfach nicht verstehen. Warum Männer und Frauen aneinander vorbeireden. Hamburg.

Tannen, Deborah 1994. Talking from nine to five. New York.

Thorne, Barrie, Henley, Nancy (Hgg.) 1975. Language and sex: Difference and dominance. Rowley, Mass.

Thorne, Barrie, Kramarae, Cheris, Henley, Nancy (Hgg.)1983. Language, gender and society, Rowley, Mass.

Trömel-Plötz, Senta (Hg.) 1996. Frauengespräche: Sprache der Verständigung. Frankfurt/Main.

Trömel-Plötz, Senta 1984 (Hg.). Gewalt durch Sprache. Die Vergewaltigung von Frauen in Gesprächen. Frankfurt/Main.

Werner, Frithjof 1983. Gesprächsverhalten von Frauen und Männern, Frankfurt/Main, Bern.

Wex, Marianne 1980. »Weibliche« und »männliche« Körpersprache als Folge patriarchalischer Machtverhältnisse. Frankfurt/Main.

Wood, Julia T. 1994. Gendered lives. Communication, gender, and culture. Delmont, CA.

5.2.   Zitierte Literatur

Ainsworth-Vaughn, Nancy 1998. Claiming power in doctor-patient talk. Oxford.

Alexopoulos, Dimitrios S. 1996. Sex differences and IQ. In: Personality & Individual Differences 20, S. 445-450.

Allan, Kenneth, Coltrane, Scott 1996. Gender displaying television commercials: A comparative study of television commercials in the 1950s and 1980s. In: Sex Roles 35, S. 185-203.

Allen, Mike 1998. Methodological considerations when examining a gendered world. In: Daniel J. Canary, Kathryn Dindia (Hgg.): Sex differences and similarities in communication. Mahwah, NJ, S. 427-444.

Altermatt, Ellen Rydell, Jovanovic, Jasna, Perry, Michelle 1998. Bias or responsivity? Sex and achievement-level effects on teachers' classroom questioning practices. In: Journal of Educational Psychology 90, S. 516-527.

Andersen, Peter A. 1998. Researching sex differences within sex similarities: The evolutionary consequences of reproductive differences. In: Daniel J. Canary, Kathryn Dindia (Hgg.): Sex differences and similarities in communication. Mahwah, NJ, S. 83-100.

Anderson, Kristin J., Leaper, Campbell 1998. Meta-analysis of gender effects in conversational interruption: Who, what, when, where, and how. In: Sex Roles 39, S. 225-252.

Ankney, C. Davison 1992. Sex differences in relative brain size: The mismeasure of women, too? In: Intelligence 16, S. 329-336.

Annett, Marian 1985. Left, right, hand and brain: The right shift theory. Hillsdale, NJ.

Aries, Elizabeth J. 1976. Interaction patterns and themes of male, female and mixed groups. In: Small Group Beharior 7, S. 7-18.

Aries, Elizabeth J. 1977. Male-female interpersonal styles in all-male, all-female and mixed groups. In: Alice G. Sargent (Hg.): Beyond sex roles, St Paul, S. 292-299.

Aries, Elizabeth J. 1982. Verbal and nonverbal behavior in single-sex and mixed-sex groups: Are traditional sex roles changing? In: Psychological Reports 51, S. 127 -134.

Aries, Elizabeth J. 1996. Men and women in interaction: Reconsidering the differences. New York.

Aries, Elizabeth J. 1998. Gender differences in interaction: A reexamination. In: Daniel J. Canary, Kathryn Dindia (Hgg.): Sex differences and similarities in communication. Mahwah, NJ, S. 65-81.

Athenstaedt, Ursula, Haas, Elisabeth, Schwab, Stephanie 2004. Gender role self-concept and gender-typed communication behavior in mixed-sex and same-sex dyads. In: Sex Roles 50, S. 37-52.

Austin, Ann M. Berghout, Braeger, T.J. 1990. Gendered differences in parents' encouragement of sibling interaction: implications for the construction of a personal premise system. In: First Language 10, S. 181-197.

Austin, Ann M.B., Salehi, Mahshid, Leffler, Ann 1987. Gender and development differences in children's conversations. In: Sex Roles 16, S. 497-510.

Ayers-Nachamkin, Beverly 1992. The effects of gender-role salience on women's causal attributions for success and failure. In: Joan C. Chrisler, Doris Howard (Hgg.): New directions in feminist psychology. New York, S. 226-238.

Bailey, Lee-Ann, Timm, Lenora A. 1976. More on women's and men's expletives. In: Anthropological Linguistics 18, S. 438-449.

Baird, John E. 1976. Sex differences in group communication: A review of relevant research. In: Quarterly Journal of Speech 62, S. 179-192.

Baldwin, Karen 1985. »Woof!«. A word on women's roles in family storytelling. In: Rosan A. Jordan, Susan J. Kalcik (Hgg.): Women's foklore, women's culture. Philadelphia, S. 149-162.

Baldwin, Thelma L., McFarlane, Paul T., Garvey, Catherine J. 1971. Children's communication accuracy related to race and socioeconomic status. In: Child Development 42, S. 345-347.

Banaji, Mahzarin R., Greenwald, Anthony G. 1995. Implicit gender stereotyping in judgements of fame. In: Journal of Personality and Social Psychology 68, S. 181-198.

Banaji, Mahzarin R., Hardin, Curtis D. 1996. Automatic stereotyping. In: Psychological Science 7, S. 136-141.

Bandura, Albert 1986. Social foundations of thought and action: A social cognitive theory. Englewood Cliffs, NJ.

Bandura, Albert A., Harris, A. 1966. Modifications of syntactic style. In: Journal of Experimental Child Psychology 4, S. 341-352.

Banerjee, Mita 1997. Hidden emotions: Preschooler's knowledge of appearance-reality and emotion display rules. In: Social Cognition 15, S. 107-132.

Bär, Jochen A. 2004. Genus und Sexus. Beobachtungen zur sprachlichen Kategorie ›Geschlecht‹. In: Karin M. Eichhoff-Cyrus (Hg.), S. 148-175.

Baron-Cohen, Simon 2004. Vom ersten Tag an anders. Das weibliche und das männliche Gehirn. Düsseldorf.

Barton, Michelle E., Tomasello, Michael 1994. The rest of the family: The role of fathers and siblings in early language development. In: Claire Gallaway, Brian J. Richards (Hgg.): Input and interaction in language acquisition. Cambridge, S. 109-134.

Basow, Susan, Rubenfeld, Kimberly 2003. Troubels Talk: Effects of gender and gender-typing. In: Sex Roles 48, S. 183-187.

Batliner, Anton 1984. The comprehension of grammatical and natural gender: A cross-linguistic experiment. In: Linguistics 22, S. 831-856.

Bauer, Patricia J. 1993. Memory for gender-consistent and gender-inconsistent event sequences by twenty-five-month-old children. In: Child Development 64, S. 285-297.

Baumann, Marie 1976. Two features of women's speech? In: Betty Dubois, Isabelle Crouch (Hgg.): The sociology of the languages of American women, San Antonio, S. 33-40.

Baxter, Judith 2002a. Competing discourses in the classroom: A Post-strucuralist Discourse Analysis of girls' and boys' speech in public contexts. In: Discourse and Society 13, S. 827-842.

Baxter, Judith 2002b. Is PDA really an alternative? A reply to West. In: Discourse & Society 13, S. 853-859.

Baxter, L.C., Saykin, Andrew J., Flashman, Laura A., Johnson, S.J., Guerin, D.R., Babcock, D.R., Wishart, Heather A. 2003. Sex differences in semantic language processing: A functional MRI study. In: Brain and Language 84, S. 264-272.

Beaton, Alan A. 1997. The relation of planum temporale asymmetry and morphology on handedness, gender, and dyslexia: A review of the evidence. In: Brain and Language 60, S. 255-322.

Becker-Schmidt, Regine, Knapp, Gudrun A. 2001. Feministische Theorien zur Einführung. Hamburg.

Bellinger, David, Gleason, Jean Berko 1982. Sex differences in parental directives to young children. In: Sex Roles 8, S. 1123-1139.

Bem, Sandra L. 1974. The measure of psychological androgyny. In: Journal of Consulting and Clinical Psychology 42, S. 155-162.

Bem, Sandra L. 1993. The lenses of gender: Transforming the debate on sexual inequality. New Haven, CT.

Bem, Sandra L.1981. Gender schema theory: A cognitive account of sex typing. In: Psychological Review 88, S. 354-364.

Benenson, Joyce F., Morash, Deanna, Petrakos, Harriet 1998. Gender differences in emotional closeness between preschool children and their mothers. In: Sex Roles 38, S. 975-985.

Benhabib, Seyla 1995. Selbst im Kontext. Frankfurt/Main.

Bennet, Suzanne, Weinberg, Bernd 1979. Sexual characteristics of preadolescent children's voices. In: Journal of the Acoustical Society of America 65, S. 179-189.

Berenbaum, S. A. 1999. Effects of early androgens on sex-typed activities and interests in adolescents with congenital adrenal hyperplasia. In: Hormones and Behavior 35, S. 102-110.

Bergmann, Jörg 1981. Ethnomethodologische Konversationsanalyse. In: Peter Schröder, Hugo Steger (Hgg.): Dialogforschung. Jahrbuch 1980 des Instituts für deutsche Sprache. Düsseldorf, S. 9-51.

Bergvall, Victoria L. 1999. An agenda for language and gender research for the start of the new millenium. In: Linguistik online 2.

Bericht der Bundesregierung zur Berufs- und Einkommenssitution von Frauen und Männern. 24. April 2002.

Biehl, Michael, Matsumoto, David, Ekman, Paul, Hearn, Valerie, Heider, Karl, Kudoh, Tsutomu, Ton, Veronica 1997. Matsumoto's and Ekman's japanese and caucasian facial expressions of emotion (JACFEE): Reliability data and cross national differences. In: Journal of Nonverbal Behavior 21, S. 3-21.

Biemans, Monique 1999. Production and perception of gendered voice quality. In: Ursula Pasero, Friededrike Braun (Hgg.), S. 63-72.

Bierbach, Christine 1988. »Chi non caca un kilo – zahlt 20 Mark Strafe!« Witze von Kindern zwischen zwei Kulturen. In: Helga Kotthoff (Hg), S. 232-263.

Billig, Michael 1999a. Whose terms? Whose ordinariness? Rhetoric and ideology in conversation analysis. In: Discourse & Society 10, S. 543-558.

Billig, Michael 1999b. Conversation analysis and the claims of naivety. In: Discourse & Society 10, S. 572-576.

Bing, Janet M., Bergvall, Victoria L. 1996. The question of questions: Beyond binary thinking. In: Bergvall, Victoria L., Bing, Janet M. Freed, Alice G. (Hgg.): Rethinking language and gender research: Theory and practice. London, New York, S. 1-53.

Bing, Janet M., Bergvall, Victoria L. 1998. The question of questions: Beyond binary thinking. In: Jennifer Coates (Hg.). Language and gender: A reader, Oxford, Malden, Mass., S. 495-510.

Birdwhistell, Ray L. 1970. Kinesics and context. Philadelphia, PA.

Bischof-Köhler, Doris. 2002. Von Natur aus anders. Die Psychologie der Geschlechtsunterschiede. Stuttgart.

Black, Betty 1992. Negotiating social pretend play: Communication differences related to social status and sex. In: Merill-Palmer Quarterly 38, S. 212-232.

Blakemore, Judith E. Owen 2003. Children's beliefs about violating gender norms: Boys shouldn't look like girls, and girls shouldn't act like boys. In: Sex Roles 48, S. 411-419.

Bloomfield, Leonard 1933. Language. New York.

Bohle, Ulrike 1997. Dekonstruktion im Elfenbeinturm: Feministische Theorie und Praxis – nur eine weitere Spielart des doing gender? Ms. FU Berlin.

Borker, Ruth 1980. Anthropology: Social and cultural perspectives. In: Sally McConnel-Ginet, Ruth Borker, Nelly Furman (Hgg.): Women and language in literature and society. New York, S. 26-44.

Bosacki, Sandra Leanne 2000. Theory of mind and self-concept in preadolescents: Links with gender and language. In: Journal of Educational Psychology, 92, S. 709-717.

Bosacki, Sandra Leanne, Moore, Chris 2004. Preschooler's understanding of simple and complex emotions: Links with gender and language. In: Sex Roles 50, S. 659-675.

Braun, Carl, Klassen, Bernard 1971. Transformational analysis of oral syntactic structures of children representing varying ethnolinguistic communities. In: Child Development 42, S. 1859-1871.

Braun, Carola von 1997. Warum Gender-Studies? Vortrag anlässlich der feierlichen Eröffnung des Studiengangs Gender-Studies. Humboldt-Universität Berlin.

Braun, Friederike 1996. Das große I und seine Schwestern – eine kritische Bewertung. In: Der Deutschunterricht 1, S. 54-62.

Braun, Friederike 1997. Genderless = gender-neutral? Empirical evidence from Turkish. In: Friederike Braun, Ursula Pasero (Hgg.): Kommunikation von Geschlecht. Pfaffenweiler, S. 13-29.

Braun, Friederike 2000a. Geschlecht im Türkischen. Untersuchungen zum sprachlichen Umgang mit einer sozialen Kategorie. Wiesbaden.

Braun, Friederike 2000b. Mehr Frauen in die Sprache. Leitfaden zur geschlechtergerechten Formulierung. Hg. Vom Ministerium für Justiz, Frauen, Jugend und Familie des Landes Schleswig-Holstein. Kiel.

Braun, Friederike, Gottburgsen, Anja, Stahlberg, Dagmar, Sczesny, Sabine 1998. Können *Geophysiker* Frauen sein? Generische Personenbezeichnungen im Deutschen. In: Zeitschrift für germanistische Linguistik 26, S. 265-283.

Brehmer, Ilse (Hg.) 1982. Sexismus in der Schule. Weinheim.

Brehmer, Ilse 1982. Über den ganz vulgären Sexismus in der Schule. In: Ilse Brehmer. Sexismus in der Schule, S. 7-22.

Brend, Ruth M. 1975. Male-female intonation patterns in American English. In: Barrie Thorne, Nancy Henley, N. (Hgg.): Language and sex: Difference and dominance, Rowley, Mass., S. 84 -87.

Brody, Leslie R. 1985. Gender differences in emotional development: A new review of theories and research. In: Journal of Personality 53, S. 102-159.

Brody, Leslie R. 1997. Gender and emotion: Beyond stereotypes. In: Journal of Social Issues 53, S. 369-393.

Brown, H. Douglas 1971. Children's comprehension of relativized english sentences. In: Child Development 42, S. 1923-1936.

Brown, Penelope 1991. Sind Frauen höflicher? Befunde aus einer Maya-Gemeinschaft. In: Susanne Günthner, Helga Kotthoff (Hgg.), S 101-129.

Brownlow, Sheila, Rosamond, Julie A., Parker, Jennifer A. 2003. Gender-linked linguistic behavior in television interviews. In: Sex Roles 49, S. 121-132.

Bucholtz, Mary, Liang, A.C., Sutton, Laurel A., Hines, Caitlin (Hgg.) 1994. Cultural performances. Proceedings of the third Berkeley women and language conference. Berkeley.

Bundesratsdrucksache 360/92 (Beschluß der Verfassungskommission des Bundesrates, 14.5.1992- sprachliche Überarbeitung des Grundgesetzes).

Bundesratsdrucksache 469/91 (Behandlung des Berichts der Arbeitsgruppe Rechtssprache/ Beschluß 29.11.1991).

Bundestagsdrucksache 11/2152 (Empfehlung des Rechtsausschusses,11.5.1990).

Bundestagsdrucksache 12/1041. Maskuline und feminine Personenbezeichnungen in der Rechtssprache. Bericht der Arbeitsgruppe Rechtssprache vom 17. Januar 1990.

Bundestagsdrucksache 12/2775 (Beschlussempfehlung des Ausschusses für Frauen und Jugend des Deutschen Bundestages, 4.6.1992).

Bund-Länder-Kommission für Bildungsplanung und Forschungsförderung 2003. Frauen in Führungspositionen an Hochschulen und außerhochschulischen Forschungseinrichtungen. Siebte Fortschreibung des Datenmaterials. Materialien zur Bildungsplanung und zur Forschungsförderung, H. 109.

Burkhardt, Armin 1992. »Das ist eine Frage des Intellekts, Frau Kollegin!« Zur Behandlung von Rednerinnen in deutschen Parlamenten. In: Susanne Günthner, Helga Kotthoff (Hgg.). Die Geschlechter im Gespräch. Kommunikation in Institutionen. Stuttgart, S. 287-309.

Burr, Elisabeth 2001. Gender and language politics in France. In: Marlis Hellinger, Hadumod Bußmann (Hgg.): Gender across languages. The linguistic representation of women and men. Vol 3. Amsterdam/Philadelphia, S. 119-139.

Buss, David M. 1999. Evolutionary psychology: The new science of the mind. Boston.

Bussey, Kay 1983. A social-cognitive appraisal of sex-role development. In: Australian Journal of Psychology 35, S. 135-143.

Bussey, Kay, Bandura, Albert 1999. Social cognitive theory of gender development and differentiation. In: Psychological Review 106, S. 676-713.

Bußmann, Hadumod 1995. Das Genus, die Grammatik und – der Mensch: Geschlechterdifferenz in der Sprachwissenschaft. In: Hadumod Bußmann, Renate Hof (Hgg.): Zur Geschlechterdifferenz in den Kulturwissenschaften. Stuttgart, S. 114-160.

Butler, Judith 1990. Gender trouble. New York, London.

Butler, Judith 1997. Körper von Gewicht. Frankfurt/Main.

Cameron, Deborah 1993. Language and gender studies: How do we move forward? Reflections on the 1993 COSWL and AILA conferences. In: Working Papers on Language, Gender and Sexism 3, S. 19-30.

Cameron, Deborah, McAlinden, Fiona, O'Leary, Kathy 1988. Lakoff in context: The social and linguistic functions of tag questions. In: Jennifer Coates, Deborah Cameron (Hgg.): Women and their speech communities. New perspectives on language and sex. London, New York, S. 74-93.

Campbell, Anne, Shirley, Louisa, Heywood, Charles, Crook, Charles 2000. Infant's visual preference for sex-congruent babies, children, toys and activities: A longitudinal study. In: British Journal of Developmental Psychology 18, S. 479-498.

Zitierte Literatur

Canary, Daniel J., Dindia, Kathryn (Hgg.) 1998. Sex differences and similarities in communication. Critical essays and empirical investigations of sex and gender in interactions. Mahwah, NJ.

Canary, Daniel J., Hause, Kimberley S. 1993. Is there any reason to research sex differences in communication? In: Communication Quarterly 41, S. 129-144.

Carli, Linda L. 1990. Gender, language, and influence. In: Journal of Personality and Social Psychology 59, S, 941-951.

Carli, Linda L., Bukatko, Danuta 2000. Gender, communication, and social influence: A developmental perspective. In: Thomas B. Eckes, Hanns M. Trautner (Hgg.): The developmental social psychology of gender. Mahwah, NJ: Erlbaum, S. 295-331.

Cashdan, Elizabeth 1998. Smiles, speech, and body posture: How women and men display sociometric status and power. In: Journal of Nonverbal Behavior 22, S. 209-228.

Cassidy, Judy, Shaver, Philipp R. (Hgg.) 1999. Handbook of attachment. Theory, research, and clinical applications. New York, London.

Cervantes, Christi A., Callanan, Maureen A. 1998. Labels and explanations in mother-child emotion talk: Age and gender differences. In: Developmental Psychology 34, S. 88-98.

Chaplin, William F., Phillips, Jeffrey B., Brown, Jonathan D., Clanton, Nancy R., Stein, Jennifer L. 2000. Handshaking, gender, personality, and first impressions. In: Journal of Personality and Social Psychology 79, S. 110-117.

Chapman, Anthony J., Smith, Jean R., Foot, Hugh C. 1980. Humour, laughter, and social interaction. In: Paul McGhee, Anthony J. Chapman (Hgg.): Children's Humour. Chichester, etc. S. 141-179.

Charman, Tony, Ruffman, Ted, Clements, Wendy 2002. Is there a gender difference in false belief? In: Social Development 11, S. 1-10.

Cherrny, Lynn 1994. Gender differences in text-based virtual reality. In: Mary Bucholtz et al. (Hgg.), S. 102-115.

Cherry, Louise, Lewis, Michael 1976. Mothers and two year olds: A study of sex differentiated aspects of verbal interaction. In: Developmental Psychology 12, S. 278-282.

Chodorow, Nancy 1994. Das Erbe der Mütter. Psychoanalyse und Soziologie der Geschlechter. München.

Clark, Roger, Guilmain, Jessica, Saucier, Paul Khalil, Tavarez, Jocely 2003. Two steps forward, one step back: The presence of female characters and gender sterotyping in award-winning picture books between the 1930s and the 1960s. In: Sex Roles 49, S. 439-449.

Clark, Ruth Anne, Dockum, Michael, Hazeu, Heidi, Huang, Meikuan, Luo, Nan, Ramsey, Jason, Spyrou, Angel 2004. Initial encounters of young men and women: Impressions and disclosure estimates. In: Sex Roles 50, S. 699-709.

Clark, Willis W. 1959. Boys and girls – are there significant ability and achievement differences? In: Phi Delta Kappa 41, S. 73-79.

Clarke-Stewart, K. Alison 1973. Interactions between mother and their young children: Characteristics and consequences. Monographs of the Society in Child Development 38, No. 153.

Coates, Jennifer 1988. Gossip revisited: Language in all-female groups. In: Jennifer Coates, Deborah Cameron (Hgg.): Women and their speech communities. New York. S. 94-22.

Coates, Jennifer 1996. Gesprächsduette unter Frauen. In: Senta Trömel-Plötz (Hg.): Frauengespräche: Sprache der Verständigung. Frankfurt/Main, S. 237-256.

Cohen, Bertram D., Klein, Judith F. 1968. Referent communication in school age children. In: Child Development 39, S. 597-609.

Collaer, Marcia. L., Hines, Melissa 1995. Human behavioral sex differences: A role for gonadal hormones during early development. In: Psychological Bulletin 118, S. 55-107.

Condry, John, Condry, Sarah 1976. Sex differences: A study of the eye of the beholder. In: Child Development 47, S. 812-819.

Coney, Jeffrey 2002. Lateral asymmetry in phonological processing: Relating behavioral measures to neuroimaged structures. In: Brain and Language 80, S. 355-365.

Conklin, Nancy Faires 1978. The language of the majority: Women and American English. In: Margaret A., Lourie, Nancy Faires, Conklin, (Hgg.): A pluralistic nation: The language issue in the United States, Rowley, Mass., S. 222-237.

Conkright, Lea, Flannagan, Dorothy, Dykes, James 2000. Effects of pronoun type and gender role consistency on children's recall and interpretation of stories. In: Sex Roles 43, S. 481-497.

Conway, Michael 2000. On sex roles and representations of emotional experience: Masculinity, femininity, and emotional awareness. In: Sex Roles 43, S. 687-698.

Corbett, Greville G., Fraser, Norman M. 2000. Default genders. In: Barbara Unterbeck, Matti Rissanen (Hgg.): Gender in grammar and cognition. Berlin, S.55-97.

Coser, Rose Laub 1988. Lachen in der Fakultät. In: Helga Kotthoff (Hgg.), S. 95-122.

Craig, Holly K., Evans, Julia L. 1991. Turn exchange behaviors of children with normally developing language: The influence of gender. In: Journal of Speech and Hearing Research 34, S. 866-878.

Crawford, Mary 1995. Talking difference. On gender and laguage. London, Thousand Oaks, New Dehli.

Crosby, Faye, Nyquist, Linda 1977. The female register: An empirical study of Lakoff's hypotheses. In: Language in Society 6, S. 313-322.

Crystal, David. 2001. Language and the internet. Cambridge.

Cutting, Alexandra L., Dunn, Judy 1999. Theory of mind, emotion understanding, language, and family background: Individual differences and interrelations. In: Child Development 70, S. 853-865.

Dabbs, James McBride 2000. Heroes, rogues, and lovers: Testosterone and behavior. New York.

Davies, Julia 2003. Expressions of gender: An analysis of pupils' gendered discourse styles in small classroom discussions. In: Discourse & Society 14, S. 115-132.

De Blauw, Akke, Dubber, Clara, van Rosmaalen, Ghislaine, Snow, Catherine E. 1979. Sex and social class differences in early mother-child interaction. In: Olga K. Garnica, Martha L. King (Hgg.): Language, children and society. Oxford etc., S. 53-64.

De Stefano, Johanna S. 1975. Women and language: By and about. In: Reza Ordoubadian, Walburga von Raffler-Engel (Hgg.): Views on language. Murfreesboro, Tenn., S. 66-77.

Deaux, Kay, Major, Brenda 1987. Putting gender into context: An interactive model of gender-related behavior. In: Psychological Review 94, S. 369-389.

Degauquier, Catherine, Pillon, Agnesa 1993. Control and development of conversation: The parts of men and women. In: Working Papers on Language, Gender and Sexism 3, S. 37-52.

DeHart, Ganie B. 1996. Gender and mitigation in 4-year-olds' pretend play talk with siblings. In: Research on Language and Social Interaction 29, S. 81-96.

Desprez-Bouanchaud, Annie, Doolaege, Janet, Ruprecht, Lydia 1999. UNESCO guidelines on gender-neutral language. Paris.

Dickie, Joyce P. 1968. Effectiveness of structured and unstructured (traditional) methods of language training. Monographs of the Society in Child Development 33, No. 124, S. 62-79.

Diekman, Amanda B., Murnen, Sarah K. 2004. Learning to be little women and little men: The inequitable gender equality of nonsexist children's literature. In: Sex Roles 50, S. 373-385.

Dindia, Kathryn 1987. The effects of sex of subject and sex of partner on interruptions. In: Human Communication Research 13, S. 345-371.

Dindia, Kathryn, Allen, Mike 1992. Sex differences in self-disclosure: A meta-analysis. In: Psychological Bulletin 11, S. 106-124.

Doleschal, Ursula 1992. Movierung im Deutschen. Eine Darstellung der Bildung und Verwendung weiblicher Personenbezeichnungen. Unterschleissheim/München.

Dovidio, John F., Brown, Clifford E., Heltman, Karen, Ellyson, Steve L., Keating, Caroline F. 1988a. Power displays between men and women in discussions of gender-linked tasks: A multichannel study. In: Journal of Personality and Social Psychology 55, S. 580-587.

Dovidio, John F., Ellyson, Steve L., Keating, Caroline F., Heltman, Karen, Brown, Clifford E. 1988b. The relationship of social power to visual displays of dominance between men and women. In: Journal of Personality and Social Psychology 54, S. 233-242.

Driesen, Naomi R., Raz, Naftali 1995. The influence of sex, age, and handedness on corpus callosum morphology: A meta-analysis. In: Psychobiology 23, S. 240-247.

Drosdowski, Günther (Hg.) 1995. Duden. Grammatik der deutschen Gegenwartssprache. 5. Aufl., Mannheim etc.

Dubois, Betty L., Crouch, Isabel 1975. The question of tag questions in women's speech: They don't really use more of them, do they? In: Language in Society 4, S. 289-294.

Duffy, Jim, Warren, Kelly, Walsh, Margaret 2001. Classroom interactions: Gender of teacher, gender of student, and classroom subject. In: Sex Roles 45, S. 579-593.

Dunn, Judith F., Bretherton, Inge, Munn, P. 1987. Conversations about feeling states between mothers and their young children. In: Developmental Psychology 23, S. 132-139.

Eagly, Alice H. 1987. Sex differences in social behavior: A social-role interpretation. Hillsdale, NJ.

Eagly, Alice H., Karau, Steven J. 2002. Role congruity theory of prejudice toward female leaders. In: Psychological Review 109, S. 573-598.

Eagly, Alice H., Wood, Wendy 1999. The origins of sex differences in human behavior: Evolved dispositions versus social roles. In: American Psychologist 54, S. 408-423.

Eagly, Alice H., Wood, Wendy, Diekman, Amanda B. 2000. Social role theory of sex differences and similarities: A current appraisal. In: Thomas B. Eckes, Hanns M. Trautner (Hgg.): The developmental social psychology of gender. Mahwah, NJ: Erlbaum, S. 123-174.

Eakins, Barbara, Eakins, R. Gene 1983. Verbal turn-taking and exchanges in faculty dialogue. In: Betty Lou Dubois, Isabelle Crouch (Hgg.): Proceedings of the conference on the sociology of the languages of American women. San Antonio, S. 53-62.

Eckert, Penelope, McConnell-Ginet, Sally 1992. Think practically and look locally: Language and gender as community-based practice. In: Annual Review of Anthropology 21, S. 461-490.

Eckert, Penelope, McConnell-Ginet, Sally 1998. Communities of practice: Where language, gender, and power all live. In: Jennifer Coates (Hg.). Language and gender: A reader. Oxford, Madden, MA., S. 484-494.

Eckert, Penelope, McConnell-Ginet, Sally 1999. New generalizations and explanations in language and gender research. In: Language in Society 28, S. 185-201.

Edelsky, Carole 1979. Question intonation and sex roles. In: Language in Society 6, S. 15-32.

Edelsky, Carole 1981. Who's got the floor? In: Language in Society 10, S. 383-421.

Edelsky, Carole, Adams, Karen L. 1990. Creating inequality: Breaking the rules in debates. In: Journal of Language and Social Psychology 9, S. 171-190.

Edwards, Renee, Hamilton, Mark A. 2002. You need to understand my gender role: An empirical test von Tannen's model of gender and communication. In: Sex Roles 50, S. 491-504.

Ehrlich, Susan 1997. Gender as a social practice. Implications for second language acquisition. In: Studies in Second Language Acquistion 19, S. 421-446.

Ehrlich, Susan 1999. Communities of practice, gender, and the representation of sexual assault. In: Language in Society 28, S. 239-256.

Ehrlich, Susan 2001. Representing rape. London, New York.

Ehrlich, Susan 2002. Legal institutions, nonspeaking recipiency and participants' orientations. In: Discourse & Society 13, S. 731-747.

Ehrlich, Susan 2003. Coercing gender: Language in sexual assault adjudication processes. In: Janet Holmes, Miriam Meyerhoff (Hgg.): The handbook of language and gender. Oxford, S. 245-670.

Ehrlich, Susan, Jurik, Nancy C. 2003. Doing justice, doing gender. Women in Law and criminal justice occupations. Thousand Oaks, London, New Dehli.

Eichhoff-Cyrus, Karin M. (Hg.) 2004. Adam, Eva und die Sprache. Beiträge zur Geschlechterforschung. Mannheim etc.

Eisenberg, Leon, Berlin, Charles I., Dille, Anne, Frank, Sheldon 1968. Class and race effects on the intelligibility of monosyllables. In: Child Development 39, S. 1077-1089.

Eisenberg, Peter 1986. Grundriß der Deutschen Grammatik. Stuttgart.

Eisenberg, Peter 2004. Grundriß der Deutschen Grammatik. Bd. 1 Das Wort, Bd. 2 Der Satz. Stuttgart, Weimar.

Eisenmann, Barbara 1997. Geschlechtsspezifische Strukturierungen von Handlungszusammenhängen in frühen Mutter-Kind-Interaktionen. In: Linguistische Berichte 167, S. 32-63.

Eisenmann, Fritz 1973. Die Satzkonjunktionen in gesprochener Sprache. Vorkommen und Funktion. Untersucht an Tonbandaufnahmen aus Baden-Württemberg, Bayrisch-Schwaben und Vorarlberg. Tübingen.

El-Sheikh, Mona, Buckhalt, Joseph A., Reiter, Stephanie 2000. Gender-related effects in emotional responding to resolved and unresolved interpersonal conflict. In: Sex Roles 43, S. 719-734.

Ely, Richard, Berko Gleason, Jean, Narasimhan, Bhuwaneswar, McCabe, Alyssa 1995. Family talk about talk: Mothers lead the way. In: Discourse Processes 19, S. 201-218.

Ely, Richard, McCabe, Alyssa 1993. Remembered voices. In: Journal of Child Language 20, S. 671-696.

Elyan, Olwen, Smith, Philip, Giles, Howard, Bourhis, Richard 1978. PR-accented female speech: The voice of perceived androgyny? In: Peter Trudgill (Hg.): Sociolinguistic patterns in British English. London, S. 122-131.

Eme, Robert F. 1979. Sex differences in childhood psychopathology. In: Psychological Bulletin 86, S. 574-595.

Enders-Dragässer, Uta, Fuchs, Claudia 1989. Interaktionen der Geschlechter. Sexismus-Strukturen in der Schule. München.

Ervin-Tripp, Susan 1977. Wait for me, rollerskate. In: Susan Ervin-Tripp, Claudia Mitchell-Kernan (Hgg.): Child Discourse, New York, S. 165-188.

Ervin-Tripp, Susan 2001. The place of gender in developmental pragmatics: Cultural factors. In: Research on Language an Social Interaction 34, S. 131-147.

Erziehungsdirektorenkonferenz der deutsch- und gemischtsprachigen Kantone der Schweiz und des Fürstentums Liechtenstein (Hg.). 1992. Richtlinien der Erziehungsdirektorenkonferenz der deutsch- und gemischtsprachigen Kantone der Schweiz und des Fürstentums Liechtenstein zur sprachlichen Gleichbehandlung von Frau und Mann vom 17. September 1992. Bern.

Esposito, Anita 1979. Sex differences in children's conversation. In: Language and Speech 22, S. 213-220.

Evans, Lorraine, Davies, Kimberly 2000. No sissy boys here: A content analysis of the representation of masculinity in elementary school reading textbooks. In: Sex Roles 42, S. 255-270.

Fagot, Beverly I. 1984. Teacher and peer reactions to boys' and girls' play styles. In: Sex Roles 12, S. 471-476.

Fagot, Beverly I., Hagan, Richard 1991. Observations of parent reactions to sex-stereotyped behaviors: Age and sex effects. In: Child Development 62, 617-628.

Fagot, Beverly I., Hagan, Richard, Leinbach, Mary Driver, Kronsberg, Sandra 1985. Differential reactions to assertive and communicative acts of toddler boys and girls. In: Child Development 56, S. 1499-1505.

Fairweather, Hugh 1976. Sex differences in cognition. In: Cognition 4, S. 231-280.

Fasold, Ralph W. 1968. A sociolinguistic study of the pronunciation of three vowels in Detroit speech, Washington, D.C.

Fausto-Sterling, Anne 2000. Sexing the body: Gender politics and the construction of sexuality. New York.

Felderer, Brigitte 1997. Do's and don'ts. Gender representation in a political debate. In: Helga Kotthoff, Ruth Wodak (Hgg.): Communicating gender in context. Amsterdam, Phildelphia, S.371-399.

Fichera, Ulrike 1994. Von »züchtigen Hausfrauen über Werkzeugmacherinnen zu ...? Einige Ergebnisse der feministischen Schulbuchkritik. In: Diskussion Deutsch 136, S. 114-119.

Fichtelius, Anna, Johansson, Iréne, Nordin, Kerstin 1980. Three investigations of sex-associated speech variation in day school. In: Cheris Kramarae (Hg.): The voices and words of women and men. Oxford, S. 219-225.

Filardo, Emily K. 1996. Gender patterns in African American and white adolescents' social interactions in same-race, mixed-gender groups. In: Journal of Personality and Social Psychology 71, S. 71-82.

Fischer, Agneta H. (Hg.) 2000. Gender and emotion: Social psychological perspectives. Cambridge.

Fischer, Agneta H., Manstaedt, Anthony S.R. 2000. The relation between gender and emotion in different cultures. In: Agneta H. Fischer (Hg.), S. 71-94.

Fisher, Sue 1984. Was Ärzte sagen – was Patientinnen sagen: Die Mikropolitik des Entscheidungsprozesses im medizinischen Gespräch. In: Senta Trömel-Plötz (Hg.), S. 143-183.

Fishman, Pamela M. 1984. Macht und Ohnmacht in Paargesprächen. In: Senta Trömel-Plötz (Hg.), S. 127-140.

Fitch, Roslyn Holly, Bimonte, Heather A. 2002. Hormones, brain, and behavior: Putative biological contributions to cognitive sex differences. In: Ann McGillicuddy-De Lisi, Richard De Lisi (Hgg.): Biology, society, and behavior: The development of sex differences in cognition. Westport, London, S. 55-91.

Fivush, Robyn 1991. Gender and emotion in mother-child conversations about the past. In: Journal of Narrative and Life History 1, S. 325-341.

Fivush, Robyn, Brotman, Melissa A., Buckner, Janine P., Goodman, Sherryl H. 2000. Gender differences in parent-child emotion narratives. In: Sex Roles 42, S. 233-253.

Fivush, Robyn, Haden, Catherine A., Adam, S. 1995. Structure and coherence of preschooler's personal narratives over time: Implications for childhood amnesia. In: Journal of Experimental Child Psychology 60, S. 32-55.

Fivush, Robyn, Reese, Elaine 1992. The social construction of autobiographical memory. In: Martin A. Conway, David C. Rubin, Hans Spinnler, Willem A. Wagenaar (Hgg.): Theoretical perspectives on autobiographical memory. Dordrecht, S. 115-132.

Flader, Dieter, von Throta, Thilo 1991. Über den geheimen Positivismus und andere Eigentümlichkeiten der ethnomethodologischen Konversationsanalyse. In: Dieter Flader (Hg.): Verbale Interaktion. Stuttgart, S. 144-166.

Flannagan, Dorothy, Perese, San 1998. Emotional references in mother-daughter and mother-son dyads' conversations about school. In: Sex Roles 39, S. 353-367.

Fleischer, Wolfgang, Barz, Irmhild 1992. Wortbildung der deutschen Gegenwartssprache. Tübingen.

Flynn, James R. 1998. Israeli military IQ tests: Gender differences small; IQ gains large. In: Journal of Biosocial Science 30, S. 541-553.

Frank, Karsta 1992. Sprachgewalt: Die sprachliche Reproduktion der Geschlechterhierarchie. Elemente einer feministischen Linguistik im Kontext sozialwissenschaftlicher Frauenforschung. Tübingen.

Frank-Cyrus, Karin M., Dietrich, Margot 1997. Sprachliche Gleichbehandlung von Frauen und Männern in Gesetzestexten. Eine Meinungsumfrage der Gesellschaft für deutsche Sprache. In: Der Sprachdienst 2, S. 55-68.

Frasch, Heidi, Wagner, Angelika C. 1982. »Auf Jungen achtet man einfach mehr

...«. Eine empirische Untersuchung zu geschlechtsspezifischen Unterschieden im Lehrer/innenverhalten gegenüber Jungen und Mädchen in der Grundschule. In: Ilse Brehmer (Hg.): Sexismus in der Schule, S. 260-278.

Freed, Alice 1992. We understand perfectly: A critique of Tannen's view of cross-sex communication. In: Kira Hall, Mary Bucholz, Birch Moonwoman (Hgg.): Locating power. Proceedings of the second Berkeley women and language conference. Berkeley, S. 144-152.

Freed, Alice, Greenwood, Alice 1996. Women, men, and type of talk: What makes the difference? In: Language in Society 25, S. 1-26.

Freud, Sigmund 1942/1968. Drei Abhandlungen zur Sexualtheorie. In: Sigmund Freud: Gesammelte Werke, Bd. V, S. 27-145, Frankfurt/Main.

Frey, Regina, Dingler, Johannes 2001. Wie Theorien Geschlechter konstruieren. Ein Debattenüberblick. In: Heinrich-Böll-Stiftung (Hg.): Alles gender? Oder was? Theoretische Ansätze zur Konstruktion von Geschlecht(ern) und ihre Relevanz für die Praxis in Bildung, Beratung und Politik. Dokumentation einer Fachtagung der Heinrich-Böll-Stiftung und des »Forum Männer in Theorie und Praxis der Geschlechterverhältnisse« am 9.-10. März in Berlin, S. 7-24.

Fritz, Matthias 1998. Die urindogermanischen s-Stämme und die Genese des dritten Genus. In: Wolfgang Meid (Hg.): Sprache und Kultur der Indogermanen. Innsbruck, S. 255-264.

Frost, Julie A., Binder, Jeffrey R., Springer, Jane A., Hammeke, Thomas, Bellgowan, Patric S.F., Rao, Stephen M., Cox, Robert 1999. Language processing is strongly left lateralized in both sexes. Evidence from functional MRI. In: Brain 122, S. 199-208.

Furnham, Adrian, Mak, Twiggy 1999. Sex-role stereotyping in television commercials: A review and comparison of fourteen studies done on five continents over 25 years. In: Sex Roles 41, S. 413-437.

Gahagan, Georgina A., Gahagan, Denis M. 1968. Paired-associate learning as partial validation of a language development program. In: Child Development 39, S. 1119-1131.

Ganahl, Dennis J., Prinsen, Thomas J., Baker Netzley, Sara 2003. A content analysis of prime time commercials: A contextual framework of gender representation. In: Sex Roles 49, S. 545-551.

Garai, Josef E., Scheinfeld, Amram 1968. Sex differences in mental and behavioral traits. In: Genetic Psychology Monographs 77, S. 169-199.

Garner, Pamela W., Robertson, Shannon, Smith, Gail 1997. Preschool children's emotional expressions with peers: The roles of gender and emotion socialization. In: Sex Roles 36, S. 675-691.

Gazzaniga, Michael S., Ivry, Richard B., Mangun, George R. 1998. Cognitive neuroscience: The biology of the mind. New York.

Geary, David C. 1998. Male, female: The evolution of human sex differences. Washington, D.C.

Geary, David C. 2002. Sexual selection and sex differences in social cognition. In: Ann McGillicuddy-De Lisi, Richard De Lisi (Hgg.): Biology, society, and behavior: The development of sex differences in cognition. Westport, London, S. 23-53.

Geschwind, Norman, Galaburda, Albert M. 1987. Cerebral lateralization: Biological mechanisms, associations, and pathology. Cambridge, MA.

Giles, Howard, Marsh, Patricia 1978. Perceived masculinity, androgyny and accented speech. In: Language Sciences 1, S. 301-315.

Gilley, Hoyt M., Summers, Collier S. 1970. Sex differences in the use of hostile verbs. In: Journal of Psychology 76, S. 33-37.

Gipper, Helmut 1985. Kinder unterwegs zur Sprache. Zum Prozeß der Spracherlernung in den ersten drei Lebensjahren – mit 50 Sprachdiagrammen zur Veranschaulichung. Unter Mitarbeit von Christine Boving – Ute Cron-Böngeler – Susanne Leupold – Gisela Niggemann – Martin Rothaut. Düsseldorf.

Gleason, Jean Berko 1987. Sex differences in parent-child interaction. In: Susan U. Philips, Susan Steele, Christine Tanz (Hgg.): Language, gender and sex in comparative perspective. Cambridge, S. 189-199.

Gleason, Jean Berko, Ely, Richard, Perlmann, Rivka Y., Narasimhan, Bhuvana 1996. Patterns of prohibition in parent-child discourse. In: Dan Isaac Slobin, Julie Gerhardt, Amy Kyratzis, Jiansheng Guo (Hgg.): Social interaction, social context and language: Essays in the hohor of Susan Ervon-Tripp. Mahwah, NJ, S. 205-217.

Gleser, Goldine C., Gottschalk, Louis A., Watkins, John 1959. The relationship of sex and intelligence to choice of words: A normative study of verbal behavior. In: Journal of Clinical Psychiatry 15, S. 182-191.

Goldberg, Susan, Lewis, Michael 1969. Play behavior in the one-year old infant: Early sex differences. In: Child Development 40, S. 21-32.

Golinkoff, Roberta Michnick, Ames, Gail Johnson 1979. A comparison of fathers' and mothers' speech with their young children. In: Child Development 50, S. 28-32.

Golombok, Susan, Fivush, Robyn 1994. Gender development. Cambridge.

Good, Thomas L., Brophy, Jere E. 1987. Looking in classrooms. New York.

Gooden, Angela M., Gooden, Mark A. 2001. Gender representation in notable children's picture books: 1995-1999. In: Sex Roles 45, S. 89-101

Goodwin, Marjorie Harness 2001. Organizing participation in cross-sex jumping rope: Situating gender differences within longitudinal studies of activities. In: Research on Language and Social Interaction 34, S. 75-106.

Goodwin, Marjorie Harness 2002. Building power asymmetries in girls' interaction. In: Discourse & Society 13, S. 715-730.

Goodwin, Marjorie Harness, Goodwin, Charles 1987. Children's arguing. In: Susan U. Philips, Susan Steele, Christine Tanz (Hgg.): Language, gender and sex in comparative perspective. Cambridge, S. 200-248.

Goodwin, Marjorie Harness. 1990. He said-she said. Talk as social organisation among black children. Bloomington, Indianapolis.

Grabrucker, Marianne 1993. Vater Staat hat keine Muttersprache. Frankfurt/Main.

Grabrucker, Marianne 1994. Neue Wege in der Rechtssprache. In: Muttersprache 96, S. 63-68.

Graddol, David, Swann, Joan 1989. Gender voices. Cambridge.

Grant, Valerie J. 1994. Sex of infant differences in mother-infant interaction: A reinterpretation of past findings. In: Developmental Review 14, S. 1-26.

Gräßel, Ulrike 1991. Sprachverhalten und Geschlecht. Eine empirische Studie zu geschlechtsspezifischem Sprachverhalten in Fernsehdiskussionen. Pfaffenweiler.

Gräßel, Ulrike 2004. Weibliche Kommunikationsfähigkeit – Chance oder Risiko für Frauen an der Spitze? In: Karin M. Eichhoff-Cyrus (Hg.), S. 56-68.

Gray, John 1990. Men Are From Mars, Women Are From Venus. New York.

Greenberg, Joseph H. 1978. How does a language acquire gender markers? In: J.H. Greenberg (Hg.): Universals of language. Vol. 3 Word structure. Stanford, S. 47-80.

Grimm, Jacob 1831. Deutsche Grammatik. Dritter Teil. Göttingen.

Guentherodt, Ingrid 1980. Behördliche Sprachregelungen gegen und für eine sprachliche Gleichbehandlung von Frauen und Männern. In: Linguistische Berichte 69, S. 22-36.

Guentherodt, Ingrid 1983/84. Androzentrische Sprache in deutschen Gesetzestexten und der Grundsatz der Gleichbehandlung von Männern und Frauen. In: Muttersprache 94, S. 271-289.

Guentherodt, Ingrid, Hellinger, Marlis, Pusch, Luise F., Trömel-Plötz, Senta 1980. Richtlinien zur Vermeidung sexistischen Sprachgebrauchs. In: Linguistische Berichte 69, S. 15-21.

Gumperz, John J., Levinson, Stephen C. (Hgg.) 1996. Rethinking linguistic relativity. Cambridge.

Günthner, Susanne 1992. Sprache und Geschlecht: Ist Kommunikation zwischen Frauen und Männern interkulturelle Kommunikation? In: Linguistische Berichte 138, S. 123-143.

Günthner, Susanne 1997. Complaint stories. Constructing emotional reciprocity among women. In: Helga Kotthoff, Ruth Wodak (Hgg.): Communicating gender in context. Amsterdam/Philadelphia, S. 179-218.

Günthner, Susanne, Kotthoff, Helga (Hgg.) 1991.Von fremden Stimmen: Weibliches und männliches Sprechen im Kulturvergleich. Frankfurt/Main.

Günthner, Susanne, Kotthoff, Helga 1991. Von fremden Stimmen: Weibliches und männliches Sprechen im Kulturvergleich. In: Susanne Günthner, Helga Kotthoff (Hgg.), S. 7-51.

Gur, Ruben C., Gunning-Dixon, Faith, Bilker, Warren B., Gur, Raquel E. 2002. Sex differences in temporo-limbic and frontal brain volumes. In: Cerebral Cortex 12, S. 998-1003.

Haas, Adelaide 1979. Male and female spoken language differences. Stereotypes and evidence. In: Psychological Buletin 86, S. 616-626.

Haas, Mary R. 1944. Men's and women's speech in Koasati. In: Language 20, S. 142-149.

Häberlin, Susanna, Schmid, Rachel, Wyss, Eva Lia 1992. Übung macht die Meisterin. Ratschläge für einen nichtsexistischen Sprachgebrauch. München.

Hagemann-White, Carol 1984. Sozialisation: Weiblich-männlich? Opladen.

Halberstadt, Amy G., Saitta, Martha B. 1987. Gender, nonverbal behavior, and perceived dominance: A test of the theory. In: Journal of Personality and Social Psychology 53, S. 257-272.

Hall, Edward T. 1976. Die Sprache des Raumes. Düsseldorf.

Hall, Judith A. 1978. Gender effects in decoding nonverbal cues. In: Psychological Bulletin 85, S. 845-858.

Hall, Judith A. 1984. Nonverbal sex differences: Communication accuracy and expressive style. Baltimore.

Hall, Judith A. 1998. How big are nonverbal sex differences? The case of smiling and sensitivity to nonverbal cues. In: Daniel J. Canary, Kathryn Dindia (Hgg.): Sex differences and similarities in communication. Critic essays and empirical investigations of sex and gender in interaction, S. 155-177.

Hall, Judith A., Carter, Jason, Horgan, Terrence 200. Gender differences in nonverbal communication of emotion. In: Agneta Fischer (Hg.), S. 97-117

Hall, Judith A., Friedman, Gregory B. 1999. Status, gender, and nonverbal behavior: A study of structured interactions between employees of a company. In: Personality and Social Psychology Bulletin 25, S. 1082-1091.

Hall, Judith A., Halberstadt, Amy G. 1986. Smiling and gazing. In: Janet S. Hyde, Marcia C. Linn (Hgg.): The psychology of gender: Advances through meta-analysis. Baltimore, S. 136-158.

Hall, Judith A., Horgan, Terrence, Carter, Jason 2002. Assigned status in relation to observer-coded and participant-reported smiling. In: Journal of Nonverbal Behavior 26, S. 63-81.

Hall, Judith A., Smith LeBeau, Lavonia, Gordon Reinoso, Jeannette, Thayer, Frank 2001. Status, gender, and nonverbal behavior in candid and posed phonographs: A study of conversations between university employees. In: Sex Roles 44, S, 677-692.

Hall, Kira 1994. Bodyless pragmatics: Feminism on the internet. In: Mary Bucholtz et al. (Hgg.), S. 260-277.

Halpern, Diane F. 2000. Sex Differences in cognitive abilities. 3. Aufl. Mahwah, NJ.

Halpern, Diane F., Ikier, Simay 2002. Causes, correlates, and caveats: Understanding the development of sex differences in cognition. In: Ann McGillicuddy-De Lisi, Richard De Lisi (Hgg.): Biology, society, and behavior: The development of sex differences in cognition. Westport, London, S. 3-19.

Halverson, Charles F., Waldrop, Mary F. 1970. Maternal behavior toward own and other preschool children: The problem of »ownness«. In: Child Development 41, S. 839-845.

Hamilton, Mykol C. 1988. Using masculine generics: Does generic he increase male bias in the user's imagery. In: Sex Roles 19, S. 785-798.

Hamilton, Mykol C., Hunter, Barbara, Stuart-Smith, Shannon 1992. Jury instructions worded in the masculine generic: Can a woman claim self-defense when »he« is threatened? In: Joan Chrisler, Doris Howard (Hgg.): New directions in feminist psychology. Practice, theory and research. Nwe York, S. 169-178.

Hannah, Annette, Murachver, Tamar 1999. Gender and conversational style as predictors of conversational behavior. In: Journal of Language and Social Psychology 18, S. 153-174.

Hardin, Curtis, Banaji, Mahzarin R. 1993. The influence of language on thought. In: Social Cognition 11, S. 277-308.

Harris, Mary B., Hassemer, Wendy G. 1972. Some factors affecting the complexity of children's sentences: The effects of modeling age, sex and bilingualism. In: Journal of Experimental Psychology 13, S. 447-455.

Hartmann, Maryann 1976. A descriptive study of the language of men and women born in Maine around 1900 as it reflects the Lakoff hypothesis in »Language and women's place.« In: Betty Lou Dubois, Isabel Crouch (Hgg.): Proceedings of the conference on the sociology of the languages of American women. San Antonio, TX, S. 81-90.

Hartog, Jennifer 1992. Paare in der genetischen Beratung. In: Susanne Günthner, Helga Kotthoff (Hgg.). Die Geschlechter im Gespräch: Kommunikation in Institutionen. Stuttgart, S. 177-199.

Hay, Jennifer 2000. Functions of humor in the conversations of men and women. In: Journal of Pragmatics 32, S. 709-742.

Heider, Eleanor Rosch 1971. Style and accuracy of verbal communication within and between social classes. In: Journal of Personality and Social Psychology 18, S. 33-47.

Heilmann, Christa M. 2004. Prosodie und Körpersprache im Geschlechterfokus. In: Karin M. Eichhoff-Cyrus (Hg.), S. 42-55.

Hellige, Joseph B. 1993. Hemispheric asymmetry: What's right and what's left? Cambridge, MA.

Hellinger, Marlis (Hg.) 1985. Sprachwandel und feministische Sprachpolitik. Internationale Perspektiven. Opladen.

Hellinger, Marlis 1985. Reaktionen auf die »Richtlinien zur Vermeidung sexistischen Sprachgebrauchs. In: Marlis Hellinger (Hg.), S. 255-260.

Hellinger, Marlis 1990. Kontrastive feministische Linguistik. Mechanismen sprachlicher Diskriminierung im Englischen und Deutschen. Ismaning.

Hellinger, Marlis 2000. Geschlechtergerechte Sprachverwendung. In: Eichhoff-Cyrus, Karin M., Hoberg, Rudolf (Hgg.): Die deutsche Sprache zur Jahrtausendwende. Sprachkultur oder Sprachverfall? Mannheim, S. 177-191.

Hellinger, Marlis 2004. Vorschläge zur sprachlichen Gleichbehandlung von Frauen und Männern. In: Karin M. Eichhoff-Cyrus (Hg.), S. 275-291.

Hellinger, Marlis, Bierbach, Christine. 1993. Eine Sprache für beide Geschlechter (UNESCO). Bonn.

Hellinger, Marlis, Bußmann, Hadumod (Hgg.) 2001. Gender across languages. The linguistic representation of women and men. In: Marlis Hellinger, Hadumod Bußmann (Hgg.): Gender across languages. The linguistic representation of women and men. Vol 1. Amsterdam/Philadelphia, S. 1-25.

Hellinger, Marlis, Schräpel, Beate 1993. Über die sprachliche Gleichbehandlung von Frauen und Männern. In: Jahrbuch für Internationale Germanistik 15, S. 40-69.

Henley, Nancy 1984. Nichtverbale Kommunikation und die soziale Kontrolle über Frauen. In: Senta Trömel-Plötz (Hg.), S. 39-49.

Henley, Nancy M. 1977. Body politics: Power, sex, and nonverbal communication. Englewood Cliffs, NJ.

Henley, Nancy M. 1995. Body politics revisited: What do we know today? In: Pamela J. Kalbfleisch, Michael J. Cody (Hgg.): Gender, power, and communication in human relationships. Hillsdale, NJ, S. 27-61.

Herlitz, Agneta, Nilsson, Lars-Göran, Baeckmann, L. 1997. Gender differences in episodic memory. In: Memory & Cognition 25, S. 801-811.

Herring, Susan 1994b. Politeness in computer culture: Why women thank and men flame. In: Mary Bucholtz et al. (Hgg.), S. 278-294.

Herring, Susan C. 1994a. Gender differences in computer-mediated communication: Bringing familiar baggage to the new frontier. http://www.cpsr.org/cpsr/gender/herring.txt

Herring, Susan C. 2000. Gender differences in CMC: Findings and implications. In: The CPSR Newsletter 18. (webmaster@cpsr.org).

Herriot, Peter 1968. The comprehension of syntax. In: Child Development 39, S. 273-282.

Hess, Ursula, Senecal, Sacha, Kirouac, Gilles, Herrera, Pedro, Philippot, Pierre, Kleck, Robert E. 2000. Emotional expressivity in men and women: Stereotypes and self-perceptions. In: Cognition and Emotion 14, S. 609-643.

Hill, Harold, Johnston, Alan 2001. Categorizing sex and identity from biological motion of faces. In: Current Biology 11, S. 880-885.

Hines, Melissa, Chiu, Lee, Adams, Lou Ann, Bentler, Peter M., Lipcamon, Jim 1992. Cognition and the corpus callosum: Verbal fluency, visuospatial ability, and language lateralization related to midsagittal surface areas of callosal subregions. In: Behavioral Neuroscience 106, S. 3-14.

Hines, Melissa, Kaufman, Francine R. 1994. Androgens and the development of human sex-typical behavior: Rough-and-tumble play and sex of preferred playmates in children with congenital adrenal hyperplasia (CAH). In: Child Development 65, S. 1042-1053.

Hirokawa, Kumi, Yagi, Akihiro, Miyata, Yo 2004. An experimental examination of the effects of sex and masculinity/femininity on psychological, physiological, and behavioral responses during communication situations. In: Sex Roles 51, S. 91-99.

Hirsch, Susan F. 1991. Sprache und Geschlecht in Kenia. In: Susanne Günthner, Helga Kotthoff (Hgg.), S. 261-290.

Hoemann, Harry W. 1972. The development of communication skills in deaf and hearing children. In: Child Development 43, S. 990-1003.

Hof, Renate 1995. Die Entwicklung der Gender Studies. In: Hadumod Bußmann, Renate Hof (Hgg.): Genus. Zur Geschlechterdifferenz in den Kulturwissenschaften. Stuttgart, S. 2-33.

Hoffmann, Harriet, Ahrens, Ulrike 1991. Die »Trümmerfrau« und ihre Enkelin. Eine empirische Studie zum Gesprächsverhalten älterer und jüngerer Berlinerinnen. In: Elisabeth Feldbusch, Reiner Pogarell, Cornelia Weiß (Hgg.): Neue Fragen der Linguistik. Bd. 2: Innovation und Anwendung. Tübingen, S. 159-167.

Holden, Cathie 1993. Giving girls a chance: Patterns of talk in co-operative group work. In: Gender and Education 5, S. 179-189.

Hollien, Harry, Jackson, Bernard 1973. Normative data on the speaking fundamental frequency characteristics of young adult males. In: Journal of Phonetics 1, S. 117-120.

Hollien, Harry, Shipp, Thomas 1972. Speaking fundamental frequency and chronological age in males. In: Journal of Speech and Hearing Research 15, S. 155-159.

Holmes, Janet 1984. Women's language: A functional approach. In: General Linguistics 24, S. 149-178.

Holmes, Janet 1986. Functions of *you know* in women's and men's speech. In: Language in Society 15, S. 1-21.

Holmes, Janet 1989. Sex differences and apologies: One aspect of communicative competence. In: Applied Linguistics 10, S. 194-213.

Holmes, Janet 1996. Die unterstützende Sprechweise und die interaktionelle Reife von Frauen. In: Senta Trömel-Plötz (Hg.), S. 63-86.

Holmes, Janet, Meyerhoff, Miriam 1999. The community of practice: Theories and methodologies in language and gender research. In: Language in Society 28, S. 173-183.

Holmes-Lonergan, Heather A. 2003. Preschool children's collaborative problem-solving interactions. The role of gender, pair type, and task. In: Sex Roles 48, S, 505-517.

Homberger, Dietrich 1993. Männersprache – Frauensprache: Ein Problem der Sprachkultur? In: Muttersprache 103, S. 89-112.

Hopf, Diether, Hatzichristou, Chryse 1999. Teacher gender-related influences in Greek schools. In: British Journal of Educational Psychology 69, S. 1-18.

Hopper, Robert, LeBaron, Curtis 1998. How gender creeps into talk. In: Research on Language and Social Interaction 31, S. 59-74.

Hrdy, Sarah 1999. Mother nature: A history of mothers, infants and natural selection. New York.

Hudson, Judith A. 1990. The emergence of autobiographical memory in mother-child conversation. In: Robyn Fivush, Judith A. Hudson (Hgg.): Knowing and remembering in young children, New York, S. 166-196.

Hughes, Claire, Dunn, Judy 2002. ›When I say a naughty word‹. A longitudinal study of young children's accounts of anger and sadness in themselves and close others. In: British Journal of Developmental Psychology 20, S. 515-535.

Hutson-Comeaux, Sarah L., Kelly, Janice R. 2002. Gender stereotypes of emotional reactions: How we judge an emotion as valid. In: Sex Roles 47, S, 1-10.

Huttenlocher, Janellen, Haight, Wendy, Bryk, Anthony, Seltzer, Michael, Lyosn, Thomas 1991. Early vocabulary growth: Relation to language input and gender. In: Developmental Psychology 27, S. 236-248.

Hyde, Janet S. 1984. Children's understanding of sexist language. In: Developmental Psychology 20, S. 697-706.

Hyde, Janet S., Linn, Marcia C. 1988. Gender differences in verbal ability: A meta-analysis. In: Psychological Bulletin 104, S. 53-69.

Ide, Sachiko 1980. Language of inferior and luxury: A sociolinguistic interpretation of Japanese women's language (I). In: Studies in English and American Literature 15, S. 215-225.

Ingram, T.T.S. 1975. Speech disorders in childhood. In: Eric H. Lenneberg, Elizabeth Lenneberg (Hgg.): Foundations of language development. New York etc., S. 195-261.

Irmen, Lisa, Köhncke, Astrid 1996. Zur Psychologie des generischen Maskulinums. In: Sprache und Kognition 15, S. 152-166.

Irwin, O.C. 1957. Phonetical description of speech development in childhood. In: Louise Kaiser (Hg.): Manual of phonetics. Amsterdam, S. 403-425.

Irwin, O.C., Chen, H.P. 1946. Development of speech during infancy: Curve of phonemic types. In: Journal of Experimental Psychology 36, S. 431-436.

Itakura, Hiroko 2001. Describing conversational dominance. In: Journal of Pragmatics 33, S. 1859-1880.

Jakupcak, Matthew, Salters, Kristaly, Gratz, Kim L., Roemer, Lizabeth 2003. Masculinity and emotionality: An investigation of men's primary and secondary emotional responding. In: Sex Roles 49, S. 111-120.

James, Deborah, Clarke, Sandra 1993. Women, men and interruptions: A critical review. In: Deborah Tannen (Hg.): Gender and conversational interaction. New York, S. 231-280.

James, Deborah, Drakich, Janice 1993. Understanding gender differences in amount of talk: A critical review of research. In: Deborah Tannen (Hg.): Gender and conversational interaction. New York, S. 281-312.

James, Sharon L., Miller, Jon F. 1973. Children's awareness of semantic constraints in sentences. In: Child Development 44, S. 69-76.

Jäncke, Lutz 2000. Hemisphärendominanz, Händigkeit und Geschlechtsspezifität. In: Walter Sturm, Manfred Herrmann, Claus-W. Wallesch (Hgg.): Lehrbuch klinische Neuropsychologie. Grundlagen, Methoden, Diagnostik, Therapie. Lisse, S. 64-81.

Jenkins MacIntyre, Mercilee 1984. Die Geschichte liegt im Erzählen: Ein kooperativer Erzählstil unter Frauen. In: Senta Trömel-Plötz (Hg.), S. 333-353.

Jenkins, Jennifer, Turrell, Sheri L., Kogushi, Yuiko, Lollis, Susan, Ross, Hildy S. 2003. A longitudinal investigation of the dynamics of mental state talk in families. In: Child Development 74, S. 905-920.

Jenkins, Mercilee M. 1988. Was ist daran so lustig? Scherzen unter Frauen. In: Helga Kotthoff (Hg.), S. 33-53.

Jespersen, Otto [1]1924,[9]1963. The philosphy of grammar. London.

Jespersen, Otto 1925. Die Sprache. Ihre Natur, Entwicklung und Entstehung. Heidelberg.

Jessner, Ulrike 1992. Zur Ontogenese von geschlechtsbedingten Sprachmerkmalen. In: Grazer linguistische Studien 38, S. 111-135.

Johnson, Janet L. 1980. Questions and role responsibility in four professional meetings. In: Anthropological Linguistics 22, S. 66-76.

Johnstone, Barbara 1993. Community and contest: Midwestern men and women creating their worlds in conversational storytelling. In: Deborah Tannen (Hg.): Gender and conversational interaction. New York, S. 62-80.

Jones, Sandra J., Moss, Howard A. 1971. Age, state and maternal behavior associated with infant vocalizations. In: Child Development 42, S. 1039-1051.

Kalverkämper, Hartwig 1979. Die Frauen und die Sprache. In: Linguistische Berichte 63, S. 55-71.

Kansaku, Kenji, Yamaura, Akira, Kitazawa, Shigeru 2000. Sex differences in lateralization revealed in the posterior language areas. In: Cerebral Cortex 10, No 9, S. 866-872.

Karabenick, Julie D., Miller, Scott A. 1977. The effect of age, sex, and listener feedback on grade school children's referential communication. In: Child Development 48, S. 678-683.

Katz, Phyllis A., Ksansnak, Keith R. 1994. Developmental aspects of gender role flexibility and traditionality in middle childhood and adolescence. In: Developmental Psychology 30, S. 272-282.

Kavanaugh, Robert D., Jirkovsky, Ann M. 1982. Parental speech to young children: A longitudinal analysis. In: Merill-Palmer Quarterly 28, S. 297-311.

Keenan, Elinor 1991. Normen kreieren – Normen variieren. Männliches und weibliches Sprechen in einer madegassischen Gemeinschaft. In: Susanne Günthner, Helga, Kotthoff (Hgg.), S. 75-100.

Kendall, Shari 2004. Framing authority: Gender, face, and mitigation at a radio network. In: Discourse & Society 15, S. 55-79.

Key, Mary Ritchie 1975. Male, female language. New York.

Kidder, Louise H., Boell, Joanne L., Moyer, Marylin M. 1983. Rights consciousness and victimization prevention: Personal defence and assertiveness training. In: Journal of Social Issues 39, S. 155-170.

Kienzle, Birgit 1988. Göttin, hat die einen Humor. Lachen und Scherzen im Kontext von Machtausübung. In: Helga Kotthoff (Hg.), S. 154-194.

Killen, Melanie, Naigles, Letitia R. 1995. Preschool children pay attention to their addressees: Effects of gender composition on peer groups. In: Discourse Processes 19, S. 329-346.

Killgore, William D.S., Oki, Mikka, Yurgelun-Todd, Deborah A. 2001. Sex-specific developmental changes in amygdala responses to affective faces. In: Neuroreport 12, S. 427-433.

Kimball, Meredith M. 1986. Television and sex role attitudes. In: Tannis Macbeth

Williams (Hg.): The impact of television: A natural experiment in three communities. Orlando, FL, S. 265-301.

Kimura, Doreen 2000. Sex and cognition. Cambridge.

Kirchhoff, Arthur (Hg.) 1897. Die Akademische Frau. Gutachten hervorragender Universitätsprofesoren, Frauenlehrer und Schriftsteller über die Befähigung der Frau zum wissenschaftlichen Studium und Berufe. Berlin.

Kitzinger, Celia 2000. Doing feminist conversation analysis. In: Feminism Psychology 10, S. 163-193.

Kitzinger, Celia, Frith, Hannah 1999. Just say no? The use of conversation analysis in developing a feminist perspective on sexual refusal. In: Discourse & Society 10, S. 293-316.

Klann, Gisela 1978. Weibliche Sprache. Identität, Sprache und Kommunikation von Frauen. In: OBST 8, S. 9-62.

Klecan-Aker, Joan S. 1986. A comparison of language functions used by normal male and female pre-school children in a structured setting. In: Language and Speech 29, S. 221-232.

Klein, Josef 1971. The family in 'traditional' working-class England. In: Michael Anderson (Hg.): Sociology of the family, Baltimore, S. 70-77.

Knapp, Mark L., Hall, Judith A. 1992. Nonverbal communication in human interaction. 3. Aufl. Fort Worth etc.

Koch, Sabine C. 2004. Constructing gender: A lens-model inspired gender communication approach. In: Sex Roles 51, S. 171-186.

Koenigsknecht, R.A., Friedman, P. 1976. Syntax development in boys and girls. In: Child Development 47, S. 1109-1115.

Koeningsknecht, Roy A., Friedman, Philip 1976. Syntax development in boys and girls. In: Child Development 47, S. 1109-1115.

Kohlberg, Lawrence 1974. Zur kognitiven Entwicklung des Kindes. Frankfurt/Main.

Kohlbrecher, Ludwig 1990. Differenzen. Untersuchungen zum Sprachbau der Geschlechter. Frankfurt/Main etc.

Kommission der Europäischen Gemeinschaften 1996. Einbindung der Chancengleichheit in sämtliche politischen Konzepte und Maßnahmen der Gemeinschaft. Mitteilung der Kommission. 21.2.1996. Brüssel.

Kommission der Europäischen Gemeinschaften. 1980. Die Frauen und die Europäische Gemeinschaft. Vergleich zwischen den Mitgliedstaaten, Aktionen der Gemeinschaft. Brüssel.

Konishi, Toshi 1993. The semantics of grammatical gender: A cross-cultural study. In: Journal of Psycholinguistic Research 22, S. 519-534.

Konishi, Toshi 1994. The connotations of gender: A semantic differential study of German and Spanish. In: Word 45, S. 317-327.

Köpcke, Klaus-Michael 1982. Untersuchungen zum Genussystem der deutschen Gegenwartssprache. Tübingen.

Köpcke, Klaus-Michael, Zubin, David A. 1983. Die kognitive Organisation der Genuszuweisung zu den einsilbigen Nomina der deutschen Gegenwartssprache. In: Zeitschrift für germanistische Linguistik 11, S. 166-182.

Köpcke, Klaus-Michael, Zubin, David A. 1984. Sechs Prinzipien für die Genuszuweisung im Deutschen: Ein Beitrag zur natürlichen Klassifikation. In: Linguistische Berichte 93, S. 26-50.

Köpcke, Klaus-Michael, Zubin, David A. 1996. Prinzipien für die Genuszuweisung im Deutschen. In: Ewald Lang, Gisela Zifonoun (Hgg.): Deutsch – typologisch. Berlin, S. 473-491.

Kornhaber, Mila, Marcos, Haydée 2000. Young children's communication with mothers and fathers: Functions and contents. In: British Journal of Developmental Psychology 18, S. 187-210.

Kotthoff, Helga (Hg.) 1988. Das Gelächter der Geschlechter. Humor und Macht in Gesprächen von Frauen und Männern. Frankfurt/Main.

Kotthoff, Helga 1984. Gewinnen oder verlieren? Beobachtungen zum Sprachverhalten von Frauen und Männern in argumentatitven Dialogen an der Universität. In: Senta Trömel-Plötz (Hg.), S. 90-113.

Kotthoff, Helga 1992. Die konversationelle Konstruktion von Ungleichheit in Fernsehgesprächen. Zur Produktion von kulturellem Geschlecht. In: Susanne Günthner, Helga Kotthoff (Hgg.), S. 251-285.

Kotthoff, Helga 1997. The interactional achievement of expert status. Creating asymmetries by »Teaching Conversational Lectures« in TV discussions. In: Helga Kotthoff, Ruth Wodak (Hgg.) 1997. Communicating gender in context. Amsterdam/Philadelphia, S. 139-178.

Kotthoff, Helga 2002. Was heißt eigentlich »doing gender«? In: Jrina van Leeuwen-Turnovcová (Hg.): Wiener Slawistischer Almanach, Sonderband 55, S. 1-27.

Kramarae, Cheris 1980. Proprietors of language. In: Sally McConnell-Ginet, Ruth Borker, Nelly Furman (Hgg.): Women and language in literature and society, New York, S. 58-68

Kramer, Cheris 1975a. Women's speech: Separate but unequal. In: Barrie Thorne, Nancy Henley (Hgg.): Language and Sex: Difference and dominance. Rowley, Mass., S. 43-56.

Kramer, Cheris 1975b. Sex related differences in address systems. In: Anthropological Linguistics 17, S. 198-210.

Krämer, Sibylle 2001. Sprache, Sprechakt, Kommunikation. Sprachtheoretische Positionen des 20. Jahrhunderts. Frankfurt/Main.

Kring, Ann M. 2000. Gender and anger. In: Agneta H. Fischer (Hg.), S. 211-231.

Kuebli, Janet E., Fivush, Robyn 1992. Gender differences in parent-child conversations about past emotions. In: Sex Roles 27, 683-698.

Kuipers, Joel Corneal 1986. Talking about troubles: Gender differences in Weyewa speech use. In: American Ethnologist 13, S. 448-462.

Kunkel, Adrianne W., Burleson, Brant R. 1998. Social support and the emotional lives of men and women: An assessment of the different cultures perspective. In: Daniel J. Canary, Kathryn Dindia (Hgg.): Sex differences and similarities in communication. Mahwah, NJ, S. 101-125.

Kyratzis, Amy 2001. Children's gender indexing language: From the separate world hypothesis to considerations of culture, context, and power. In: Research on Language and Social Interaction 34, S. 1-13.

Kyratzis, Amy, Ervin-Tripp, Susan 1999. The development of discourse markers in peer interaction. In: Journal of Pragmatics 31, S. 1321-1338.

Kyratzis, Amy, Guo, Jiansheng 1996. Separate worlds for girls and boys? Views from U.S. and Chinese mixed-sex friendship groups. In: Dan Isaac Slobin, Julie Gerhardt, Amy Kyratzis, Jiansheng Guo (Hgg.): Social interaction, social context and language: Essays in the honor of Susan Ervin-Tripp, Mahwah, NJ, S. 555-577.

Kyratzis, Amy, Guo, Jiansheng 2001. Preschool girls' and boys' verbal conflict strategies in the United States and China. In: Research on Language an Social Interaction 34, S. 45-74.

Labov, William 1966. The social stratification of English in New York City. Center for Applied Linguistics, Washington, DC.
Labov, William 1972. Sociolinguistic patterns. Philadelphia.
Labov, William 2001. Principles of linguistic change. Vol. 2. Social factors. Malden, MA, Oxford.
Labov, William, Waletzky, Joshua 1967. Narrative analysis: Oral versions of personal experiences. In: June Helm (Hg.): Essays on the verbal and visual arts. Seattle, S. 12-44.
Laflamme, Darquise, Pomerleau, Andrée, Malcuit, Gérard 2002. A comparison of fathers' and mothers' involvement in childcare and stimulation behaviors during free-play with their infants at 9 and 15 months. In: Sex Roles 47, S. 507-518.
LaFrance, Marianne, Hecht, Marvin A. 2000. Gender and smiling: A meta-analysis. In: Agneta A. Fischer (Hg.), S. 118-142.
Lakoff, Robin 1975. Language and women's place. New York.
Lambdin, Jennifer R., Greer, Kristen M., Jibotian, Kari Selby, Wood, Kelly Rice, Hamilton, Mykol C. 2003. The animal = male hypothesis: Children's and adults' beliefs about the sex of non-sex-specific stuffed animals. In: Sex Roles 48, S. 471-482.
Landweer, Hilge 1994. Generativität und Geschlecht. Ein blinder Fleck in der sex, gender Debatte. In: Theresa Wobbe, Gesa Lindemann 1994 (Hgg.): Denkachsen. Zur theoretischen und institutionellen Rede vom Geschlecht. Frankfurt/Main, S. 147-176.
Lapadat, Judy, Seesahai, Maureen 1978. Male versus female codes in informal contexts. In: Sociolinguistics Newsletter 8, 7-8.
Larrow, Michele F., Wiener, Morton 1992. Stereotypes and desirability ratings for female and male roles. In: Joan C. Chrisler, Doris Howard (Hgg.): New directions in feminist psychology. New York, S. 239-249.
Leaper, Campbell 1991. Influence and involvement in children's discourse: Age, gender, and partner effects. In: Child Development 62, S. 797-811.
Leaper, Campbell 2000. Gender, affiliation, assertion, and the interactive context of parent-child play. In: Developmental Psychology 36, S. 381-393.
Leaper, Campbell, Anderson, Kristin J., Sanders, Paul 1998. Moderators of gender effects on parent's talk to their children: A meta-analysis. In: Developmental Psychology 34, S. 3-27.
Leaper, Campbell, Tenenbaum, Harriet R., Graham Shaffer, Tani 1999. Communication patterns of African American girls and boys from low-income, urban backgrounds. In: Child Development 70, S. 1489-1503.
Leeb, Rebecca T., Rejskind, F. Gillian 2004. Here's looking at you, kid! A longitudinal study of perceived gender differences in mutual gaze behavior in young infants. In: Sex Roles 50, S. 1-14.
Leet-Pellegrini, Helena M. 1980. Conversational dominance as a function of gender and expertise. In: Howard Giles, Peter W., Robinson, Philip M. Smith (Hgg.): Language. Social psychological perspectives. Oxford, etc., S. 97-104.
Leiss, Elisabeth 1994. Genus und Sexus. Kritische Anmerkungen zur Sexualisierung von Grammatik. In: Linguistische Berichte 152, S. 281-300.

Lenz, Ilse 1995. Geschlechtssymmetrische Gesellschaften. In: Ilse Lenz, Ute Luig (Hgg.): Frauenmacht ohne Herrschaft. Frankfurt/Main, S. 26-87.

Levine, Lewis, Crockett, Harry J. 1966. Speech variation in a Piedmont community: Postvocalic r. In: Stanley Lieberson (Hg): Explorations in sociolinguistics. The Hague, S. 76-98.

Lewis, Charlie, Gregory, Susan 1987. Parents' talk to their infants: The importance of context. In: First Language 7, S. 201-216.

Lewis, Michael 1969. Infant's responses to facial stimuli during the first year of life. In: Developmental Psychology 1, S. 75-86.

Lewis, Michael 1972. Culture and gender roles: There's no unisex in the nursery. In: Psychology today 5, S. 54-57.

Lewis, Michael, Freedle, Roy 1973. Mother-infant dyad: The cradle of meaning. In: Patricia Pliner, Lester Krames, Thomas Alloway (Hg). Communication and affect. Language and thought. New York, London, S. 127-155.

Lewis, Robert A. 1978. Emotional intimacy among men. In: Journal of Social Issues 34, S. 108-121.

Lieb, Hans-Heinrich, Richter, Helmut 1990. Zum Gebrauch von Personenbezeichnungen in juristischen Texten. Stellungnahme anlässlich der Novellierung des Berliner Hochschulgesetzes. In: Deutsche Sprache 18, S. 148-157.

Lieberman, Philip 1967. Intonation perception and language, Cambridge, Mass.

Limbach, Jutta 1990. Die Frauenbewegung und das Bürgerliche Gesetzbuch. In: Ulrich Baltis, Ulrike Schulz (Hgg.): Frauen im Recht. Heidelberg, S. 3-23.

Lindner, Katharina 2004. Images of women in general interest and fashion magazine advertisements from 1955 to 2002. In: Sex Roles 51, S. 409-421.

Ling, Daniel, Ling, Agnes H. 1974. Communication in the first three years of life. In: Journal of Speech and Hearing Research 17, S. 146-159.

Lippa, Richard A. 1998. Gender-related individual differences and the structure of vocational interests: The importance of the people-things dimension. In: Journal of Personality and Social Psychology 74, S. 996-1009.

Lippa, Richard A. 2002. Gender, Nature, Nurture. Mahwah, NJ.

Lipscomb, Thomas J., Coon, Robert C. 1983. Parental speech modification to young children. In: Journal of Genetic Psychology 143, S. 181-187.

Lucas, T.H., Lombardino, L.J., Roper, S.N., Leonard, C.M. 1996. Effects of handedness and gender on hippocampal size in normal children: an MRI study. In: Society for Neuroscience Abstracts 22, 1860 (Abstract 730.12).

Luders, Eileen, Narr, Katherine L., Thompson, Paul M., Rex, David E., Jancke, Lutz, Steinmetz, Helmuth, Toga, Arthur W. 2004. Gender differences in cortical complexity. In: Nature Neuroscience online, http://www.nature.com/natureneuroscience.

Lutchmaya, Svetlana, Baron-Cohen, Simon, Raggatt, Peter 2002a. Foetal testosterone and vocabulary size in 18- and 24-month-old infants. In: Infant Behavior and Development 24, S. 418-424.

Lutchmaya, Svetlana, Baron-Cohen, Simon, Raggatt, Peter 2002b. Foetal testosterone and eye contact in 12-month-old human infants. In: Infant Behavior and Development 25, S. 327-335.

Lynn, Richard 1994. Sex differences in intelligence and brain size: A paradox resolved. In: Personality and Individual Differences 17, S. 257-271.

Lynn, Richard 1998. Sex differences in intelligence: A rejoinder to Mackintosh. In: Journal of Biosocial Science 30, S. 529-532.

Lytton, Hugh, Romney, David M. 1991. Parent's differential socialization of boys and girls: A meta-analysis. In: Psychological Bulletin 109, S. 267-296.

Maccoby, Eleanor E. 2000. Psychologie der Geschlechter. Sexuelle Identität in den verschiedenen Lebensphasen. Stuttgart.

MacGeorge, Erina L., Graves, Angela R., Feng, Bo, Gillihan, Setz J. Burleson, Brant R. 2004. The myth of gender cultures: Similarities outweigh differences in men's and women's provision of and responses to supportive communication. In: Sex Roles 50, S. 143-175.

Mackintosh, N.J. 1998. Reply to Lynn. In: Journal of Biosocial Science 30, S. 533-539.

Maestripieri, Dario, Pelka, Suzanne 2002. Sex differences in interest in infants across the life span. In: Human Nature 13, S. 327-344.

Maier, Peter 1992. Die Geschlechtsspezifik der Köpersprache. In: Sprechwissenschaft und Psychologie 5, S. 9-67.

Majewski, Wojciech, Hollien, Harry, Zalewski, Janusz 1972. Speaking fundamental frequency characteristics of Polish adult males. In: Phonetica 25, S. 119-125.

Makri-Tsilipakou, Marianthi 1994. Interruption revisited: Affiliative vs. disaffiliative intervention. In: Journal of Pragmatics 21, 401-426.

Malam, Sally E. 1996. Turn-taking, politeness and accomodation in mixed- and single sex conversation. In: Working Papers on Language, Gender and Sexism 6, S. 5-25.

Maltz, Daniel N., Borker, Ruth A. 1991. Mißverständnisse zwischen Männern und Frauen – kulturell betrachtet. In: Susanne Günthner, Helga Kotthoff (Hgg.), S. 52-74.

Mann, Viginia A., Sasanuma, Sumiko, Sakuma, Naoko, Masaki, Shinobu 1990. Sex differences in cognitive abilities: A cross-cultural perspective. In: Neuropsychologia 28, S. 1063-1077.

Mansteadt, Antony S. R. 1992. Gender differences in emotion. In: Anthony Gales, Michael W. Eysenck (Hgg.): Handbook of individual differences: Biological perspectives. New York, S. 355-387.

Martin, Carol Lynn 2000. Cognitive theories of gender development. In: Thomas Eckes, Hanns M. Trautner (Hgg.): The developmental social psychology of gender. Mahwah, NJ, S. 91-121.

Martin, Carol Lynn, Eisenbud, Lisa, Rose, Hilary 1995. Children's gender-based reasoning about toys. In: Child Development 66, S. 1453-1471.

Martin, Carol Lynn, Fabes, Richard A. 2001. The stability and consequences of young children's same-sex peer interactions. In: Developmental Psychology 37, S. 431-446.

Martin, Carol Lynn, Halverson, Charles F. 1981. A schematic processing model of sex typing and stereotyping in children. In: Child Developpment 52, S. 1119-1134.

Martyna, Wendy 1978. What does he mean – use of the generic masculine. In: Journal of Communication 28, S. 131-139.

Martyna, Wendy 1983. Beyond the »he/man« approach. In: Barrie Thorne, Cheris Kramarae, Nancy Henley (Hg), S. 25-37.

Mattingly, Ignatius G. 1966. Speaker variation and vocal-tract size. In: Journal of the Acoustical Society of America 39, S. 12-19.

McCarthy, Dorothea 1954. Language development in children. In: Lenard Carmichael (Hg.): Manual of Child Psychology. New York etc., S. 492-630.

McCloskey, Laura A., Coleman, Lerita M. 1992. Differences without dominance: Children's talk in mixed- and same-gender dyads. In: Sex Roles 27, S. 241-257.

McConnel-Ginet, Sally 1975. Our father tongue: Essays in linguistic politics. In: Diacritics 5, S. 44-50.

McConnell-Ginet, Sally 1980. Linguistics and the feminist challenge. In: Sally Mc Connell-Ginet, Ruth Borker, Nelly Furman (Hgg.): Women and language in literature and society. New York, S. 3-25.

McConnell-Ginet, Sally 1983. Intonation in a man's world. In: Barrie Thorne, Cheris Kramarae, Nancy Henley (Hgg.): Language, gender and society. Rowley, Mass., S. 69-88.

McElhinny, Bonnie S. 1995. Challenging hegemonic masculinities. In: Kira Hall, Mary Bucholtz (Hgg.): Gender articulated. Language and the socially constructed self. New York, S. 215-243.

McGhee, Paul E. 1976. Sex differences in children's humor. In: Journal of Communication 26, S. 176-189.

McGillicuddy-De Lisi, Ann (Hg.): De Lisi, Richard 2001. Biology, society, and behavior: The development of sex differences in cognition. Westport, London.

McHale, Susan M., Shanahan, Lilly, Updegraff, Kimberly, Crouter, Ann C., Booth, Alan 2004. Developmental and individual differences in girl's sex-typed activities in middle childhood and adolescence. In: Child Development 75, S. 1575-1593.

McLaughlin, Barry, White, David, McDevitt, Theresa, Raskin, Robert 1983. Mothers' and fathers' speech to their young children: Similar or different? In: Journal of Child Language 10, S. 245-252.

Mehrabian, Albert 1970. Measures of vocabulary and grammatical skills for children up to age six. In: Developmental Psychology 2, S. 439-446.

Mehrabian, Albert 1981. Silent messages: Implicit communication of emotion. Belmont, CA.

Melzi, Gigliana, Fernandez, Camilla 2004. Talking about past emotions: Conversations between Peruvian mothers and their preschool children. In: Sex Roles 50, S. 641-657.

Menyuk, Paula 1963. Syntactic strucures in the language of children. In: Child Development 34, S. 407-422.

Menyuk, Paula 1969. Sentences children use. Cambridge, MA, London.

Merrit, Rebecca Davis, Kok, Cynthia J. 1995. Attribution of gender to a gender-unspecified individual: An evaluation of the people = male hypothesis. In: Sex Roles 33, S. 145-157.

Michaud, Shari L., Warner, Rebecca M. 1997. Gender differences in self-reported response to troubles talk. In: Sex Roles 37, S. 527-540.

Miller, Casey, Swift, Kate 1980. Handbook of non-sexist writing. London.

Miller, Patrice M., Danaher, Dorothy L. Forbes, David 1986. Sex-related strategies for coping with interpersonal conflict in children aged five and seveen. In: Developmental Psychology 22, S. 543-548.

Mills, Anne D. 1986. The acquistion of gender. A study of English and German. Berlin etc.

Ministerkommitee des Europarates. 1990. Empfehlung R (90) 4 vom 21.2.1990

Mitchell, Carol 1985. Some differences in male and female joke-telling. In: Rosan A. Jordan, Susan J. Kalcik (Hgg.): Women folklore, women's culture. Philadelphia, S. 163-186.

Mondorf, Britta 2004. Gender differences in English Syntax. Tübingen.

Moore, Terence 1967. Language and intelligence: A longitudinal study of the first eight years, part I, patterns of development in boys and girls. In: Human Development 10, S. 88-106.

Moran, Louis J., Swartz, Jon D. 1970. Longitudinal study of cognitive dictionaries from ages nine to seventeen. In: Developmental Psychology 3, S. 21-28.

Moss, Howard A. 1967. Sex, age and state as determinants of mother-infant interaction. In: Merrill-Palmer Quarterly 13, S. 19-36.

Muehlenhard, C., Julsonnet, S., Carson, M., Falrity-White, L.A. 1989. A cognitive-behavioural programme for preventing sexual coercion. In: Behavior Therapist 12, S. 211-214.

Mueller, Edward 1972. The maintenance of verbal exchanges between young children. In: Child Development 43, S. 930-938.

Mühlen Achs, Gitta 1993. Wie Katz und Hund. Die Köpersprache der Geschlechter. München.

Mulac, Anthony 1998. The gender linked language effect: Do language differences really make a difference? In: Daniel J. Canary, Kathryn Dindia (Hgg.): Sex differences and similarities in communication. Mahwah, NJ, S. 127-153.

Mulac, Anthony 1999. Perceptions of women and men based on their linguistic behavior: The gender-linked language effect. In: Ulrike Pasero, Friederike Braun (Hgg.), S. 88-104.

Mulac, Anthony, Lundell, Torborg Louisa, Bradac, James J. 1986. Male/female language differences and attributional consequences in a public speaking situation: Toward an explanation of the gender-linked language effect. In: Communication Monographs 53, S. 115-129.

Mulac, Anthony, Wiemann, John M., Widenmann, Sally J., Gibson, Toni W. 1988. Male/female language differences and effects in same-sex and mixed-sex dyads: The gender-linked language effect. In: Communication Monographs 55, S. 315-335.

Müller, Sigrid, Fuchs, Claudia 1993. Handbuch zur nichtsexistischen Sprachverwendung in öffentlichen Texten. Im Auftrag des Magistrats der Stadt Frankfurt/Main.

Murray, Stephen O. 1985. Toward a model of members' methods for recognizing interruptions. In: Language in Society 14, S. 31-40.

Nakamura, Keiko 2001. Gender and language in japanese preschool children. In: Research on Language and Social Interaction 34, S. 15-43.

Natale, Michael, Entin, Elliot, Jaffe, Joseph 1979. Vocal interruptions in dyadic communication as a function of speech and social anxiety. In: Journal of Personality and Social Psychology 37, S. 865-878.

Nelsen, Edward A., Rosenbaum, Edward 1972. Language patterns within the youth subculture: Development of slang vocabularies. In: Merrill-Palmer Quarterly 18, S. 273-285.

Nelson, Katherine 1973. Structure and strategy in learning to talk. Monographs of the Society for Research in Child Development 38.

Nelson, Katherine 1993. Ereignisse, Narrationen, Gedächtnis: Was entwickelt sich? In: Hilarion G. Petzold (Hg.): Frühe Schädigungen – späte Folgen? Paderborn, S. 195-233.

Nicolopoulou, Ageliki 1997. Worldmaking and identiy formation in children's narrative play-acting. In: Brian D. Cox, Cynthia Lightfoot (Hgg.): Sociogenetic perspectives in internalization. Hillsdale, S. 157-187.

Niedzwienska, Agnieszka 2003. Gender differences in vivid memories. In: Sex Roles 49, S. 321-331.

Nohara, Michiko 1996. Preschool boys and girls use no differently. In: Journal of Child Language 23, S. 417-429.

O'Brien, Marion, Peyton, Vicki, Mistry, Rashmita, Hruda, Ludmilla, Jacobs, Anne, Caldera, Yvonne, Huston, Aletha, Roy, Carolyn 2000. Gender-role cogniton in three-year-old boys and girls. In: Sex Roles 42, S. 1007-1025.

Ohara, Yumiko 1999. Performing gender through voice pitch: A cross-cultural analysis of Japanese and American English. In: Ulrike Pasero, Friederike Braun (Hgg.), S. 105-116.

Ostermann, Ana Christina. 2003. Communities of practice at work: gender, facework and the power of habitus at an all-female police station and a feminist crisis intervention center in Brazil. In: Discourse & Society 14, S. 473-505.

Oswald, Hans, Krappmann, Lothar, Chodkuri, Irene, Salisch, Maria von 1986. Grenzen und Brücken-Interaktionen zwischen Mädchen und Jungen im Grundschulalter. In: Kölner Zeitschrift für Soziologie und Sozialpsychologie 38, S. 560-580.

Pakkenberg, Bente, Gundersen, Hans Jorgen. 1997. Neocortical neuron number in humans: effect of sex and age. In: Journal of Comparative Neurology 384, S. 312-320.

Panyametheekul, Siriporn, Herring, Susan C. 2003. Gender and turn allocation in a Thai chat room. In: JMCM 9 (www.ascus.org/jcmc/vol9/issue1/panya_herring.html).

Papousek, Mechthild 1987. Die Rolle des Vaters in der frühen Kindheit. Ergebnisse der entwicklungsbiologischen Forschung. In: Kind und Umwelt 54, S. 29-49.

Papousek, Mechthild, Papousek, Hanus, Haeckel, Monika 1987. Didactic adjustments in fathers' and mothers' speech to their 3-month-old infants. In: Journal of Psycholinguistic Research 16, S. 491-516.

Pasero, Ursula 1994. Geschlechterforschung revisited: konstruktivistische und systemtheoretische Perspektiven. In: Theresa Wobbe, Gesa Lindemann (Hgg.): Denkachsen. Zur theoretischen und institutionellen Rede vom Geschlecht. Frankfurt/Main, S. 264-296.

Pasero, Ursula, Braun, Friededrike (Hgg.) 1999. Wahrnehmung und Herstellung von Geschlecht. Opladen, Wiesbaden.

Paul, Hermann 1920/1966. Prinzipien der Sprachgeschichte. Tübingen.

Pauwels, Anne 2001. Spreading the feminist word: The case of the new courtsey title Ms in Australian English. In: Marlis Hellinger, Hadumod Bußmann (Hgg.): Gender across languages. The linguistic representation of women and men. Vol 1. Amsterdam/Philadelphia, S. 137-151.

Peckaus, Doris 1985. Zur Verteidigung der Frauenlinguistik. In: Muttersprache 95, S. 310-312.

Perry, David G., Bussey, Kay 1979. The social learning theory of sex differences:

Imitation is alive and well. In: Journal of Personality and Social Psychology 37, S. 1699-1712.

Person, Ethel S., Ovesey, Lionel 1993. Psychoanalytische Theorien zur Geschlechtsidentität. In: Psyche 47, S. 505-529.

Peterson, Carole, Biggs, Marleen 2001. »I was really, really mad! Children's use of evaluative devices in narratives about emotional events. In: Sex Roles 45, S. 801-825.

Pizzini, Franca 1991. Communicaation hierarchies in humour: Gender differences in the obstetrical/gynaecological setting. In: Discourse and Society 2, S. 477-488.

Plant, E. Ashby, Kling, Kirsten C., Smith, Ginny L. 2004. The influence of gender and social role on the interpretation of facial expressions. In: Sex Roles 51, S. 187-196.

Polce-Lynch, Mary, Myers, Barbara J., Kilmartin, Christopher T., Forssmann-Falck, Renate, Kliewer, Wendy 1998. Gender and age patterns in emotional expression, body image, and self-esteem: A qualitative analysis. In: Sex Roles 38, S. 1025-1048.

Popp, Danielle, Donovan, Roxanne A., Crawford, Mary, Marsh, Kerry L. Peele, Melanie 2003. Gender, race, and speech style stereotypes. In: Sex Roles 48, S. 317-325.

Postl, Gertrude 1991. Weibliches Sprechen: Feministische Entwürfe zu Sprache und Geschlecht. Wien.

Prokop, Ulrike 1976. Weiblicher Lebenszusammenhang. Von der Beschränktheit der Strategien und der Unangemessenheit der Wünsche. Frankfurt/Main.

Przygoda, Jayde, Chrisler, Joan C. 2000. Definitions of gender and sex: The subtleties of meaning. In: Sex Roles 43, S. 553-569.

Pusch, Luise F. 1982. Das Deutsche als Männersprache – Diagnose und Therapievorschlag. In: Magdalene Heuser (Hg.): Frauen – Sprache – Literatur. Paderborn etc., S. 43-59.

Pusch, Luise F. 1984. Das Deutsche als Männersprache. Frankfurt/Main.

Pusch, Luise F. 1985. Frauen entpatrifizieren die Sprache. In: Marlis Hellinger (Hg.), S. 23-48.

Pusch, Luise F. 1990. Alle Menschen werden Schwestern. Frankfurt/Main.

Quasthoff, Uta 1980. Erzählen in Gesprächen. Tübingen.

Ramer, Andrya 1976. Syntactic styles in emerging language. In: Journal of Child Language 3, S. 49-62.

Rebelsky, Freda G., Hanks, Cheryl 1971. Father's verbal interaction with infants in the first three months of life. In: Child Development 42, S. 63-68.

Redeker, Gisela, Maes, Anny 1996. Gender differences in interruptions. In: Dan Isaac Slobin, Julie Gerhardt, Amy Kyratzis, Jiansheng Guo (Hgg.): Social interaction, social context and language: Essays in the honor of Susan Ervin-Tripp, Mahwah, NJ: Erlbaum, S. 597-612.

Reese, Elaine, Fivush, Robyn 1993. Parental styles of talking about the past. In: Developmental Psychology 29, S. 596-606.

Reese, Elaine, Haden, Catherine, Fivush, Robyn 1993. Mother-child conversations about the past: Relationships of style and memory over time. In: Cognitive Development 8, S. 403-430.

Reiche, Reimut 1997. Gender ohne Sex. Geschichte, Funktion und Funktionswandel des Begriffs Gender. In: Psyche 51, S. 926-957.

Renk, Kimberly, Roberts, Rex, Roddenberry, Angela, Luick, Mary, Hillhouse, Sarah, Meehan, Cricket, Oliveros, Arazais, Phares, Vicky 2003. Mothers, fathers, gender role, and time parents spend with their children. In: Sex Roles 48, S. 305-315.

Rheingold, Harriet L., Eckerman, Carol O. 1969. The infant's free entry into a new environment. In: Journal of Experimental Child Psychology 8, S. 271-283.

Rheingold, Harriet L., Samuels, Helen R. 1969. Maintaining the positive behavior of infants by increased stimulation. In: Developmental Psychology 1, S. 520-527.

Roger, Derek, Nesshoever, Willfried 1987. Individual differences in dyadic conversational strategies: A further study. In: British Journal of Social Psychology 26, S. 247-255.

Roger, Derek, Schumacher, Andrea 1983. Effects of individual differences on dyadic conversational strategies. In: Journal of Personality and Social Psychology 45, S. 700-705.

Rohde-Dachser, Christa 1991. Expedition in den dunklen Kontinent. Berlin etc.

Romaine, Suzanne 2001. A corpus-based view of gender in British and American English. In: Marlis Hellinger, Hadumod Bußmann (Hgg.): Gender across languages. The linguistic representation of women and men. Vol 1. Amsterdam/Philadelphia, S. 153-175.

Rondal, Jean A. 1980. Fathers' and mothers' speech in early language development. In: Journal of Child Language 7, S. 353-369.

Rosenthal, Robert, Hall, Judith A., DiMatteo, M. Robin, Rogers, Peter L., Archer, Dane 1979. Sensitivity to nonverbal communication: The PONS test. Baltimore, MD.

Ross, Hildy S., Rheingold, Harriet L., Eckerman, Carol O. 1972. Approach and exploration of a novel alternative by 12-month-old infants. In: Journal of Experimental Child Psychology 13, S. 85-93.

Rossbach, Elke 1993. Nonverbale geschlechtsspezifische Charakteristika von Frauen- und Männersprache. In: Britta Hufeisen (Hg.): »Das Weib soll schweigen...« (I. Kor. 14, 34). Beiträge zur linguistischen Frauenforschung. Frankfurt/Main etc., S. 97-126.

Rotter, Naomi G., Rotter, George S. 1988. Sex differences in the encoding and decoding of negative facial emotions. In: Journal of Nonverbal Behavior 12, S. 139-148.

Rubin, Rebecca 1981. Ideal traits and terms of address for male and female college professors. In: Journal of Personality and Social Psychology 41, S. 966-974

Sachs, Jaqueline 1987. Young children's language use in pretend play. In: Susan U. Philips, Susan Steele, Christine Tanz (Hgg.): Language, gender and sex in comparative perspective. Cambridge, S. 178-188.

Sachs, Jaqueline, Lieberman, Philip, Erickson, Donna 1973. Anatomical and cultural determinants of male and female speech. In: Roger Shuy, William Fasold (Hgg.): Language attitudes: Current trends and prospects. Washington D.C., S. 74-84.

Sacks, Harvey, Schegloff, Emanuel, Jefferson, Gail 1974. A simplest systematics for the organization of turn-taking for conversation. In: Language 50, S. 696-735.

Sagrestano, Lynda 1992. Power strategies in interpersonal relationships. In: Psychology of Women Quarterly 16, S. 481-495.

Samel, Ingrid 1993. Jedes Menschen Grundgesetz. In: Der Sprachdienst XXXXVII, H. 6, S. 192.

Samel, Ingrid 1995. Einführung in die feministische Sprachwissenschaft. Berlin.

Sampson, Olive C. 1959. The speech and language development of 5 year old children. In: British Journal of Educational Psychology 29, S. 217-222.

Sapir, Edward 1968. Male and female forms of speech in Yana. In: David G. Mandelbaum (Hg.): Selected Wirting of Edward Sapir. Berkeley, Los Angeles, S. 206-212.

Sause, Edwin F. 1976. Computer content analysis of sex differences in the language of children. In: Journal of Psycholinguistic Research 5, S. 311-324.

Saussure, Ferdinand de 1916/1967. Grundfragen der allgemeinen Sprachwissenschaft. Berlin.

Schachter, Frances Fuchs, Shore, Ellen, Hodapp, Robert, Chalfin, Susan, Bundy, Carole 1978. Do girls talk earlier?: Mean length of utterance in toddlers. In: Developmental Psychology 14, S. 388-392.

Scheele, Brigitte, Gauler, Eva 1993. Wählen Wissenschaftler ihre Probleme anders aus als WissenschaftlerInnen? Das Genus-Sexus-Problem als paradigmatischer Fall der linguistischen Relativitätsthese. In: Sprache und Kognition 12, S. 59-72.

Schegloff, Emanuel A. 1997. Whose text? Whose context? In: Discourse & Society 8, S. 165-187.

Schegloff, Emanuel A. 1999a. »Schegloff's texts« as »Billig's data«: A critical reply. In: Discourse & Society 10, S. 558-572.

Schegloff, Emanuel A. 1999b. Naivete vs sophistication vs self-indulgence: A rejoinder to Billig. In: Discourse & Society 10, S. 577-582.

Schewe-Gerigk, Irmingard 2004. Geschlechergerechte Sprache im Deutschen Bundestag. In: Karin M. Eichhoff-Cyrus (Hg.), S. 322-331.

Schiewe, Jürgen 1998. Die Macht der Sprache. Eine Geschichte der Sprachkritik von der Antike bis zur Gegenwart, München.

Schmid Mast, Marianne 2000. Gender differences in dominance hierarchies. Lengerich.

Schmid Mast, Marianne 2001. Gender differences and similarities in dominance hierarchies in same-gender groups based on speaking time. In: Sex Roles 44, S. 537-556.

Schmid Mast, Marianne, Hall, Judith A. 2004. When is dominance related to smiling? Assigned dominance, dominance preference, trait dominance, and gender as moderators. In: Sex Roles 50, S. 387-399.

Schmidt, Claudia 1988. Typisch weiblich – typisch männlich. Geschlechtstypisches Kommunikationsverhalten in studentischen Kleingruppen. Tübingen.

Schmidt, Renate 2004. Geschlechtergerechte Sprache in Politik und Recht – Notwendigkeit oder bloß Stilübung?. In: Karin M. Eichhoff-Cyrus (Hg.), S. 316-321.

Schoenthal, Gisela 1989. Personenbezeichnungen im Deutschen als Gegenstand feministischer Sprachkritik. In: Zeitschrift für Germanistische Linguistik 17, S. 296-314.

Schönfelder, Heinrich 2004. Deutsche Gesetze. Sammlung des Zivil-, Straf- und Verfahrensrechts. München.

Schweizerische Bundeskanzlei (Hg.) 1991. Sprachliche Gleichbehandlung von Frau und Mann in der Gesetzes- und Verwaltungssprache. Bericht einer interdepartmentalen Arbeitsgruppe der Bundesverwaltung. Bern.

Schweizerische Bundeskanzlei (Hg.) 1996. Leitfaden zur sprachlichen Gleichbehandlung im Deutschen. Vom Bundesrat zur Kenntnis genommen am 23.
August 1995. Bern.

Schwichtenberg, Beate, Schiller, Nils O. 2004. Semantic gender assignment regu-
larities in German. In: Brain and Language 90, S. 326-337.

Shaw, Sylvia 2002. Language, gender and floor apportionment in political debates.
In: Discourse & Society 11, S. 401-418.

Shaywitz, Bennett A., Shaywitz, Sally E., Pugh, Kenneth R., Constable, R. Todd,
Skudlarsi, Pawel, Fulbright, Robert K., et al. 1995 Sex differences in the functional organization of the brain for language. In: Nature 373, S. 607-609.

Sheldon, Amy 1993. Pickle fights: gendered talk in preschool disputes. In: Deborah
Tannen (Hgg.): Gender and conversational interaction. Oxford, S. 83-109.

Sheldon, Jane P. 2004. Gender stereotypes in educational software for young children. In: Sex Roles 51, S. 433-444.

Shepard, Winifred O. 1970. Word association and definition in middle childhood.
In: Developmental Psychology 3, S. 412.

Sherzer, Joel 1987. A diversity of voices: men's and women's speech in ethnographic
perspective. In: Susan U. Philips, Susan Steele, Christine Tanz (Hgg.): Language,
gender & sex in comparative perspective. Cambridge, S. 95-120.

Shibamoto Smith, Janet S. 2001. Gendered structures in Japanese. In: Marlis Hellinger, Hadumod Bußmann (Hgg.): Gender across languages. The linguistic representation of women and men. Vol 3. Amsterdam/Philadelphia, S. 201-225.

Shuy, Roger W. 1969. Sex as a factor in sociolinguistic research, Washington, D.
C.

Signorielli, Nancy, Bacue, Aaron 1999. Recognition and respect: A content analysis of prime-time television characters across three decades. In: Sex Roles 40,
S. 527-544.

Silveira, Jeannette 1980. Generic masculine words and thinking. In: Cheris Karamare
(Hg.): The voices and words of women and men. Oxford, S. 165-178.

Skoe, Eva E.A., Cumberland, Amanda, Eisenberg, Nancy, Hanse, Kristine, Perry,
Judi 2002. The influences of sex and gender-role identity on moral cognition
and prosocial personality traits. In: Sex Roles 46, S. 295-309.

Slobin, Dan Isaak 1996. From ›thought and language‹ to ›thinking for speaking‹.
In: John J. Gumperz, Stephen C. Levinson (Hgg.): Rethinking linguistic relativity. Cambridge, S. 70-96.

Smith, Peter K., Connolly, Kevin 1972. Patterns of play and social interaction in
preschool children. In: Nicholas Blurton Jones (Hg.): Ethological studies of
child behavior. Cambridge, S. 65-95.

Smith, Peter K., Daglish, Linda 1977. Sex differences in parent and infant behavior. In: Child Development 48, S. 1250-1254.

Socha, Thomas J., Kelly, Brian 1994. Children making »fun«: Humorous communication, impression management, and moral development. In: Child Study
Journal 24, S. 237-252.

Sodian, Beate 1998. Theorien der kognitiven Entwicklung. In: Heidi Keller (Hg.):
Lehrbuch Entwicklungspsychologie. Bern etc., S. 147-169.

Stabenow, Thomas 1994. Interindividuelle Unterschiede in der Wortschatzentwick-
lung von ein- bis dreijährigen Kindern: Eine empirische Studie zum Erwerb
von Nomina im Deutschen. Magisterarbeit, Fachbereich Germanistik, Freie
Universität Berlin.

Stahlberg, Dagmar 2003. Erzähl mir, was Du siehst, und ich sage Dir, was Du denkst! Sprache und Personenwahrnehmung in der Sozialpsychologie. In: Helmut Richter, H. Walter Schmitz (Hgg). Kommunikation – ein Schlüsselbegriff der Humanwissenschaft? Münster, S. 93-105

Stahlberg, Dagmar, Sczesny, Sabine 2001. Effekte des generischen Maskulinums und alternativer Sprachformen auf den gedanklichen Einbezug von Frauen. In: Psychologische Rundschau 53, S. 131-140.

Staley, Constance M. 1982. Sex-related differences in the style of children's language. In: Journal of Psycholinguistic Research 11, S. 141-158.

Stanley, Julia P. 1977. Paradigmatic women: the prostitute. In: David L. Shores, Carole P. Hines (Hgg). Papers in language variation. Alabama, S. 303-321.

Statistisches Bundesamt 2003. Leben und Arbeiten in Deutschland. Ergebnisse des Mikrozensus 2002. Presseexemplar.

Steckler, Nicole A., Cooper, William E. 1980 Sex differences in color naming of unisex apparel. In: Anthropological Linguistics 22, S. 373-381.

Steil, Janice M., Hillman, Jennifer L. 1993. The perceived value of direct and indirect influence strategies. A cross-cultural comparison. In: Psychology of Women Quarterly 17, S. 457-462.

Stern, Clara, Stern, William [4]1928. Die Kindersprache. Leipzig. 1. Aufl. 1907. Reprografischer Nachdruck Darmstadt 1965.

Stern, Daniel 1992. Die Lebenserfahrung des Säuglings, Stuttgart.

Stern, Marilyn, Karraker, Katherine Hildebrandt 1989. Sex stereotyping of infants: A review of gender labeling studies. In: Sex Roles 20, S. 501-522.

Stickel, Gerhard 1988. Beantragte staatliche Regelungen zur ›sprachlichen Gleichbehandlung‹. Darstellung und Kritik. In: Zeitschrift für Germanistische Linguistik 16, S. 330-355.

Stocking, Holly, Zillmann, Dolf 1988. Humor von Frauen und Männern. Einige kleine Unterschiede. In: Helga Kotthoffs (Hgg.), S. 210-231.

Stoller, Robert 1968. Sex and gender. Bd. 1. On the development of masculinity and femininity. New York.

Strand, Elizabeth A. 1999. Uncovering the role of gender stereotypes on speech perception. In: Journal of Language and Social Psychology 18, S. 86-99.

Streeck, Jürgen 1988. Seniorinnengelächter. In: Helga Kotthoff (Hg.), S. 54-77.

Strodtbeck, Fred L. 1951. Husband-wife interaction over revealed differences. In: American Sociological Review 16, S. 468-473.

Stuckard, Bettina 2000. Sprachliche Gleichbehandlung – (k)ein Thema für Frauenzeitschriften? In: Eichhoff-Cyrus, Karin M., Hoberg, Rudolf (Hgg.): Die deutsche Sprache zur Jahrtausendwende. Sprachkultur oder Sprachverfall? Mannheim, S. 224-245.

Suppes, Patrick, Feldman, Shirley 1971. Young children's comprehension of logical connectives. In: Journal of Experimental Child Psychology 12, S. 301-317.

Swacker, Marjorie 1975. The sex of the speaker as a sociolinguistic variable. In: Barrie Thorne, Nancy Henley (Hgg.): Language and sex: Difference and dominance, Rowley, Mass., S. 76-83.

Tanaka, Hiroko, Fukushima, Mihoko 2002. Gender orientations to outward appearance in Japanese conversation: A study in grammar and interaction. In: Discourse & Society 13, S. 749-765.

Tannen, Deborah 1989. Interpreting interruption in conversation. In: Bradley

Music, Randolph Gradczyk, Caroline Wiltshire (Hgg.). Papers from the 25th Annual Regional Meeting of the Cicago Linguistic Society. Part two: Parasession on language in context. Chicago, S. 266-287.

Tannen, Deborah 1991. Du kannst mich einfach nicht verstehen. Warum Männer und Frauen aneinander vorbeireden. Hamburg.

Tannen, Deborah 1994. Talking from nine to five. New York.

Taylor, Shelley S.E., Klein, Laura C., Lewis, Brian P., Gruenwald, Tara L., Gurung, Regan A.R., Updegraff, John A. 2000. Biobehavioral responses to stress in females: tend-and-be-friend, not fight or flight. In: Psychological Review 107, S. 411-429.

Templin, Mildred C. 1957. Certain language skills in children – their development and interrelations. Minneapolis.

Tepper, Clary A., Cassidy, Kimberly Wright 1999. Gender differences in emotional language in children's picture books. In: Sex Roles 40, S. 265-280.

Thelen, Esther, Smith, Linda 1994. A Dynamic Systems Approach to the Development of Cognition and Action. Cambridge, MA, London.

Thompson, Teresa L., Zerbinos, Eugenia 1995. Gender roles in animated cartoons: Has the picture changed in 20 years? In: Sex Roles 32, S. 651-673.

Thompson, Teresa L., Zerbinos, Eugenia 1997. Television cartoons: Do children notice it's a boy's world? In: Sex Roles 37, S. 415-432.

Thorne, Avril, McLean, Kate C. 2002. Gendered reminiscence practices and self-definition in late adolescence. In: Sex Roles 46, S. 267-277.

Thorne, Barrie 1993. Gender play: Girls and boys in school. New Brunswick, NJ.

Thorne, Barrie, Henley, Nancy 1975. Difference and dominance: An overview of language, gender and society. In: Barrie Thorne, Nancy Henley (Hgg.): Language and sex: Difference and dominance. Rowley, Mass., S. 5-42.

Thorne, Barrie, Kramarae, Cheris, Henley, Nancy (Hgg.)1983. Language, gender and society, Rowley, Mass.

Tillmann, Klaus-Jürgen 1996. Sozialisationstheorien. Eine Einführung in den Zusammenhang von Gesellschaft, Institution und Subjektwerdung. Reinbek bei Hamburg.

Tomasello, Michael, Conti-Ramsden, Gina, Ewert, Barbara 1990. Young children's conversations with their mothers and fathers: differences in breakdown and repair. In: Journal of Child Language 17, S. 115-130.

Trautner, Hans Martin 1997. Lehrbuch der Entwicklungspsychologie. Band 2: Theorien und Befunde. 2. unv. Aufl. Göttingen etc.

Trömel-Plötz, Senta (Hg.) 1996. Frauengespräche: Sprache der Verständigung. Frankfurt/Main.

Trömel-Plötz, Senta 1984 (Hg.). Gewalt durch Sprache. Die Vergewaltigung von Frauen in Gesprächen. Frankfurt/Main.

Trömel-Plötz, Senta 1996. Frauengespräche – Idealgespräche. In: Senta Trömel-Plötz 1996, S. 11-35.

Trömel-Plötz, Senta, Guentherodt, Ingrid, Hellinger, Marlis, Pusch, Luise F. 1982. Richtlinien zur Vermeidung sexistischen Sprachgebrauchs. In: Magdalene Heuser (Hg.). Frauen – Sprache – Literatur. Paderborn etc., S. 84-90.

Trudgill, Peter 1972. Sex, covert prestige, and linguistic changes in urban British English of Norwich. In: Barrie Thorne, Nancy, Henley (Hgg.): Language and sex. Difference and dominance. Rowley, Mass., S. 88-104.

Trudgill, Peter 1974. The social differentiation of English in Norwich. Cambridge.

Turner-Bowker, Diane M. 1996. Gender stereotyped descriptors in children's picture books: Does ›Curious Jane‹ exist in the literature. In: Sex Roles 35, S. 461-488.

Udry, J. Richard 2000. Biological limits of gender construction. In: American Sociological Review 65, S. 443-457.

Wagner, David G., Berger, Joseph 1997. Gender and interpersonal task behaviors: Status expectation accounts. In: Sociological Perspectives 40, S. 1-32.

Waldron, Vincent R., Di Mare, Lesley 1998. Gender as a culturally determined construct: Communication styles in Japan and the United States. In: Daniel J. Canary, Kathryn Dindia (Hgg.): Sex differences and similarities in communication. Mahwah, NJ, S. 179-201.

Walters, Amy, Stuhlmacher, Alice F., Meyer, Lisa L. 1998. Gender and negotiator competitiveness: A meta-analysis. In: Orgnizational Behavior and Human Decision Processes 76, S. 1-29.

Wattmann Frank, Francine 1985. Language planning and sexual equality: Guidelines for non-sexist usage. In: Marlis Hellinger (Hg.), S. 231-254.

Weatherall, Ann 2002. Towards understanding gender and talk-in-interaction. In: Discourse & Society 13, S. 767-781.

Weinraub, Marsha, Frankel, Jay 1977. Sex differences in parent-infant interaction during free play, departure and separation. In: Child Development 48, S. 1240-1249.

Weitzman, Nancy, Birns, Beverly, Friend, Ronald 1985. Traditional and nontraditional mothers' communication with their daughters and sons. In: Child Development 56, S. 894-898.

Weitzmann, Lenore J, Eiffler, Deborah, Hokada, Elizabeth, Ross, Catherine. 1972. Sex-role socialization in picture books for preschool children. In: American Journal of Sociology 77, S. 1125-1150.

Welch-Ross, Melissa, Schmidt, Constance R. 1996. Gender-schema development and children's constructive story memory: Evidence for a developmental model. In: Child Development 67, S. 820-835.

Werner, Frithjof 1981. Gesprächsarbeit und Themenkontrolle. In: Linguistische Berichte 71, S. 26-46.

Werner, Frithjof 1983. Gesprächsverhalten von Frauen und Männern, Frankfurt/Main, Bern.

West, Candace 1984. Können »Damen« Ärzte sein? In: Senta Trömel-Plötz (Hg.), S. 184-199.

West, Candace 1990. Not just doctor's orders: Directive-response-sequences in patients' visits to women and men physicians. In: Discourse & Society 1, S. 85-111.

West, Candace 2002. Peeling an onion: A critical comment on ʻcompeting discourses'. In: Discourse & Society 13, S. 843-851.

West, Candace, Fenstermaker, Sarah 1995. Doing Difference. In: Gender & Society 9, S. 8-37.

West, Candace, Fenstermaker, Sarah 2002. Accountability in action: The accomplishment of gender, race and class in a meeting of the University of California board of regents. In: Discourse & Society 13, S. 537-563.

West, Candace, Garcia, Angela 1988. Conversational shift work: A study of topical transitions between women and men. In: Social Problems 35, S. 551-575.

West, Candace, Zimmerman, Don H. 1983. Small insults: A study of interruptions in cross-sex conversations between unacquainted persons. In: Barrie Thorne, Nancy Henley (Hgg.), S. 102-117.

West, Candace, Zimmerman, Don H. 1987. Doing gender. In: Gender & Society 1, S. 125-151.

Wetherell, Margret 1998. Positioning and interpretative repertoires: conversation analysis and post-structuralism in dialogue. In: Discourse & Society 9, S. 387-412.

Wex, Marianne 1980. »Weibliche« und »männliche« Köpersprache als Folge patriarchalischer Machtverhältnisse. Frankfurt/Main.

Widen, Sherri C., Russell, James A. 2002. Gender and preschoolers' perception of emotion. In: Merrill-Palmer Quarterly 48, S. 248-262.

Williams, John E., Best, Deborah L. 1990a. Measuring sex stereotypes: A multination study. Newbury Park, etc. (1. Aufl. 1982).

Williams, John E., Best, Deborah L. 1990b. Sex and psyche. Gender and self viewed cross-culturally. Newbury Park, etc.

Wilson, Edward O. 1978. On human nature. Cambridge, MA.

Wilson, Edward O. 1998. Consilience. The unity of knowledge. New York.

Witmer, Diane F., Katzman, Sandra Lee 1997. On-line smiles. Does gender make a difference in the use of graphic accents? In: JCMC 2.

Wodak, Ruth 1997. »I know, we won't revolutionize the world with it, but ...«: Styles of female leadership in institutions. In: Helga Kotthoff, Ruth Wodak (Hgg.): Communicating gender in context. Amsterdam, Phildelphia, S. 335-369.

Wodak, Ruth, Feistritzer, Gert, Moosmüller, Sylvia, Doleschal, Ursula 1987. Sprachliche Gleichbehandlung von Frau und Mann. Linguistische Empfehlungen zur sprachlichen Gleichbehandlung von Frau und Mann im öffentlichen Bereich (Berufsbezeichnungen, Titel, Anredeformen, Funktionsbezeichnungen, Stellenausschreibungen). Herausgegeben vom Bundesministerium für Arbeit und Soziales. Schriftenreihe zur sozialen und beruflichen Stellung der Frau, Nr. 16. Wien.

Wolfram, Walter 1969. A sociolinguistic description of Detroit negro speech, Washington, D.C.

Wolfson, Nessa, Manes, Joan 1980. Don't ‚dear' me. In: Sally McConnell-Ginet, Ruth Borker, Nelly Furman (Hgg.): Women and language in literature and society. New York, S. 79-92

Wood, Julia T. 1994. Gendered lives. Communication, gender, and culture. Delmont, CA.

Wood, Julia T., Dindia, Kathryn 1998. What's the difference? A dialogue about differences and similarities between women and men. In: Daniel J. Canary, Kathryn Dindia (Hgg.): Sex differences and similarities in communication. Mahwah, NJ, S. 19-39.

Yanowitz, Karen L., Weathers, Kevin J. 2004. Do boys and girls act differently in the classroom? A content analysis of student characters in educational psychology textbooks. In: Sex Roles 51, S. 101-107.

Yedinack, Jeanette G. 1949. A study of linguistic functioning in children with articulation and reading disabilities. In: Journal of Genetic Psychology 74, S. 23-59.

Zimmerman, Don, West, Candace 1975. Sex roles, interruptions and silences in conversation. In: Barrie Thorne, Nancy Henley (Hgg.): Language and sex: Difference and dominance. Rowley, Mass., S. 105-127.

Printed in the United States
By Bookmasters